PARIS

Vue à vol d'oiseau des Tuileries et du Louvre.

PARIS

SON HISTOIRE, SES MONUMENTS

DEPUIS SON ORIGINE JUSQU'A NOS JOURS

PAR

MAXIME DE MONTROND

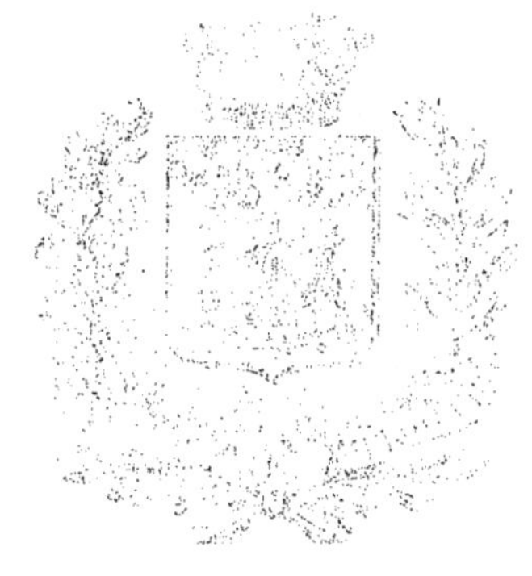

PARIS

SON HISTOIRE, SES MONUMENTS

DEPUIS SON ORIGINE JUSQU'A NOS JOURS

PAR

MAXIME DE MONTROND

ancien élève de l'Ecole impériale des chartes
chevalier de Saint Grégoire le Grand

LIBRAIRIE DE J. LEFORT

IMPRIMEUR ÉDITEUR

LILLE	PARIS
RUE CHARLES DE MUYSSART, 24	RUE DES SAINTS - PÈRES , 30
PRÈS L'ÉGLISE NOTRE - DAME	J. MOLLIE, LIBRAIRE - GÉRANT

INTRODUCTION

Si la France est *le plus beau des royaumes après celui du ciel,* comme parle un vieil historien, Paris, sa vaste capitale, est *la plus belle des cités.* Qui oserait lui disputer ce titre? Par son ensemble de monuments, d'édifices, d'institutions en tous genres, Paris tient le premier rang entre toutes les autres capitales. Il en est quelques-unes de plus étendues, de plus peuplées; il n'en est point de plus splendide, de plus florissante; il n'en est point surtout dont l'influence en Europe soit plus grande, plus manifeste.

Paris jouit du privilége unique de donner la règle, de diriger l'opinion pour ce qui regarde le perfectionnement du goût, et pour tout ce qui fait partie du vaste domaine des lettres, des arts, des sciences et de l'industrie. A ce point de vue, c'est la capitale de l'univers, exerçant sur la civilisation moderne la même influence que jadis Athènes, puis Rome ont exercée tour à tour sur la civilisation antique. Si parfois elle abuse de son pouvoir incontesté, si trop souvent son histoire nous montre cette royauté universelle plus funeste qu'utile aux nations, Paris, la cité reine, n'en jouit pas moins d'un titre d'honneur qu'il a conquis et dont il a quelque droit d'être fier. Heureux si, éclairé enfin par une longue expérience, il sait faire servir désormais son titre auguste au maintien de la paix et au progrès moral du monde comme à son progrès matériel !

Nous venons à notre tour retracer un tableau historique des principaux faits et gestes dont Paris a été le théâtre. Nous décrirons la marche, les accroissements successifs de cette humble bourgade d'un îlot de la Seine, rappelant aujourd'hui, par son étendue et par l'immense ceinture de ses murailles, ces antiques cités de l'Orient, dont le voyageur ne pouvait parcourir le circuit qu'en plusieurs journées. Cette enceinte immense, qui est la dixième, et qui se remplit chaque jour d'habitations nouvelles, sera-t-elle la dernière? où s'arrêtera son prodigieux développement? C'est le secret de l'avenir.

Nous rappellerons les glorieux souvenirs d'une cité dont il n'est plus permis à personne d'ignorer les annales. Nous mentionnerons également d'autres faits qu'on voudrait en effacer. L'histoire est un enseignement vivant qu'on ne saurait trop méditer. Le tableau des vertus, des grandes actions, comme aussi celui des révoltes, des crimes, instruit et donne de salutaires leçons. Dans la vie d'une cité, d'un peuple, il y a toujours une grande voix qui parle un utile langage. C'est tantôt pour éloigner du mal par le souvenir de ses terribles conséquences; tantôt pour enseigner le bien, la justice et la vérité, par les beaux exemples qu'elle rappelle. C'est surtout à la haute et impartiale école de l'histoire qu'on apprend à devenir un grand et bon citoyen, un serviteur dévoué au pays.

Voici le plan que nous nous sommes tracé et la division de cet ouvrage :

Nous racontons d'abord les principaux événements historiques, politiques, religieux et autres dont Paris a été le théâtre. Dans une seconde partie, nous offrons une esquisse de ses plus remarquables monuments. Nous terminons en envisageant la grande cité à un point de vue nouveau, mais que l'historien ne doit pas négliger s'il tient à donner une idée juste et exacte de son état actuel. Combien de gens ignorent que Paris, cette *Babylone moderne*, est en même temps, plus que jamais peut-être, un pays de foi, de charité, une patrie des nobles cœurs et des grands dévouements ! Ce consolant tableau sera la dernière et la plus douce partie de notre tâche.

MAXIME DE MONTROND.

PRINCIPAUX OUVRAGES CONSULTÉS :

Dom Félibien : *Histoire de Paris.*

Sauval : *Antiquités de Paris.*

S. Grégoire de Tours, Frédégaire, Aimoin, etc. : *Chroniques.*

Chronique de Saint-Denis.

Grande Chronique de Saint-Denis.

Le P. Longueval : *Histoire de l'Eglise gallicane.*

L'abbé Dubos : *Histoire de l'établissement de la monarchie française.*

Malingre : *Histoire de Paris.*

L'abbé Lebœuf : *Histoire de la ville et du diocèse de Paris.*

Du Breuil : *Histoire de Paris.*

Le Maire : *Paris ancien et nouveau.*

Dom Bouillard : *Histoire de l'abbaye de Saint-Germain-des-Prés.*

Dubois : *Histoire ecclésiastique de Paris.*

Aug. Thierry : *Lettres sur l'histoire de France. — Récits mérovingiens.*

Pasquier : *Recherches de la France.*

Histoire littéraire de la France, par les Bénédictins, continuée par l'Institut.

Ordonnances des rois de France.

Bonnardot : *Anciennes Enceintes de Paris.*

Jean Grancolas : *Histoire de l'Eglise*, *de l'université et de la ville de Paris.*

Crévier : *Histoire de l'université de Paris.*

A. J. Meindre : *Histoire de Paris et de son influence en Europe.*

Amédée Gabourd : *Histoire de France.*

Chateaubriand : *Histoire de France.*

Chroniques diverses, mémoires, etc., etc.

PARIS

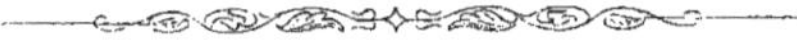

CHAPITRE PREMIER

Paris sous la période gauloise et la domination romaine

Paris a toujours passé pour une des plus anciennes villes des Gaules, bien qu'on ne possède rien d'authentique sur sa fondation. Les historiens et géographes de l'antiquité, comme J. César, Strabon, Ptolémée, la nomment *Lutetia Parisiorum*, *Loucototia*, *Loucoteïa*. On a tiré de ces appellations des origines fabuleuses, des étymologies fausses. Les noms de *Lutèce* et de *Paris* sont gaulois ou celtiques, et l'on ignore leur véritable signification. A défaut de documents certains, les conjectures nous montrent les premiers fondateurs de Paris dans des navigateurs phéniciens, établis de bonne heure sur divers points des côtes de la Méditerranée ou de l'Océan gaulois, pour y faire leurs échanges avec les populations voisines. « L'amour du lucre et l'avidité qui inspiraient les Phéniciens, dit un historien moderne, les enhardirent peu à peu à pénétrer dans l'intérieur des terres par le moyen des fleuves, afin de multiplier

B   2 leurs échanges : ils remontèrent la Garonne, la Loire, la Tamise, et fondèrent des *marchés-comptoirs* dans les lieux où furent plus tard Bordeaux, Corbil[1], Londres. Quelques-uns de ceux qui s'étaient établis dans les Cassitérides[2] et sur les côtes de la Manche, remontèrent la Seine dans tous ses circuits, jusqu'à l'île de ce fleuve, qui fut plus tard Paris. Ils furent frappés de la position favorable de ce point, qui se trouve assis sur quatre rivières, au centre des contrées agricoles les plus riches et les plus fertiles du territoire gaulois; ils y fondèrent un *marché* ou *port*. Pendant longtemps les barbares y accoururent de plusieurs milles à la ronde, pour échanger les produits du pays, contre les denrées et les marchandises ouvrées de l'Orient.

» .... Après la chute de la puissance des Tyriens, la plupart des marchés qu'ils avaient établis partout disparurent; mais le *port* ou *marché* fondé dans l'île de la Seine, où est aujourd'hui Paris, bien loin d'être abandonné, augmenta d'importance. Les marchands gaulois, dans le transport de l'étain à la Saône, y établirent un grand entrepôt, et peu à peu une ville gauloise s'y fonda. Le vaisseau ou plutôt le grand bateau qui a toujours formé les armoiries de Paris, atteste que cette ville commença par être un marché par eau. Des inscriptions qu'on y a déterrées nous apprennent que du temps des Romains, les magistrats de Paris s'appelaient *nautes*, c'est-à-dire patrons de navires. » (DUCANGE, *in Nauta*. — FÉLIBIEN : *Hist. de Paris*.)

Mais laissant le champ des conjectures, hâtons-nous d'arriver au temps de Jules César. A l'historien de la *Guerre des Gaules*, nous devons les premières notions certaines sur l'antique *Lutetia* (Lutèce[3]), qui joue dès lors un rôle politique et guerrier. C'était la capitale des *Parisii*, l'un des plus petits peuples de la Gaule celtique, mais l'un des plus célèbres par son énergie à combattre l'invasion étrangère. Répandus sur les deux rives de la Seine, *Sequana*, les *Parisii* étaient voisins des *Senones*, avec

---

[1] Aujourd'hui Coueron, près de Nantes.

[2] Groupe d'îles ainsi nommées par les Grecs, parce qu'elles fournissent beaucoup d'étain (*cassiteros* en grec). Strabon les place au nord de l'Espagne. On croit que ce sont les îles Sorlingues, sur la côte S. O. de la Grande-Bretagne.

[3] Lutetia..., id est oppidum Parisiorum, positum in insulâ fluminis Sequanæ. (*De Bello gallico*, l. VIII.)

lesquels ils s'étaient unis en corps de cité, quelque temps avant l'arrivée
de César dans les Gaules.

Les temps étaient venus où les Gaulois, nos aïeux, après avoir rempli
le rôle d'un peuple envahisseur et conquérant, voyaient à leur tour la
puissance romaine arrêter le débordement de leurs flots et soumettre successivement leurs fertiles contrées à son empire.

Pendant que Jules César avec ses légions opérait par de longs efforts
cette belle conquête, la ville de Lutèce et les *Parisii,* ses habitants,
apparaissent avec éclat dans l'histoire. Vers la cinquième année de la
guerre, ou l'an 53 avant Jésus-Christ, César, comprenant l'importance
de ce point central dans le nord, courut l'occuper; le proconsul romain y
transporta l'assemblée générale des Gaules, qu'il avait d'abord convoquée, selon l'antique usage, dans le pays des *Carnutes,* aux environs de
Chartres. De Lutèce, l'infatigable activité de César eut bientôt amené la
soumission des autres peuples du voisinage; et rien n'arrêta sa marche
vers les nations cisrhénanes de race germanique qui lui opposaient au
nord une ligue redoutable.

Deux ans plus tard, et pendant la septième année de la guerre, on
voit enfin les *Parisii* prendre une part active aux hostilités. Dans cet effort
suprême que fit alors la liberté gauloise, la vieille Lutèce et ses habitants
jouèrent un rôle glorieux.

César rend compte lui-même, dans ses *Commentaires,* des combats
des *Parisii* contre son général. C'est une page précieuse de nos annales.
Labiénus, son lieutenant, s'étant porté vers Lutèce avec quatre légions,
le bruit de son approche fit sonner l'alarme dans le camp des Gaulois; un
grand nombre de troupes accourut des pays voisins. Le commandement
général fut donné à l'aulerce Camulogène, vieillard chargé d'années,
mais digne de cet honneur par sa grande expérience dans l'art militaire.
Ce chef prudent, ayant remarqué qu'un marais continu, aboutissant à la
Seine, rendait de ce côté les abords difficiles, choisit cette position et y
établit ses troupes, dans le but de disputer le passage à l'ennemi.

Cependant Labiénus arrive, travaille à s'ouvrir une voie à travers les
marais, à l'aide de claies et de fascines, et tente de pénétrer dans Lutèce.
Mais l'entreprise lui paraissant trop hardie, il lève son camp pendant la

nuit, et arrive à *Melodunum* (Melun). Entrant dans la place sans résistance, il rétablit le pont que les Gaulois avaient coupé le jour précédent, y fait passer l'armée, et revient ensuite avec un renfort de bateaux à Lutèce, en suivant le cours du fleuve. Les *Parisii*, avertis de cette marche par ceux qui s'étaient enfuis de *Melodunum*, mettent le feu à leur ville et en rompent les ponts; puis, s'éloignant des marais, ils viennent camper sur l'autre bord de la Seine et s'arrêtent fièrement devant le camp de Labiénus. (*Livre* 7.)

Au point du jour, toutes les troupes ennemies, ayant passé le fleuve, découvrent celles des Gaulois rangées en bataille. Un combat devenait inévitable. Il se livra dans la plaine d'Issy et de Vaugirard. Labiénus exhorte ses soldats à se souvenir de leur ancienne valeur, à se rappeler tant de combats glorieux, à se figurer qu'ils sont en présence de César lui-même qui les a souvent guidés à la victoire, et il donne le signal. Dès le premier choc, la septième légion, placée à l'aile droite, repousse les Gaulois et les met en fuite, tandis qu'à l'aile gauche la douzième légion écrasait sous une grêle de javelots les premiers rangs des braves défenseurs de Lutèce. « Mais les autres, poursuit l'illustre historien de cette guerre, résistaient vigoureusement, et aucun ne paraissait songer à la fuite. Camulogène, leur général, combattait avec eux et excitait leur courage. L'issue du combat était encore incertaine, lorsque les tribuns de la septième légion, informés de ce qui se passait à l'aile gauche, vinrent avec leurs troupes prendre l'ennemi en queue et le chargèrent vigoureusement. Mais, dans cette position même, aucun ne lâcha pied : ils furent tous enveloppés et tués jusqu'au dernier. Camulogène partagea leur sort.... »

Un corps d'armée gauloise, laissé à la garde du camp opposé à celui de Labiénus, accourant au secours des siens, vint prendre position sur une colline; mais il ne put soutenir le choc des Romains victorieux : tous ceux des Gaulois qui ne trouvèrent point un abri dans les bois ou sur les hauteurs furent taillés en pièces. Après cette expédition, Labiénus ayant mis une garnison dans la ville, retourna vers *Agendicum* (Sens), où étaient restés les bagages de l'armée. Puis, de ce poste, il rejoignit César avec toutes ses troupes.

A quelque temps de là, César était lui-même vainqueur, dans les champs d'*Alesia* (Alise ou Sainte-Reine), de ce jeune héros du pays des Arvernes, qui balança un moment la fortune de Rome. L'intrépide et fier Vercingétorix, malgré des prodiges de bravoure et d'audace, et tous les efforts d'innombrables bataillons, l'élite de la Gaule, accourus sous ses drapeaux (on y comptait huit mille *Parisii*), désespéra de l'indépendance de son pays, et, jetant son épée inutile aux pieds de César, il s'en vint orner le triomphe de l'heureux proconsul. La Gaule était enfin soumise et devenait une province romaine. Contemplons désormais la vieille Lutèce sous le joug de ces maîtres du monde.

Ce n'était alors qu'une petite cité, aux édifices de bois et de terre seulement, recouverts de paille et de chaume. On n'y voyait point de cheminées; des fourneaux en tenaient lieu, servant en même temps pour les besoins de la vie et pour se garantir du froid. Des marais et des bois entouraient la ville, assise dans le voisinage de collines plantées de vignes, et de jardins où l'on cultivait les figuiers. Telle nous apparaît Lutèce en ces temps reculés. On entrait dans l'île qui la renfermait par deux ponts de bois. César fit ceindre la place de fortes murailles, et l'orna de tant d'édifices qu'on l'appelait *la ville de Jules César*. (Boece.)

Le vainqueur des Gaules estimait grandement cette petite capitale des *Parisii*, qu'il avait eu tant de peine à conquérir. A son exemple, les empereurs romains l'aimèrent aussi, et quelques-uns d'entre eux y vinrent passer des quartiers d'hiver avec leurs troupes. La ville dut à l'honneur de ces impériaux séjours ses premiers accroissements. Autour de l'île s'étendirent dès lors quelques faubourgs, devenus nécessaires pour abriter l'immense cortége de courtisans, de gardes, de cohortes qu'entraînaient après eux ces puissants Augustes. Entre tous apparaît à nos regards l'empereur Julien, dont le souvenir, vivant encore dans quelques ruines, nous arrêtera tout à l'heure un instant.

La Gaule ayant été partagée par Octave en quatre grandes régions, subdivisées ensuite en dix-sept provinces, Lutèce fut comprise dans la Sénonaise ou Lyonnaise quatrième, et poursuivit, sous le nom de *Parisii* ou *Civitas Parisiorum*, le cours de sa nouvelle destinée. Les habitants, délaissant peu à peu leurs divinités gauloises, adoptèrent le paganisme de Rome et d'Athènes. Jupiter eut son autel à la pointe orientale de la cité ; Mars ou Mercure à Montmartre ; Isis à Issy, etc. Vaines superstitions que le soleil de la foi, en brillant sur ces rivages, allait bientôt faire évanouir !

Un demi-siècle après la conquête des Gaules, était né, dans un coin de la Judée, Celui qui venait asseoir sur les débris du paganisme, œuvre de la dépravation humaine, le culte du véritable et unique Dieu. Suivant une tradition respectable, adoptée par la liturgie romaine, et que de savants critiques adoptent eux-mêmes de nos jours, la vieille Lutèce fut l'une des premières cités gauloises à recevoir les messagers de la bonne nouvelle. Saint Denis l'Aréopagite, disciple de saint Paul et évêque d'Athènes, envoyé dans les Gaules par le pape saint Clément, vint prêcher la foi à Paris, pendant que d'autres missionnaires allaient la porter sur divers points de ces mêmes contrées. Denis avait pour disciples Rustique et Eleuthère, l'un prêtre, l'autre diacre, tous deux fidèles compagnons de ses travaux et bientôt aussi de son glorieux martyre [1].

Représentons-nous le premier apôtre de Lutèce au sein de la cité qu'il s'efforce de gagner à la foi de Jésus-Christ. Ses discours ayant d'abord suscité contre lui un peuple opiniâtre dans ses superstitions, on cherche à lui imposer silence. Mais loin de ralentir le zèle de l'apôtre, la persécution ne fait que le ranimer. Sa parole, douée d'une vertu divine, multiplie les conversions. Les idoles sont abattues, et la croix du Sauveur s'élève sur leurs débris. A la vue des miracles qui confirment la mission du saint messager, le peuple étonné s'écrie : « Un Dieu plus puissant que les nôtres est descendu parmi nous. » Denis lui fait comprendre qu'il est simplement le ministre et l'envoyé de ce Dieu dont il vient enseigner la loi. On écoute son langage, et un certain nombre d'idolâtres demande le baptême. Ainsi se forma la première église de Paris, dont saint Denis devint le chef et le père.

[1] Ce n'est point ici le lieu de discuter l'*aréopagisme* de saint Denis, l'apôtre de Paris : c'est là une de ces questions historiques controversées qui semblent ne devoir jamais recevoir une complète solution : cependant l'opinion qui, s'appuyant sur un texte de saint Grégoire de Tours, place l'apostolat de saint Denis au troisième siècle, paraît moins fondée aujourd'hui... On croit avec plus de raison que c'est à saint Clément et non à saint Fabien qu'on doit rapporter la mission des premiers évêques dans les Gaules, tels que saint Saturnin de Toulouse, saint Trophime d'Arles, saint Gatien de Tours, saint Denis de Paris, saint Paul de Narbonne, etc.

Mais ce triomphe d'une religion nouvelle rallume la fureur des partisans des anciennes divinités. Elle éclate surtout quand l'apôtre, voyant s'accroître le nombre des fidèles, entreprend de bâtir un temple et d'y établir un clergé sous sa conduite. Les idolâtres, les prêtres à leur tête, suscitent contre lui une violente persécution. On s'empare de saint Denis et de ses compagnons, on les conduit devant le juge, en présence duquel ils confessent généreusement la foi. Après avoir souffert avec constance divers genres de supplices, ils sont enfin condamnés à périr par le glaive.

Au nord de Paris, s'élève une colline jadis appelée *Mont de Mars* ou *Mont de Mercure,* sans doute parce qu'on y voyait les autels de ces divinités païennes. Au pied du mont s'étendait le champ de Mars, où nos rois mérovingiens viendront, le premier jour de mai, siéger sur un trône, et se montrer dans tout l'éclat de leur puissance aux yeux avides de leurs peuples. Aujourd'hui cette même colline, appelée *Montmartre* (*Mont des Martyrs*), est devenue le but de pieux pèlerinages. Or c'est là, sur ces hauteurs, que nos généreux apôtres, suivant la tradition, consommèrent leur sacrifice. Ils eurent tous les trois la tête tranchée : leur sang précieux, en consacrant cette colline, profanée par le culte des idoles, l'a rendue à jamais célèbre et vénérable. Une femme chrétienne, nommée Catulie, recueillit les corps des trois martyrs jetés dans la Seine, et leur donna près du lieu de leur supplice une honorable sépulture. Quelque temps après, les fidèles bâtirent une chapelle sur leur tombeau, près duquel, plus tard, la Reine des martyrs, associée au culte des apôtres de Lutèce, aura elle-même son église de *Notre-Dame de Montmartre.* Ce nom désigne aujourd'hui un pieux sanctuaire, l'un des plus antiques de la Gaule, où le pèlerin de la capitale aime à venir prier et vénérer les traces sanglantes du berceau de notre foi.

Cependant la petite Lutèce s'agrandissait par degrés, sous la puissance des Césars, maîtres du monde. Elle s'étendait surtout vers la rive gauche, qui fut décorée d'un palais impérial embrassant un vaste espace sur la montagne dite plus tard de *Sainte-Geneviève.* Il y avait dans ce palais des *thermes,* construits sur le modèle de ceux de Dioclétien à Rome, et antérieurement à l'arrivée de Julien dans les Gaules. On voyait encore à Lutèce, outre un champ de Mars, un cirque romain, qui devait se trouver du côté de la porte Saint-Victor, dans un lieu appelé longtemps *Clos des arènes*. Une petite flotte chargée de garder la Seine stationnait dans un bassin du fleuve, sans doute vers l'île Notre-Dame.

Julien, pendant qu'il commandait dans les Gaules avec le titre de César, fit de Lutèce sa résidence favorite. Il y passa au moins les deux hivers de 358 et de 359. Il aimait cette cité, qu'il appelait sa *chère Lutèce*, et où il avait rassemblé, autant qu'il avait pu, au milieu de ses expéditions guerrières, des philosophes et des savants. Oribase le médecin, dont il nous reste quelques travaux, y rédigea son *Abrégé* de Galien : c'est le premier ouvrage, remarque Chateaubriand, publié dans une ville qui devait enrichir les lettres de tant de chefs-d'œuvre. (*Etudes historiques*.)

Ecoutons le neveu de Constantin nous parler lui-même de la ville qu'il aimait, et rappelons l'intéressant tableau qu'il en trace.

« Je me trouvais, pendant un hiver, à ma chère Lutèce (c'est ainsi qu'on appelle dans les Gaules la ville des *Parisii*). Elle occupe une île au milieu d'une rivière ; des ponts de bois la joignent aux deux bords. Rarement la rivière croît ou diminue ; telle elle est en été, telle elle demeure en hiver : on en boit volontiers l'eau très-pure et très-riante à la vue. Comme les Parisiens habitent une île, il leur serait difficile de se procurer d'autre eau. La température de l'hiver est peu rigoureuse, à cause, disent les gens du pays, de la chaleur de l'Océan, qui, n'étant éloigné que de neuf cents stades, envoie un air tiède jusqu'à Lutèce : l'eau de mer est en effet moins froide que l'eau douce. Par cette raison, ou par une autre que j'ignore, les choses sont ainsi. L'hiver est donc fort doux aux habitants de cette terre ; le sol porte de bonnes vignes ; les *Parisii* ont même l'art d'élever des figuiers, en les enveloppant de paille de blé comme d'un vêtement, ou en employant les autres moyens dont on se sert pour se mettre à l'abri de l'intempérie des saisons.

» Or il arriva que l'hiver que je passais à Lutèce fut d'une violence inaccoutumée : la rivière charriait des glaçons comme des carreaux de marbre : vous connaissez les pierres de Phrygie ? tels étaient, par leur blancheur, ces glaçons bruts, larges, se pressant les uns contre les autres, jusqu'à ce que, venant à s'agglomérer, ils formassent un pont. Plus dur à moi-même et plus rustique que jamais, je ne voulus point souffrir que l'on chauffât à la manière du pays, avec des fourneaux, la chambre où je couchais. » (*Misopogon.*)

Julien raconte qu'il permit enfin de porter dans sa chambre quelques charbons dont la vapeur faillit l'étouffer.

Ce vaste palais des Thermes, dont les imposantes ruines, dites *les Thermes de Julien,* sont les seules antiquités romaines conservées à Paris, était l'an 360, le théâtre d'une scène grandiose dont l'histoire nous a transmis le souvenir. Laissons un illustre écrivain retracer ce tableau :

Palais des Thermes.

« Constance, devenu jaloux des triomphes de Julien, songea à l'affaiblir en lui demandant la plus grande partie de son armée, sous le prétexte de continuer la guerre contre Sapor. Julien pressa ses troupes, ou feignit de les presser de partir. C'est la première grande scène militaire dont Paris ait été témoin.

» Assis sur un tribunal élevé aux portes de Lutèce, Julien invite les soldats à obéir aux ordres d'Auguste : les soldats gardent un silence morne et se retirent à leur camp. Julien caresse les officiers, leur témoigne le regret de se séparer de ses compagnons d'armes sans pouvoir les récompenser dignement. A minuit, les légions se soulèvent, sortent en tumulte du banquet donné pour leur départ, environnent le palais, et, tirant leurs épées à la lueur des flambeaux, s'écrient : *Julien Auguste !*

» Il avait ordonné de barricader les portes; elles furent forcées au point du jour. Les soldats se saisissent du César, le portent à son tribunal, aux cris mille fois répétés de : *Julien Auguste !* Julien priait, conjurait, menaçait ses violents amis, qui, à leur tour, lui déclarèrent qu'il s'agissait de la mort ou de l'empire : il céda. Une acclamation le salua maître ou compétiteur du monde. Il fut élevé sur un bouclier comme un roi franc, et couronné comme un despote asiatique : le collier militaire d'un hastaire lui servit de diadème; car il refusa d'user à cette fin (étant chose de mauvais augure) d'un collier de femme ou d'un ornement de cheval que lui présentaient les soldats.

» Afin qu'il ne manquât rien d'extraordinaire à l'avénement du restaurateur de l'idolâtrie, Julien écrivit au peuple et au sénat athénien (*Ad S. P. Q. Ath.*) la relation de ce qui s'était passé à Lutèce. Il adressa des lettres explicatives à Constance, lui demandant la confirmation du titre d'Auguste. Pour trouver un second exemple d'un empereur proclamé à Paris, il faut passer de Julien à Napoléon. Après des négociations inutiles, Constance rejeta les prières de son rival ; il lui enjoignit de quitter la pourpre, non sans le traiter d'ingrat. « Rappelle-toi que je t'ai » protégé alors que tu étais orphelin. — Orphelin ! dit Julien dans sa » réponse à Constance; le meurtrier de ma famille me reproche d'avoir » été orphelin ? »

» Julien rassemble à Lutèce le peuple et l'armée, leur communique les messages venus d'Orient, et lui demande s'il doit abdiquer le titre d'Auguste. Un grand bruit s'élève avec ces paroles : « Sans Julien Au- » guste, la puissance est perdue pour les provinces, les soldats et la » république. (CHATEAUBRIAND : *Etudes historiques*.)

Etrange destinée cependant que celle de Paris ! La future capitale du *royaume très-chrétien* élève aujourd'hui sur le pavois impérial ce même César qui allait se montrer bientôt le plus terrible ennemi du christianisme !... Mais que peut désormais un bras de chair contre une doctrine déjà victorieuse de trois siècles de persécutions! Ici même, dans les murs de Lutèce, cette doctrine du Crucifié poursuivait sa marche conquérante; elle voyait ériger des temples au vrai Dieu au milieu des aigles romaines, et se réunir librement, sous leurs voûtes, l'élite de ses représentants. En cette même année 360, en effet, sous Julien déclaré Auguste, un Concile d'évêques était convoqué au sein de la cité qu'avait évangélisée Denis. Dans ce premier Concile de Paris, à la sollicitation de saint Hilaire, récemment arrivé de Constantinople, on rejeta la formule de Rimini, adoptée par les ariens, et l'on adopta celle de Nicée. C'était l'époque où, par les soins du grand pontife choisi de Dieu pour préserver et délivrer l'Occident de l'hérésie arienne, divers Conciles se tenaient dans maintes villes gauloises. Notre vieille capitale doit compter parmi ses titres de gloire, le souvenir de cette première assemblée d'évêques repoussant solennellement l'erreur impie qui causait alors tant de ravages dans l'Eglise.

Après Julien, on voit les empereurs Valentinien et Gratien son fils séjourner aussi à Paris, et le premier de ces princes y rendre trois lois, qui se trouvent au code théodosien. Dans la date de ces lois, le nom de *Parisii* a remplacé celui de *Lutetia*. Le jeune Gratien, que saint Ambroise appelle *très-chrétien*, apprit à Paris l'audacieuse révolte de Maxime. Sortant de cette ville comme un fugitif, abandonné des siens, il courut vers Lyon, où l'attendait la funeste bataille qui lui coûta l'empire et la vie (383). Mais revenons aux souvenirs chrétiens de la vieille Lutèce.

Le Concile tenu dans son sein, l'an 360, prouve qu'à cette époque la ville possédait déjà des églises et des établissements religieux. Le christianisme avait poursuivi sa marche progressive. Après saint Denis, d'autres pontifes avaient étendu leur sceptre pastoral sur la cité. Parmi eux figurent Victorin, Paul, Prudence et saint Marcel, dont le nom vénéré, béni, est demeuré aujourd'hui encore celui de tout un faubourg de la capitale.

Marcel, né à Paris dans le IVe siècle, d'une famille de condition médiocre, pratiqua toutes les vertus dès sa plus tendre jeunesse. Dieu le favorisa de bonne heure du don des miracles. Le fer rouge n'offensait point ses mains; l'eau de la Seine se changeait pour lui en vin ou en baume précieux, lorsqu'il voulait en laver les pieds de Prudence, son évêque. (VENANCE FORTUNAT : *Vita S. Marcelli*.) D'abord lecteur dans l'Eglise de Paris, puis prêtre, enfin évêque après la mort de Prudence, Marcel fit monter avec lui sur le siége épiscopal tout un cortége d'éminentes vertus : il était rempli surtout d'une ardente charité pour son peuple. Suivant la tradition, il délivra le pays d'un serpent monstrueux qui l'infestait; emblème peut-être ici encore du démon, que ce saint pontife avait vaincu en détruisant l'idolâtrie. Le don des miracles n'abandonna point le serviteur de Dieu après sa mort (vers l'an 440). Sa sépulture, dans un petit oratoire dédié à saint Clément pape et martyr, dans un village près de la rivière de Bièvre, aux portes de Paris, rendit ce lieu désormais célèbre. Le tombeau du saint, tenu en grande vénération, était visité par des pèlerins de toutes les parties de la Gaule. Il s'opérait là de nombreux prodiges. Ragnemode, évêque de Paris, après y avoir prié tout un jour sans boire ni manger, et s'y être endormi de fatigue, se réveilla guéri de la fièvre quarte qui le molestait cruellement. (*Gall. christ.*, t. VII.) L'affluence des pèlerins donna bientôt de l'accroissement au village, qui, appelé d'abord *Chambois,* prit ensuite le nom de Saint-Marcel. Une église considérable, bâtie sur le tombeau du bienheureux, fut desservie plus tard par des chanoines, dont les propriétés, embrassant le mont *Cetardus* (*Mons Cetardus*, d'où le peuple a fait *Mou-Cétar*, altéré depuis et devenu *Mouffetard*), descendaient de là sur les bords de la Bièvre, et s'étendaient jusqu'aux villages de Gentilly et d'Ivry. La fondation de cette collégiale était, disait-on, un témoignage de la piété de Roland, ce preux de Roncevaux qui pourfendait les géants et sonnait du cor à déraciner les montagnes. Il semblerait plus juste d'y voir l'ouvrage de ce même Ragnemode, reconnaissant de sa guérison envers le saint.

Les premiers temps de Lutèce chrétienne nous ramènent donc vers ce mont Cétardus, s'élevant sur la rive droite de la Bièvre, et dominant alors des prairies marécageuses voisines de la Seine, et souvent visitées par de turbulentes inondations. Un touchant tableau s'offre ici aux regards. Voici comment le retrace un gracieux écrivain : « Cette petite

Bièvre, dont le lit exigu semble vouloir se cacher entre les peupliers et les saules, débordait quelquefois. Ses flots, grossis par les torrents qui descendaient à grande hâte des hauteurs de Rungis et de Mont-Souris, couraient dans la plaine, ravageaient le bétail, les clos de vigne, et causaient un mal infini. Alors le petit nombre d'habitants de la vallée se réfugiait sur le mont Cétardus. Aux premiers jours du christianisme, ils y bâtirent un oratoire sous l'invocation de saint Clément; quelques cahutes et un cimetière entourèrent bientôt l'oratoire; c'était le commencement ordinaire de toute société chrétienne. On allait prier sur les hauts lieux; on construisait d'abord la *maison de l'Eglise;* puis après, quelques planches, des joncs, des nattes, un peu de terre surmontée d'une croix suffisaient à vos propres besoins. Elles étaient touchantes, ces mœurs du pauvre, à qui la foi tenait lieu de tout, de fortune, de consolation, de bonheur, dont elle ravivait tous les sentiments par son action toujours instante.... Or, elle était chrétienne, cette petite colonie du mont Cétardus, cette colonie de vignerons, de laboureurs attachés à la glèbe, dont les sueurs payaient le luxe des conquérants. Aussi accueillirent-ils avec une grande joie le corps vénéré de saint Marcel, neuvième évêque de Paris, lorsque le saint homme eut achevé son pèlerinage. » (DE LA GOURNERIE.)

On aime à rappeler ces pieux souvenirs de Lutèce chrétienne. La vieille capitale des Gaules, comme on le verra plus tard, doit beaucoup à ses pontifes, à ses saints. Si elle est redevable à leur zèle apostolique de la foi et des bienfaits qui en découlent, elle ne l'est pas moins à leur tombeau, fécond en prodiges, de l'agrandissement et de la prospérité de plusieurs de ses quartiers. De même que, sur la rive droite de la Seine, le faubourg Saint-Denis rappelle son premier apôtre, sur la rive gauche, deux grands faubourgs rappellent aussi, par le nom qu'ils ont retenu, deux illustres pontifes de Paris. L'un, le faubourg Saint-Marcel ou Saint-Marceau, est celui du pauvre peuple, à qui l'on vient de rendre enfin une église sous le vocable de son antique patron; l'autre, dit *le noble et riche faubourg,* s'honore du nom de S. Germain, dont nous esquisserons tout à l'heure la merveilleuse histoire.

CHAPITRE II

Paris sous les rois mérovingiens (5e et 6e siècles).

Lutèce, comme presque toutes les autres villes des Gaules, avait vécu plusieurs siècles sous le régime d'une municipalité romaine, lorsque s'ouvrirent pour elle de nouvelles destinées. Les temps étaient arrivés où la puissance des Césars, après avoir longtemps pesé sur le monde, allait enfin s'engloutir sous l'inondation des barbares du Nord. La Gaule, l'une des plus belles provinces de l'Empire, tentait surtout l'avidité de ces farouches conquérants. Déjà, durant une partie du IVe siècle, la frontière du Rhin avait été le théâtre presque constant d'invasions, de guerres, de pillages. Jusqu'alors cependant la force des armes avait su contenir ces hordes envahissantes. Mais au siècle suivant, l'affaiblissement et la décadence de l'empire romain appelèrent de plus hardis efforts. S'élançant avec audace hors des limites de leur territoire, les barbares, comme un torrent débordé, se répandirent sur notre sol : soumise par leur bravoure, la Gaule, après maints combats, connut une domination nouvelle.

Les *Francs*, ses nouveaux maîtres, étaient cette confédération de peuplades germaines, unies pour défendre leur indépendance contre les Romains, et dont tant d'historiens ont retracé les lois, les coutumes et l'indomptable valeur. Pharamond, Clodion, Mérovée, Childéric, regardés généralement comme les premiers de nos rois, sont plutôt de simples chefs de la tribu des *Francs-Saliens*. Pharamond lui-même, personnage à demi-fabuleux, n'a qu'une existence au moins douteuse. Clodion *le Chevelu*, roi des Francs occidentaux, s'empara de Tournai et de Cambrai (en 445). Aëtius le chassa de ses conquêtes en deçà du Rhin. Au temps de Mérovée, Attila fait une invasion dans les Gaules : il est vaincu dans les plaines catalauniques par les troupes réunies d'Aëtius, de Mérovée, et de Théodoric, roi des Goths. Childéric, fils de Mérovée, résidait à Tournai, où l'on a découvert son tombeau, le plus ancien monument des temps mérovingiens. Suivant une chronique, ce prince vint assiéger Paris ; mais il échoua dans son entreprise : sa gloire est d'avoir été le père du grand Clovis, principal fondateur de la monarchie française dans les Gaules.

Avec Clovis, élevé sur le pavois par la tribu des Francs-Saliens (480), une lumière moins douteuse brille enfin sur ces temps obscurs : un nouveau jour vient éclairer alors l'histoire de Paris. Vainqueur de Siagrius, près de Soissons, Clovis vit toutes les cités de la seconde Belgique (le Soissonnais, l'Artois, etc.) se soumettre successivement à ses lois. Les Parisiens, après avoir soutenu un long siége, ouvrirent aussi leurs portes à l'heureux chef des Francs.

Mais revenons un peu sur nos pas pour contempler une douce figure qui s'offre ici à nos regards. C'est Geneviève, la bergère de Nanterre, aujourd'hui la sainte patronne de Paris et de la France. Née vers l'an 423, à *Nannetadorum*, à deux lieues de Paris, et consacrée à Dieu, dès l'âge de sept ans, par saint Germain d'Auxerre, Geneviève, après la mort de ses parents, avait été recueillie à Paris par sa marraine, dame d'une grande vertu. La jeune orpheline, fixée auprès d'elle, continuait sa vie humble, pieuse, charitable, quand soudain le bruit de l'approche d'Attila et de ses Huns barbares remplit tous les cœurs d'une sombre épouvante (l'an 451). Au milieu de la consternation générale, Geneviève seule, calme, sans crainte, s'efforce de rassurer les Parisiens, leur annonçant hautement que Dieu protégera leur ville s'ils veulent invoquer son appui. Elle les invite à la pénitence, promettant à leurs larmes, à leurs supplications, les secours du Ciel, et son regard inspiré, le feu de ses paroles font renaître l'espérance. On court prier dans les églises ; Geneviève elle-même, suivie de quelques pieuses femmes, se renferme dans

Saint-Jean-le-Rond, où était alors le baptistère public, et y passe plusieurs jours et plusieurs nuits en prières.

Cependant, malgré sa confiance et ses promesses, les Huns continuaient leur marche dévastatrice. Paris allait subir le sort de tant d'autres villes, dont l'incendie avait marqué les pas du terrible conquérant. Le peuple, se croyant trompé par Geneviève, la traite alors de fausse prophétesse, de visionnaire, de sorcière. On l'accuse d'intelligence avec les ennemis, on lui reproche d'avoir arrêté la fuite de ses concitoyens. La fureur populaire s'accroissant d'heure en heure, on en vint jusqu'à menacer les jours de l'humble fille. On l'entraîne sur la place avec d'horribles imprécations; sa mort est résolue. D'accord sur ce point, le peuple est divisé sur le genre de supplice. On veut la noyer dans un gouffre, la lapider ou bien la brûler vive. Or Geneviève, patiente et résignée, offrait à Dieu sa vie, priant pour cette foule égarée, quand arriva l'archidiacre d'Auxerre, envoyé par la Providence pour la délivrer du péril et glorifier sa vertu. Il apportait à Geneviève, de la part de Germain, son évêque, des *eulogies* (choses bénites qu'on envoyait alors en signe de communion et d'amitié). Les sages paroles de l'archidiacre calmèrent les esprits, et le nom d'un illustre prélat, dont l'autorité était grande et révérée, apaisa le flot des fureurs populaires.

Les sages prédictions de la sainte s'accomplirent. Le roi barbare et son armée, épouvantés à leur tour, se détournent de Paris sans oser l'attaquer, et s'avancent sur Orléans. Déjà la fermeté chrétienne de l'évêque saint Loup avait sauvé la ville de Troyes des fureurs d'Attila. Orléans est protégée par les prières de saint Aignan, et par l'épée d'Aëtius, que le généreux pontife appelle à son secours. Ainsi repoussé par la main mystérieuse qui retient et lâche à son gré les conquérants, les Huns changent leur plan de campagne. Se repliant vers Châlons-sur-Marne, ils sont vaincus par les armées d'Aëtius, des Francs, des Visigoths et des Bourguignons (451), dans ces plaines catalauniques, où, après quatorze siècles, on a établi aujourd'hui un camp français. La terrible mission du *Fléau de Dieu* allait bientôt toucher à sa fin....

Quant aux Parisiens, regardant désormais Geneviève comme leur libératrice, ils l'environnèrent dès lors de toutes les marques d'une véné-

ration profonde, qui depuis s'est accrue encore chaque jour par de
nombreux miracles opérés en faveur des habitants. Mais laissons aux
hagiographes le soin de rappeler tous ces prodiges.

Les Francs, étant venus mettre le siége devant Paris, tenaient la ville
bloquée, afin de la prendre par la famine. Déjà les Parisiens commençaient à ressentir les horreurs du fléau, lorsque Geneviève, émue d'une

Maison de François Ier, sur le cours la Reine.

vive compassion pour ce pauvre peuple, entreprit de le sauver. A la tête
d'une compagnie d'hommes envoyés vers les cités champenoises pour y
chercher des vivres, elle gagne Arcis-sur-Albe, et va jusqu'à Troyes;
puis, à travers mille périls, elle rentre dans Paris, suivie de nombreuses
barques chargées d'abondantes provisions. Ainsi la ville que l'humble
vierge de Nanterre avait déjà sauvée des fureurs d'Attila, fut encore pré-
servée de la famine par son courage et son ardente charité.

Clovis, maître enfin de Paris, et converti au christianisme, était un

monarque puissant. Il avait rendu le royaume des Bourguignons tribu-
taire ; il avait vaincu, après une lutte mémorable, le roi Alaric II. Toute
la monarchie des Visigoths, moins l'ancienne province romaine appelée
alors Septimanie, était passée sous la domination du prince franc. L'Ar-
morique reconnaissait son autorité. Maître ou suzerain de presque toute
la Gaule, Clovis, qui jusqu'alors avait eu successivement pour résidences
Tournai et Soissons, établit son siége à Paris, et déclara cette cité la
capitale de son royaume (507).

L'importance de Paris s'accrut considérablement, dès qu'il fut ainsi
devenu la capitale des Francs. « Cette ville, comme dit un historien,
ne manqua pas d'acquérir depuis ce temps une prépondérance marquée
sur toutes les autres cités de la Gaule. Durant les discordes et les démêlés
sanglants des petits-fils de Clovis, on vit Paris perdre un peu de cette
prépondérance, sans jamais cesser toutefois d'être la ville considérable
des Francs. On la vit même plus tard s'éclipser pour quelque temps, dans
les commencements de la domination des Carlovingiens ; mais bientôt l'esprit national et l'énergie de ses habitants, le génie de quelques hommes
supérieurs qui les dirigeaient, des circonstances heureuses, et, plus que
tout cela, la force des choses et cette position admirable que Paris tient
de la nature seule, replacèrent cette ville à son rang de capitale nécessaire de la vaste contrée qui forme aujourd'hui la France. » (MEINDRE.)

Durant les règnes confus, agités et sanglants de la période mérovingienne, l'histoire particulière de Paris offre peu d'événements remarquables, et se confond le plus souvent avec l'histoire de la France.
Quelques grandes figures, certaines fondations religieuses, quelques faits
ou épisodes méritent seuls d'attirer nos regards.

Clovis et ses officiers habitaient le palais des Thermes, ou bien celui
de la Cité, ancien édifice construit sur l'emplacement occupé aujourd'hui
par le Palais de justice. Depuis la conquête romaine, la municipalité
parisienne s'était toujours réunie dans cet édifice, où se conservait le
dépôt de ses actes, *gesta municipalia*. Ce palais avait encore alors la
même destination. Les corps municipaux, les magistrats élus et les habitants notables de Paris s'y rassemblaient à certains jours : aussi fut-il
longtemps cher à la population parisienne. Durant ces temps barbares,

c'était surtout au régime municipal et à leur union, que les habitants des villes soumises, exposés à la merci de l'arbitraire de farouches conquérants, allaient demander quelque garantie contre l'oppression et la violence.

Clovis, devenu chrétien, n'avait point dépouillé la rudesse et la férocité des mœurs des Francs. Sa grande âme cependant sentait parfois la beauté et les bienfaits du christianisme. Il favorisa l'établissement de nombreux monastères en diverses parties de la Gaule. A la prière de la reine Clotilde et de Geneviève, il fit construire une église à Paris en l'honneur des saints apôtres Pierre et Paul, près du sommet du mont *Leucotitius*, et sur l'emplacement d'un cimetière des Romains. Cette basilique, terminée par les soins de Clotilde, prit depuis le nom de Sainte-Geneviève. Clovis fonda tout auprès un monastère qu'il dota richement, et fit construire aussi un palais dans le voisinage. La nouvelle basilique de Saint-Pierre-et-Saint-Paul devait recevoir bientôt dans ses murs des restes augustes et vénérables.

Là fut en effet enseveli le roi Clovis, mort à Paris, le 27 novembre 511. Geneviève, ayant terminé elle-même sa longue carrière (3 janvier 512), vint reposer dans cette même enceinte, auprès de Clovis. On construisit sur sa tombe un oratoire en bois, en attendant l'achèvement de l'église, dans laquelle plus tard la reine Clotilde fut aussi inhumée. De glorieux souvenirs s'attachent à ces trois tombes, d'un grand roi, d'une sainte reine, et de la douce patronne de Paris !... Mais la dernière est restée la plus vénérable. Les Parisiens, reconnaissants des bienfaits de Geneviève, accoururent en foule à son tombeau. Alors commença cette dévotion populaire dont la ferveur croissante se ranimait d'âge en âge par les éclatants prodiges que la sainte obtenait du Ciel en faveur de sa ville chérie ; dévotion toujours vivante, que treize siècles et d'innombrables révolutions n'ont pu affaiblir dans le cœur des Parisiens.

Clovis ayant partagé ses vastes états entre ses quatre fils, Thierry, Clodomir, Childebert et Clotaire, Paris, avec Metz, Orléans et Soissons, donna son nom à l'un des quatre royaumes qui se formèrent de cet héritage. Ce royaume échut à Childebert, troisième fils du monarque franc.

Avec l'acte mémorable du baptême de Clovis à Reims (496), la monarchie des Francs était entrée dans les voies de la civilisation chrétienne. Mais les fils et successeurs de ce prince n'avaient pu dépouiller sitôt leurs mœurs rudes et barbares. Leur règne n'offre que trop souvent de sanglants exemples de cruauté. Le souvenir du règne de Childebert, roi de Paris, nous apparaît souillé d'un crime odieux dont le théâtre fut le palais des Thermes, bien que la plupart des historiens le placent d'ordinaire dans celui de la Cité.

Après la mort de Clovis, sainte Clotilde avait su maintenir pendant quelques années, entre les quatre princes, la paix et le calme qui semblaient étrangers aux mœurs des Francs. Mais Clodomir, roi d'Orléans, ayant péri dans un combat contre les Bourguignons, à Véséronce (Isère), en 524, l'ambition réveillée dans le cœur de ses frères arma leur main homicide contre de jeunes innocents. Ecoutons ici notre vieil historien, saint Grégoire de Tours.

« Tandis que la reine Clotilde séjournait à Paris, Childebert, voyant que sa mère avait porté toute son affection sur les fils de Clodomir, en conçut de l'envie, et craignant que, par la faveur de la reine, ils n'eusent part au royaume, il envoya dire secrètement à son frère le roi Clotaire : « Notre mère retient près d'elle les fils de notre frère, et veut leur » donner le royaume paternel. Il est nécessaire que tu viennes promp- » tement à Paris, et que nous délibérions ensemble sur ce que nous » devons faire d'eux : seront-ils rasés et réduits à la condition commune, » ou faudra-t-il les tuer et partager également entre nous le royaume de » notre frère? » Clotaire, comblé de joie par ces paroles, vint à Paris. Childebert avait commencé par répandre dans le peuple que les deux rois se réunissaient afin d'élever au trône ces jeunes enfants. Les deux rois firent donc dire à la reine, qui habitait alors dans la ville même : « Envoie-nous les enfants de Clodomir, afin que nous les élevions au » trône de leur père. » Clotilde, remplie de joie, et ignorant leur arti- fice, fit boire et manger les enfants, et les envoya en leur disant : « Je » croirai n'avoir pas perdu mon fils, si je vous vois, mes chers enfants, » lui succéder dans son royaume. » Ceux-ci, étant partis, furent arrêtés aussitôt, éloignés de leurs serviteurs et de leurs gouverneurs, et l'on garda séparément les serviteurs d'un côté, et les enfants de l'autre. Alors Childebert et Clotaire envoyèrent à la reine, Arcadius avec des ciseaux et une épée nue. Quand il fut près de Clotilde, il lui montra ce qu'il portait, et lui dit : « Très-glorieuse reine, tes fils, nos maîtres, désirent » connaître ta volonté à l'égard de ces enfants : veux-tu qu'ils vivent » avec les cheveux coupés, ou qu'ils soient égorgés? » Clotilde, épouvantée par ce message, et transportée d'indignation, surtout lorsqu'elle vit l'épée nue et les ciseaux, répondit imprudemment, dans la douleur qui l'accablait, et sans savoir ce qu'elle allait dire : « J'aime mieux, s'ils » ne sont pas élevés au trône, les savoir morts que tondus. » Mais Arcadius, s'inquiétant peu de son désespoir et de ce qu'elle pourrait décider avec plus de réflexion par la suite, revint promptement dire aux deux rois : « Achevez votre ouvrage; car la reine, favorable à vos projets, » veut que vous les accomplissiez. » Aussitôt Clotaire prend le plus âgé par le bras, le jette contre terre, et le tue impitoyablement en lui enfonçant un couteau dans l'aisselle. Aux cris poussés par cet enfant, son frère se jette aux pieds de Childebert, et, pressant ses genoux, il lui dit en pleurant : « Secours-moi, mon bon père, afin que je ne périsse pas comme » mon frère! » Childebert, le visage arrosé de larmes, dit à Clotaire : « Mon cher frère, je te demande grâce pour sa vie; je te donnerai tout » ce que tu voudras; mais, je t'en prie, ne le tue pas. » Alors Clotaire, d'un air furieux et menaçant : « Ou repousse-le, s'écrie-t-il, ou tu vas » mourir à sa place. Toi, l'instigateur de toute cette affaire, es-tu donc » si prompt à manquer de foi? » A ces mots, Childebert repoussa l'enfant vers Clotaire, qui le prit, lui enfonça, comme à son frère, un couteau dans le côté, et le tua. Ils firent périr ensuite les serviteurs et les gouverneurs de ces enfants. Après ces meurtres, Clotaire monte à cheval et s'éloigne, s'inquiétant peu de la mort de ses neveux; Childebert se retire dans les faubourgs de la ville. La reine fit placer les corps des deux enfants dans un cercueil, et les suivit, avec un grand appareil de chant et un deuil immense, jusqu'à la basilique de Saint-Pierre, où elle les fit enterrer ensemble. L'un avait dix ans, et l'autre sept; le troisième, nommé Clodoald, ne put être pris, et fut sauvé par des hommes courageux. Celui-ci, méprisant un royaume terrestre, se consacra au

Seigneur, se coupa lui-même les cheveux et se fit ecclésiastique; il se voua tout entier aux bonnes œuvres et mourut prêtre [1]. Les deux rois partagèrent par égales portions le royaume de Clodomir. » (Traduct. de MM. GAUDET et TARANNE.)

Détournons nos regards de cette horrible scène, pour les reposer sur d'autres tableaux plus consolants.

Childebert, roi de Paris, et Clotaire, roi de Soissons, guerroyant contre les Visigoths en Espagne, avaient mis le siége devant Sarragosse (542). Les habitants, ayant invoqué le secours de saint Vincent martyr, patron de la cité, portèrent ses reliques en procession sur les remparts, en vue du camp ennemi. Touché de leur piété, Childebert fit annoncer qu'il lèverait le siége, si on voulait lui céder une portion des reliques du saint. On y consentit : l'évêque octroya au prince franc l'étole du saint diacre ; et Childebert, fidèle à sa promesse, fit retirer son armée. De retour à Paris, il y fonda, sur la rive gauche de la Seine, de concert avec l'évêque saint Germain, une église en l'honneur de saint Vincent, où l'on déposa le pieux trésor. Cet édifice, à cause de sa magnificence, était appelé *l'église d'or*. Aujourd'hui, treize siècles plus tard, il est rebâti et debout encore : c'est l'église paroissiale de Saint-Germain-des-Prés.

Le nom de saint Germain rappelle l'un des plus illustres pontifes de ces temps reculés, où, sous l'influence à la fois douce et forte des évêques, se formait la monarchie chrétienne des Gaules. Né vers la fin du ve siècle, dans le territoire d'Autun, Germain fut d'abord abbé du monastère de Saint-Symphorien de cette ville. C'était un homme semblable aux apôtres en vertus et en miracles : on admirait surtout son immense charité pour les malheureux. Un jour qu'il avait donné aux pauvres tout ce qu'il y avait de pain dans le monastère, les moines, n'en trouvant plus pour eux-mêmes, murmuraient contre lui. Germain s'enferma dans sa cellule, et pria avec des larmes. Sa prière n'était point achevée, quand on vit s'arrêter à la porte du monastère deux chevaux chargés de pains, qu'une pieuse dame envoyait en aumône, et qu'elle fit suivre le lendemain d'un charriot de provisions. Germain fut souvent favorisé du don des miracles

---

[1] L'an 560, après avoir fondé un monastère, près de Paris, à *Noventium*, aujourd'hui appelé, de son nom, *Saint-Cloud*.

et de celui de prophétie. Pendant que les religieux reposaient, il se rendait à l'église, où il passait une partie de la nuit en prières. Une vision mystérieuse lui révéla sa destinée future. Un vénérable vieillard, lui étant apparu, lui présenta les clefs de Paris, et lui dit : « Dieu vous confie la conduite des habitants de cette ville; vous serez un jour leur pasteur et leur père. »

Cette vision s'accomplit bientôt. Germain, s'étant rendu auprès du roi Childebert pour réclamer son appui en faveur des villages de l'église d'Autun, fut élevé malgré lui sur le siége de Paris, alors vacant par la mort de l'évêque Eusèbe (555). Le nouveau pasteur devint dès ce moment le père de son troupeau. Il admettait chaque jour plusieurs pauvres à sa table, et sa maison était constamment l'asile d'une foule de malheureux dont il était l'unique soutien. Ses miracles et ses vertus sont attestés par un biographe contemporain et témoin oculaire. Ecoutons Fortunat de Poitiers parler de sa charité : « Quand même les voix de tout le peuple se réuniraient en une seule, on ne saurait dire combien il était prodigue en aumônes : bien des fois, se contentant d'une tunique, il couvrait du reste de ses vêtements quelque pauvre nu; et ainsi, tandis que le pauvre avait chaud, le bienfaiteur ressentait le froid. Nul ne peut dénombrer en combien de lieux ni en quelle quantité il a racheté de captifs. Les nations voisines, les Espagnols, les Scots, les Bretons, les Gascons, les Saxons, les Bourguignons, peuvent attester comment on recourait de toutes parts au nom du bienheureux pour être délivré du joug de l'esclavage. »

Un zèle ardent pour la conversion de son peuple dévorait l'âme du saint pasteur. Grâce aux efforts de sa charité, la ville de Paris eut bientôt changé entièrement de face. Beaucoup d'amusements profanes, restes du paganisme, furent proscrits; les désordres cessèrent, et des hommes adonnés à toute espèce de désordres revinrent à la pratique du bien. L'influence des vertus du saint prélat gagna jusqu'à la cour. Childebert, roi de Paris, touché par ses paroles, réforma les abus scandaleux qui s'étaient introduits dans son palais; il fonda plusieurs églises ou monastères. Un décret royal ordonna la destruction des idoles qu'un bon nombre d'habitants conservaient encore dans les campagnes voisines de Paris. Le pieux monarque confiait souvent au saint évêque des sommes considérables pour le soulagement des pauvres. Quand ses coffres étaient épuisés, il faisait fondre sa vaisselle d'or et d'argent, ou d'autres ornements précieux à son usage.

Le règne de Childebert, prince faible et dénué de qualités brillantes, repose néanmoins la vue par les beaux actes qu'il rappelle. Nous devons ici le tribut d'un pieux souvenir à la reine Ultrogothe, sa femme, qui, durant tout ce règne, s'il faut en croire Grégoire de Tours, avait brillé par sa grande piété, et s'était montrée constamment la mère des orphelins, la consolatrice des affligés. Exilée quelque temps de Paris, avec ses deux filles, par Clotaire, après la mort de Childebert, elle y fut rappelée ensuite, et y termina sa bienfaisante carrière; son corps fut inhumé auprès de celui de son mari, dans l'église de Saint-Vincent (Saint-Germain-des-Prés). Childebert, reconnaissant envers l'évêque Germain, dont les prières l'avaient guéri d'une maladie grave au château de Chelles, céda cette même terre à l'église de Paris. Il fit aussi bâtir près de l'église de Saint-Vincent, où il avait choisi sa sépulture, un vaste monastère, auquel il donna le fief d'Issy et d'autres biens considérables : il en confia le soin au pieux pontife, qui en commit la garde à saint Doctrovée, d'Autun, institué premier abbé. Telle est l'origine de l'illustre abbaye dite depuis de Saint-Germain-des-Prés. Nous parlerons ailleurs de cette abbaye royale, restée jusqu'à la fin du dernier siècle l'asile de tant de pieux et doctes enfants de Saint-Benoît.

À la mort de Childebert (558), qui ne laissait aucun enfant mâle, son héritage échut à Clotaire, le dernier des quatre fils de Clovis. Ce prince, ayant réuni sous sa puissance les quatre royaumes du vaste empire des Francs, quitta Soissons et vint établir son siége à Paris. Le règne de ce monarque, si tristement célèbre par sa cruauté et ses débauches, ne doit point nous arrêter. A sa mort (561), ses Etats ayant été de nouveau partagés en quatre royaumes, Caribert, l'un de ses fils, devint roi de Paris. Ce prince, cédant à une vive passion, avait répudié sa femme, la reine Ingoberge, pour épouser Méroflède, l'une de ses suivantes. Celle-ci étant morte peu de temps après, il épousa Marcovèse, qu'il tira d'un monastère. Ici nous retrouvons l'évêque Germain.... mais, cette fois, c'est un nouveau Jean-Baptiste qui ose dire à son maître : *Non licet* : Cela ne vous est pas permis. — Sa voix ne fut point écoutée. Affligé de ce scandale, et voulant le faire cesser, l'évêque excommunia le monarque avec la complice de ses désordres. La mort de Marcovèse et celle du roi lui-même, qui survinrent peu de temps après, furent regardées comme le juste châtiment de leur crime.

Les années qui suivirent la mort de Caribert (567) offrent à nos regards le triste spectacle de troubles et de discordes fomentés par des partis rivaux, se disputant avec acharnement les diverses portions du territoire des Gaules. Sigebert, Chilpéric et Gontran se partagèrent le royaume de ce prince, qui ne laissait aucun fils. Chilpéric s'était déjà emparé par surprise de Paris, ville dès lors assez importante pour qu'on attachât un grand prix à sa possession. Il fut convenu que cette capitale appartiendrait en commun aux trois frères, et que nul d'entre eux ne pourrait y entrer sans le consentement des deux autres. Ephémère et vaine convention!... Ici commence cette rivalité jalouse de deux rois, ou plutôt de deux reines ambitieuses, qui fit couler tant de sang et enfanta tant de crimes. Les démêlés, les fureurs de Brunehaut et de Frédégonde amènent des guerres civiles, des empoisonnements, des meurtres, et occupent les règnes confus de six à sept monarques mérovingiens. Mais ce triste tableau appartenant à l'histoire générale de la France, détachons-en seulement quelques traits où brille une dernière fois encore la vénérable figure du saint évêque de Paris.

Les rois d'Austrasie et de Neustrie, Sigebert et Chilpéric, animés l'un contre l'autre par deux femmes, ennemies implacables, s'étaient déclaré une guerre acharnée. Le devoir du pasteur était de s'interposer entre les frères rivaux. Germain n'y faillit point; affligé des maux qui accablaient les populations de la Gaule, et surtout le peuple de Paris, il engagea Gontran, roi de Bourgogne, à convoquer un concile. Cette assemblée, composée de trente-deux évêques, dont six métropolitains, se réunit dans l'église de Saint-Pierre (Sainte-Geneviève) (573). On proposa des accommodements pour terminer la querelle entre Sigebert et Chilpéric; mais ces deux princes ne tinrent aucun compte de l'avis des prélats. Un peu plus tard, quand après une victoire, Sigebert et Brunehaut entrèrent dans Paris, le saint évêque, s'adressant d'abord à la reine, la supplia humblement d'obtenir de son époux qu'il rendît la paix à la France, et se montrât clément envers son propre frère. Brunehaut ne se laissa point toucher. Germain vint trouver le roi lui-même; et, se prosternant à ses pieds, « Si vous pardonnez à votre frère, lui dit-il, vous serez vainqueur; si, au contraire, vous méditez de lui ôter la vie, la Justice divine vous frappera, et la mort vous empêchera d'exécuter votre projet. » Le prince, ayant méprisé cet avis salutaire, porta bientôt la peine de sa résistance au messager de Dieu : il tomba sous les coups de deux scélérats apostés par la reine Frédégonde, qui prévint ainsi la vengeance du roi vainqueur (575).

Le digne pasteur de Paris termina, l'année suivante (21 mai 576), à quatre-vingts ans, une carrière entièrement consacrée au triomphe de l'Eglise et au soin vigilant de son nombreux troupeau. Au nombre de ses plus importants bienfaits, il faut placer l'état florissant où ses soins éclairés avaient amené l'école de la cathédrale, ainsi que l'école monastique de Saint-Germain-des-Prés. Germain fut inhumé, selon son désir, dans la chapelle de Saint-Symphorien, au bas de l'église de Saint-Vincent (Saint-Germain-des-Prés). Cette même église possède aujourd'hui encore quelques reliques de ce vertueux pontife, devenu l'un des patrons de la capitale.

Après l'assassinat de Sigebert, Chilpéric revint à Paris, où se trouvait la reine Brunehaut avec ses deux filles encore en bas-âge. Il l'envoya en exil à Rouen, la confiant à l'évêque Prétextat. Un jeune enfant de cinq ans, nommé Childebert, fils unique de Sigebert, dérobé à la vengeance du prince son oncle, fut porté en Austrasie, et proclamé roi sous la tutelle d'un conseil formé des grands du pays. Sa mère Brunehaut vint plus tard l'y rejoindre, et détermina les seigneurs d'Austrasie à déclarer la guerre à Chilpéric.

Ce dernier prince, que Grégoire de Tours appelle *le Néron, l'Hérode de son siècle*, faisait peser une autorité tyrannique sur les malheureuses populations soumises à ses lois. Sa fille Rigonthe venait d'être fiancée à Récarède, le second fils de Léovigilde, roi des Visigoths d'Espagne. Quand la jeune princesse sortit de Paris pour aller trouver son époux, emportant des trésors considérables en dot, elle était suivie par un grand nombre de serfs fiscaux, qu'on réduisit pour elle en esclavage. Ecoutons ici le vieil historien de la France : « Chilpéric ordonna d'enlever plusieurs familles des maisons fiscales et de les mettre dans des chariots; un grand nombre de ces hommes pleuraient et ne voulaient pas partir; il les fit jeter en prison, pour pouvoir les envoyer ensuite plus aisément à sa fille. On assure que plusieurs d'entre eux, craignant d'être séparés de leurs parents, s'étranglèrent de désespoir. Mais Chilpéric se montrait inflexible; le fils était enlevé à son père, la fille à sa mère; ils partaient au milieu des gémissements et des malédictions. Les pleurs et les larmes qu'on répandait alors à Paris pouvaient se comparer à ceux qu'on versa autrefois en Egypte. D'autres personnes, qui, bien que de naissance plus relevée, étaient également contraintes de partir, firent leur testament pour donner tous leurs biens aux églises, et déclarèrent qu'il serait exécutoire au moment de leur entrée en Espagne, comme si elles

Tour Saint-Jacques.

étaient mortes. Chilpéric, ayant convoqué les Francs notables et le reste de ses leudes, célébra les noces de sa fille, et l'ayant remise aux ambassadeurs des Goths, il leur donna aussi de grands présents. » (GREG. TURON. : *Hist. Franc.*)

Mais pendant que Rigonthe, suivie de cinquante chariots chargés d'or, d'argent, de bijoux, et escortée de quatre mille hommes, sans compter les leudes et les officiers de toute espèce, s'acheminait en pompe vers l'Espagne, un événement tragique se passait aux portes de Paris. Le roi Chilpéric, en revenant de la chasse, périt assassiné dans sa maison de campagne de Chelles (584). Telle était la renommée de Frédégonde qu'on l'accusa généralement de ce nouveau meurtre : quelques historiens dignes de foi l'attribuent à la vengeance de Brunehaut. Frédégonde, s'enfuyant de Chelles à Paris avec ses trésors et son fils unique, le jeune Clotaire, courut chercher un asile dans l'église cathédrale. De là, expédiant un message à Gontran, roi de Bourgogne, elle lui offrit la tutelle de son fils, avec la régence du royaume de Neustrie. Gontran accourt aussitôt à Paris, où il est reconnu solennellement comme tuteur de Clotaire II, qu'il fait déclarer roi de Neustrie (584).

Gontran, monarque bon et généreux, répara le mal qu'avait fait Chilpéric. Après sa mort (593), les deux reines rivales purent laisser agir librement la haine jalouse qui les animait l'une contre l'autre; mais à la suite d'une grande victoire remportée sur l'armée de Brunehaut, près de Compiègne (596), Frédégonde, revenue à Paris, y mourut paisiblement au plus haut point de la prospérité humaine (597). « Quand elle eut prévalu sur tous ses ennemis à force d'attentats et d'audace, dit M. A. Gabourd, elle comparut devant Dieu pour rendre compte de sa criminelle puissance. » Le corps de cette reine si tristement célèbre fut inhumé dans l'église de Saint-Vincent (Saint-Germain-des-Prés), à côté de celui de Chilpéric son époux. On conserve encore aujourd'hui les débris du tombeau élevé autrefois sur le lieu de sa sépulture.

Quant à Brunehaut, vaincue dans un dernier combat et livrée à la vengeance du fils de Frédégonde, la vieille reine, fille, veuve, mère et aïeule de rois, fut attachée à la queue d'un cheval indompté qui dispersa tous ses membres (614). Née vertueuse, Brunehaut brillerait aujourd'hui au premier rang des grandes reines, si la vengeance n'avait ouvert·son cœur à tous les crimes. Au reste, peut-être est-il juste de dire avec Chateaubriand : « Il ne faut croire ni tout le bien que Fortunat, Grégoire de Tours et saint Grégoire pape ont dit de Brunehilde, ni tout le mal qu'en ont raconté Fredégher, Aimoin et Adon, qui d'ailleurs n'étaient pas contemporains de cette princesse : c'était, à tout prendre, une femme de génie, dont les monuments sont restés.... »

CHAPITRE III

Suite de la période mérovingienne (an 614 - 752)

Au début du règne de Clotaire II, Paris, résidence ordinaire du monarque, vit un concile de soixante-dix-neuf évêques, le plus nombreux de tous ceux qu'on avait tenus jusqu'alors en France, se réunir dans la basilique de Saint-Pierre-et-Saint-Paul (Sainte-Geneviève) (615). Le premier des quinze canons de discipline qu'on y décréta fut porté contre la simonie, très-commune alors dans l'élection des évêques. Le siége de Paris était occupé par saint Céran, digne et savant prélat, qui avait fait recueillir les Actes des martyrs du nord de la Gaule et des premiers évêques de Paris, précieux travail qui ne nous est point parvenu. Clotaire II, prince faible, dont le règne occupe peu de place dans l'histoire, mourut dans sa capitale, et fut enterré dans l'église de Saint-Vincent (Saint-Germain-des-Prés) (628). Dagobert, son fils aîné, déjà depuis huit ans roi d'Austrasie, lui succéda. Maître de toute la monarchie franque, à l'exception de quelques provinces d'Aquitaine, cédées à son frère Caribert, le nouveau monarque quitta la ville de Metz, qu'il habitait, et vint s'établir à Paris.

Les premières années du règne de Dagobert, grâce aux bons conseils de saint Arnould et de Pépin, maire du palais d'Austrasie, furent pleines de sagesse et d'équité. Plus tard, ce monarque, esclave de ses passions, se livra aux excès de la débauche, et se montra injuste et cruel. A Paris,

sa cour avait un éclat qui rappelait le faste et la magnificence des souverains de l'Orient. Ce règne est célèbre dans notre histoire par une
pieuse fondation, et par le souvenir d'un saint dont le nom est demeuré
populaire. A la place d'une petite chapelle bâtie par sainte Geneviève
sur le tombeau de saint Denis, Dagobert jeta les fondements d'une
illustre abbaye, « le Capitole des Français, dit Chateaubriand (*Hist. de
France*), où se conservaient leurs chroniques avec les cendres royales,
comme les pièces à l'appui des faits. » — Quant au saint de cette époque,
on a deviné saint Eloi, l'un de ces personnages qui, avec saint Arnould,
saint Ouen, saint Léger et quelques autres, figure parmi ces conseillers
vertueux et sages de nos premiers monarques et dont l'heureuse influence
sur notre pays est justement regardée comme l'une des sources de ses
belles destinées.

Eloi, le plus habile orfèvre de son siècle, avait en même temps toutes
les vertus d'un parfait chrétien ; ses éminentes qualités le firent remarquer du roi, qui l'admit dans son intimité et lui donna la charge de
trésorier de la couronne. Vivant à la cour, Eloi y conserva sa vertu et sa
piété. Son histoire est connue. (*Vies des Saints*, au 1er décembre.) Rappelons seulement quelques traits de sa vie plus en rapport avec notre
sujet. Les vieux chroniqueurs exaltent surtout son admirable charité
envers les pauvres, son zèle à racheter les esclaves et les prisonniers.
Sa maison, dans la cité, était reconnaissable à la foule de pauvres qui
l'assiégeaient constamment et lui faisaient une espèce d'escorte d'honneur. En sortant de sa maison, Eloi, suivant l'expression de saint Ouen,
son historien et son ami, était environné de pauvres *comme une ruche
l'est de ses abeilles*. Un crédit sans bornes auprès de Dagobert lui pro-
curait les moyens d'alléger les douleurs si nombreuses des populations
de cette époque. Il fonda plusieurs institutions de bienfaisance ou monuments religieux. Ce fut sans nul doute sous son inspiration que Dagobert
se montra lui-même secourable envers les malheureux, libéral pour les
églises et monastères, occupé constamment d'œuvres de religion et de
bienfaisance.

Eloi, entre autres fondations, fit construire à Paris un monastère de
filles, dans une maison que le roi lui avait donnée, près de son palais,

dans la cité. Il y assembla jusqu'à trois cents religieuses, sous la conduite de sainte Aure, et fit élever, à côté du couvent, une église qui fut dédiée à saint Martial. Un trait peindra la délicatesse de l'âme d'Eloi non moins bien que celui plus connu du double trône d'or massif. Après l'achèvement des bâtiments claustraux, on s'aperçut qu'on avait un peu empiété sur le terrain concédé par le roi. Eloi, pénétré de douleur et de remords, vint se prosterner devant le prince, et tout en larmes lui demander pardon, comme coupable d'un grand crime. Dagobert, surrpis et ravi de tant de loyauté, la récompensa en doublant sa première dotation ; puis se tournant vers ses courtisans, « Voyez, leur dit-il, quelles sont la fidélité et l'exactitude de ceux qui suivent Jésus-Christ : mes officiers et gouverneurs de provinces m'enlèvent sans scrupule des terres entières ; Eloi, bien au contraire, tremble d'avoir un pouce de terrain qui ne soit pas à lui. » Le monastère de ce saint, après avoir subsisté longtemps sous le nom de son fondateur, vit, par la suite, ses revenus attribués à l'évêché de Paris ; la maison fut donnée aux Barnabites, et l'église de Saint-Martial devint une paroisse. La rue Saint-Eloi, dans la cité, occupait naguère encore une partie de l'emplacement de cette église et du couvent.

Eloi fabriquait lui-même en métal les couvertures des basiliques. Il bâtit hors des murs de la ville, proche le cimetière des religieuses de son monastère, une chapelle dite *Saint-Paul-des-Champs* (aujourd'hui la paroisse Saint-Paul). L'habile et pieux orfèvre se plaisait surtout à fabriquer de belles châsses pour les reliques des saints. Il orna avec magnificence les tombeaux de saint Martin de Tours et de saint Denis de Paris. Les châsses de saint Quentin, de saint Lucien, de saint Piat, de saint Germain de Paris, de saint Séverin, de sainte Geneviève, de sainte Colombe, furent son ouvrage. Eloi, au milieu de ses travaux, s'efforçait d'imiter les vertus des pieux personnages dont il glorifiait ainsi aux yeux des peuples les restes vénérés. Se préservant de l'air contagieux de la cour, il conserva son innocence, et parvint lui-même à cette haute sainteté, qui, attirant sur lui les regards du clergé et du peuple, le fit élever, après la mort de saint Acaire (639), sur les siéges de Noyon et de Tournai, réunis sous l'épiscopat de saint Médard.

Saint Eloi, évêque de Noyon et apôtre de la Flandre, savait encore dans l'occasion servir utilement le roi son maître. Judicaël, comte ou duc de Bretagne, avait, au mépris des traités, repris le titre de roi et ravageait les frontières de France. Il s'agissait de le ramener lui et les siens sous l'obéissance de Dagobert. Eloi conduisit à bonne fin cette négociation difficile. Il ménagea si adroitement l'esprit du prince breton, qu'il sut lui persuader de faire sa soumission, et de venir en personne à Paris rendre foi et hommage au roi des Francs.

Dagobert, étant mort après dix ans de règne (638), fut inhumé dans l'abbaye de Saint-Denis, qu'il avait fondée, ou plutôt rebâtie à neuf et enrichie avec une incomparable magnificence, prodiguant avec un pieux enthousiasme l'or, l'argent et les pierreries. Ce même prince avait établi au bourg de Saint-Denis, dès lors fort important, une grande foire annuelle qui conserva toujours depuis sa célébrité. Le commerce de Paris devait recevoir à son tour une impulsion nouvelle de ce genre d'institution, qui, en multipliant les échanges, imprima de l'activité aux diverses productions des pays voisins. Paris nous apparaît dès lors, en effet, comme un entrepôt du grand commerce qui se faisait entre les contrées orientales et le nord de l'Europe. La vieille Lutèce, préludant à son rôle, était déjà vers cette époque le centre de la vie et du mouvement des peuples de race franque ou gauloise.

Les deux fils de Dagobert, Sigebert, roi d'Austrasie, et Clovis II, roi de Neustrie et de Bourgogne, gouvernèrent l'empire des Francs. Au règne de ces deux princes commence la série des rois surnommés *fainéants*. « L'âpre sève de la première race s'affadit promptement, comme dit Chateaubriand, et les fils de Clovis tombèrent vite du pouvoir dans un fourgon traîné par des bœufs. »

> Quatre bœufs attelés, d'un pas tranquille et lent,
> Promenaient dans Paris le monarque indolent. (BOILEAU.)

C'était alors le temps de la puissance des *maires du palais*, chefs ambitieux, dont quelques-uns, plus habiles, furent moins les ministres de nos rois que des souverains eux-mêmes. Sans scruter leur histoire, non plus que celle des derniers monarques de la période mérovingienne, rappelons les accroissements de Paris à cette époque, et jetons un regard sur les principaux édifices qui furent élevés dans son sein sous la première race de nos rois.

Depuis longtemps déjà Paris, sortant de sa première enceinte, s'étendait sur les deux rives du fleuve. Sur les monts et les plaines du voisinage, s'élevaient ces divers monuments autour desquels devaient se former dans la suite les rues, les quartiers, les faubourgs modernes. C'était surtout aux églises et monastères, construits par les premiers rois francs, qu'était dû ce développement extérieur. Ce fait est digne d'attention. Les abbayes de Saint-Vincent (Saint-Germain-des-Prés), de Saint-Germain-l'Auxerrois, de Sainte-Geneviève, de Saint-Laurent devinrent bientôt, selon la juste remarque de Félibien, « comme autant de bourgades formées de plusieurs maisons, construites aux environs pour le logement des serfs et hommes de corps de ces abbayes, ou que divers particuliers y faisaient élever pour leur commodité. Et quoique ces bourgades fussent alors séparées de Paris, comme elles l'étaient les unes des autres, on ne doit pas moins les regarder comme des accroissements de cette ville, dont elles font aujourd'hui une bonne partie. » C'est ainsi, disons-le en passant, que se sont formées, agrandies beaucoup de nos vieilles cités. « L'abbaye, comme un jalon planté dans le voisinage d'une ville ou bourgade, voyait se grouper autour d'elle un peuple nombreux, qui s'étendait, s'accroissait par degrés, et comblant enfin l'espace intermédiaire, rejoignait la ville, dans laquelle s'englobait le monastère.... »

Sur la rive gauche de la Seine, on voyait donc, outre les basiliques de Sainte-Geneviève et de Saint-Vincent, et l'église de Saint-Marcel, dont nous avons parlé, l'église de Saint-Julien-le-Pauvre, l'oratoire de la Sainte-Trinité, remplacé par l''église de Saint-Serge-et-Saint-Bach, dite depuis Saint-Benoît; l'église de Saint-Clément, depuis de Saint-Séverin. Sur la rive droite s'élevaient Saint-Germain-l'Auxerrois, bâtie par Chilpéric Ier, Saint-Martin-des-Champs, Saint-Laurent, Saint-Paul, Saint-Gervais, et la chapelle Saint-Pierre, depuis Saint-Merry. — Quant à la cité, berceau de Paris, elle offrait aux regards, dans sa ceinture de murailles, la cathédrale primitive, sous le vocable de Saint-Etienne; tout auprès, une seconde église élevée, dit-on, par Childebert Ier, et dédiée à Notre-Dame; la maison de l'évêque, avec l'hôpital Saint-Christophe ou hôtel-Dieu, fondé au viie siècle par saint Landry, vingt-huitième évêque de Paris. On voyait encore dans la cité la chapelle Saint-Christophe, à l'angle formé par la rue de ce nom, des bâtiments et du parvis Notre-Dame; l'oratoire de Saint-Crescence, près de Saint-Etienne; et la chapelle baptismale de Saint-Jean-Baptiste, depuis Saint-Germain-le-Vieux, à l'extrémité du Marché-Neuf. Deux autres églises s'élevaient autour de Notre-Dame : c'était d'abord un baptistère public, qui, reconstruit plus tard, au bas de la tour septentrionale, fut appelé *Saint-Jean-le-Rond,* à cause de sa forme ronde; c'était ensuite Saint-Denis-du-Pas (ou de la Passion), au chevet de la cathédrale. Enfin, si vous ajoutez l'abbaye de Saint-Martial, fondée par saint Eloi; Saint-Denis-de-la-Chartre, et la chapelle Sainte-Catherine, remplacée plus tard par Saint-Symphorien-de-la-Charité, depuis chapelle de Saint-Luc, vous aurez la liste complète des pieux monuments du quartier de la cité pendant la période mérovingienne. Un monument d'un autre genre s'élevait à l'extrémité de la cité; c'était le Palais, déjà édifice public avant l'invasion des Francs dans la Gaule, et peut-être aussi ancien que le palais des Thermes. Une vaste place de commerce, dont le Marché-Neuf paraît être un débris, séparait le Palais de la cathédrale. Nous reparlerons ailleurs de ces deux antiques édifices de la cité parisienne.

Paris s'accroissait ainsi par degrés, se couvrant déjà des monuments dont le nombre et la splendeur font aujourd'hui une partie de sa gloire. Toutefois, ses accroissements sous la première race ne peuvent être déterminés avec précision. Après une grande inondation (l'an 583) et de fréquents incendies, les guerres désastreuses vinrent ajouter leurs ravages à ceux de l'eau et du feu. Une population active et déjà industrieuse créait sans cesse; mais son œuvre détruite était sans cesse à recommencer. Félibien décrit longuement, d'après le récit de Grégoire de Tours, un terrible incendie qui éclata dans Paris vers la fin du vi^e siècle et consuma la ville presque entière. Les églises seules, avec un petit nombre de maisons, furent préservées. Cet incendie avait été annoncé trois jours auparavant par une femme qui cria tout à coup aux habitans : « Sauvez-vous; la ville est sur le point d'être consumée par le feu. » On ne l'écouta point, on se moqua de sa prophétie, on la traita de visionnaire. Cependant l'événement justifia ses discours. De la boutique d'un marchand, la flamme se communiqua bientôt aux maisons voisines jusqu'à la prison. En ce moment, ajoute Grégoire de Tours, saint Germain apparut aux prisonniers, brisa leurs fers et leur ouvrit les portes. Ils coururent aussitôt se réfugier à l'église de Saint-Vincent, auprès du tombeau de leur libérateur.... » (FÉLIBIEN.)

Sous les fils dégénérés de la race de Clovis, sous les rois fainéants, on

Notre-Dame de Paris.

voit Paris délaissé perdre beaucoup de son importance, à mesure que grandit au contraire la puissance des maires du palais. Les derniers rois de la première race, vivant dans l'obscurité et presque sans pouvoir, ne font plus de Paris leur capitale et leur principal séjour. C'est au sein de leurs villas ou maisons de plaisance qu'ils habitent d'ordinaire, se contentant de paraître tous les ans aux grandes assemblées du mois de mars. Encore ces assemblées, ainsi que l'indiquent quelques actes originaux de cette époque, se tenaient-elles moins à Paris qu'en certains endroits voisins, comme à Nogent, Luzarches, Chatou ; ou même parfois au loin, comme à Compiègne, Valenciennes, etc. La grande défaite des Neustriens dans les plaines de Testry avait laissé aux Francs austrasiens une supériorité durable. Les annales parisiennes, durant une longue période (de la fin du viie siècle au commencement du ixe), semblent presque stériles. La vie politique s'est retirée des rives de la Seine et de la Neustrie, pour aller s'implanter sur les bords du Rhin et dans l'Austrasie belge. C'est là que s'élève graduellement la maison de Pépin; c'est là aussi qu'avec le centre de la puissance civile et de la force nationale, a passé désormais tout l'intérêt des annales de la France. Un peu plus tard, la cité délaissée reprendra de l'importance avec son ancienne prépondérance sur le nord de la Gaule.

Un pieux souvenir est dû à saint Landry, qui occupa le siége de Paris sous le règne de Clovis II. Pasteur charitable, durant une cruelle disette qui affligea la France et sa capitale vers le milieu du viie siècle, il vendit sa vaisselle, ses meubles et jusqu'aux-vases sacrés de son église, pour soulager la misère publique. Durant ce temps le roi Clovis II, dépouillant le tombeau et l'église de Saint-Denis des lames d'or et d'argent dont son père Dagobert l'avait fait couvrir, chargeait Aigulfe, abbé du monastère, de les distribuer en aumônes aux pauvres de Paris. Belle action digne d'un monarque chrétien!.... Un monument visible de la piété et de la charité de saint Landry est l'Hôtel-Dieu, dont il est regardé généralement comme le premier fondateur. Agrandi, enrichi depuis, ce monument conserve encore, après onze siècles, la mémoire du père des pauvres qui en posa la première pierre.

Un tribut d'hommages est dû également à la reine Bathilde, dont les vertus, comme celles de sainte Clotilde et de sainte Radegonde, illuminent d'un pieux et doux éclat ces premiers âges de notre monarchie, trop souvent assombris par des guerres et des crimes.

Bathilde, jeune fille anglo-saxonne, avait été enlevée de son pays par des pirates, et vendue comme esclave à un seigneur franc, nommé Erchinoald, qui devint maire du palais sous Clovis II. Le monarque la vit, et charmé de sa vertu non moins que de sa rare beauté, il la fit asseoir à ses côtés sur le trône. La nouvelle reine se montra digne par ses hautes vertus de ce suprême honneur : plus heureuse encore, elle mérita par la sainteté de sa vie d'échanger sa couronne périssable contre une couronne immortelle.

« Bathilde obéissait au roi comme à son seigneur, dit son vieil historien ; elle chérissait les évêques comme ses pères, les moines comme ses frères, les pauvres comme ses enfants. » Ces quelques mots résument toute son histoire. A la mort de Clovis, elle demeura chargée avec Erchinoald de l'éducation de trois princes en bas-âge et de la régence de l'Etat. Elle forma aussitôt auprès d'elle un conseil composé de saint Ouen, évêque de Rouen, de Robert, évêque de Paris, de saint Eloi, alors évêque de Noyon, et de quelques autres sages et vertueux prélats. Pendant les dix années de sa régence, on la vit toujours d'accord avec le maire Erchinoald. Un des bienfaits dus à son influence est l'abolition d'un rigoureux impôt de capitation qui frappait indistinctement sur toutes les personnes, même sur les enfants. Le souvenir des malheurs de sa jeunesse la rendait toujours secourable aux pauvres et aux affligés ; elle s'efforça surtout d'abolir l'odieuse coutume de réduire les chrétiens en servitude. Que d'esclaves étrangers, surtout anglo-saxons, furent rachetés par ses soins ! Elle les plaçait dans les différents monastères de la Neustrie, où leur voix bénissait Dieu désormais, avec le nom de l'auguste souveraine qui avait elle-même connu et partagé leur infortune.

Bathilde fonda plusieurs communautés religieuses, entre autres les abbayes de Corbie et de Chelles, et dota de ses libéralités presque tous les autres monastères de la ville et du diocèse de Paris ; elle accorda des priviléges particuliers aux abbayes de Saint-Germain, de Saint-Pierre et de Saint-Denis.... Enfin, quand la mort d'Erchinoald l'eût privée de cet appui, et qu'elle se vit en butte à d'amères persécutions, et surtout à la jalousie d'Ebroïn, le nouveau maire du palais, la pieuse reine, abandonnant les grandeurs royales, s'envola vers la douce retraite qu'elle avait depuis longtemps le dessein de choisir, à la majorité du roi son fils. Le monastère de Chelles reçut dans son cloître la reine des Francs.

Chelles, sur la Marne, à quelques lieues de Paris, était dans l'origine une maison royale. La reine sainte Clotilde y avait bâti une chapelle avec quelques cellules pour des religieuses. Sainte Bathilde construisit à la place de cet oratoire une église avec un grand monastère, qui devint par

la suite l'un de ces pieux asiles, où, comme à Jouarre, à Fontevrault, etc.,
on voyait pour abbesses des princesses du sang royal.... La sainte fonda-
trice voulut vivre à Chelles comme la plus simple des religieuses : elle
y mourut (vers l'an 680), pleine de sainteté et vénérée par les peuples.

L'année qui suivit celle de la retraite de sainte Bathilde avait été fatale
aux Parisiens. Un de ces fléaux dont nous avons vu de nos jours de
tristes exemples vint une première fois s'abattre sur la ville et décima
les habitants. Une affreuse peste ravagea Paris (l'an 666). L'abbaye de
Saint-Martial, fondée par saint Eloi, dans la cité, compta un grand
nombre de victimes de la contagion. « Sainte Aure, abbesse, ayant eu un
pressentiment certain de sa mort, se prépara sérieusement, dit Félibien,
à partir de ce monde. Elle commença par assembler sa communauté, et
l'ayant divisée en deux bandes, elle avertit les unes de demeurer fidèles
à leurs devoirs, et les autres de se disposer à mourir. Elle fut incon-
tinent frappée de la peste, et après elle toutes les religieuses qu'elle avait
marquées qui devaient la suivre, au nombre de cent soixante. »

Parmi les saints honorés à Paris d'un culte public, figure saint Merry.
Merry ou Médéric, d'une noble famille d'Autun, entra fort jeune encore
au monastère de Saint-Martin de cette ville, fondé par la reine Brunehaut; il en devint abbé, et acquit bientôt une réputation de sainteté si
grande, que tous les regards se fixèrent sur lui. On venait de toutes parts
le consulter comme l'ange du Seigneur, et ses paroles étaient reçues
comme des oracles. Le saint abbé, effrayé d'une telle affluence de visiteurs et craignant de tomber dans le piége de l'orgueil, s'enfuit secrètement dans une forêt aux environs d'Autun, où il demeura quelque
temps caché dans un ermitage, appelé depuis *la celle de saint Merry*.
Il y vivait du travail de ses mains, tout adonné à la prière et aux œuvres
de pénitence. Mais découvert dans dans sa retraite, il fut contraint de
retourner au milieu de ses disciples, qu'il édifia encore par ses vertus.
Il les quitta bientôt de nouveau, et avec l'un de ses compagnons nommé
Frodulphe, il prit la route de Paris.

Il y venait, suivant D. Félibien, pour accomplir un voyage de dévotion
au tombeau de saint Denis ou de saint Germain, dont le nom était très-
révéré à Autun. Arrivé à Paris, il logea dans un des faubourgs, au nord

de la ville , dans un monastère qui joignait la chapelle de Saint-Pierre. Il vécut là près de trois ans , pratiquant toutes les vertus et supportant de grandes infirmités avec une patience admirable. Enfin , après une longue vie pleine de mérites, il mourut le 29 août (vers l'an 700) , et fut inhumé dans la chapelle même de Saint-Pierre, qui prit depuis le nom de Saint-Merry, à cause des nombreux pèlerinages qu'on faisait au tombeau du bienheureux. Elle fut remplacée par une vaste église devenue depuis collégiale. C'est aujourd'hui Saint-Merry, l'une des grandes paroisses de la capitale.

La plupart des églises de Paris sont construites sur le tombeau d'un saint, le clergé et le peuple honorant ainsi la mémoire de ces hommes qui sont par excellence les pères et les bienfaiteurs d'une cité. Saint Merry est moins populaire que saint Denis, sainte Geneviève, saint Germain, saint Vincent de Paul, et cependant, quand revient sa fête (le 29 août), les habitants du quartier qui porte son nom aiment à venir prier dans son temple le bienheureux dont ils ont souvent éprouvé le salutaire appui.

CHAPITRE IV

Paris sous les carlovingiens. — Invasions des Normands.
Siége de Paris.

La vieille famille des rois chevelus, déchue et comme avilie sous le despotisme des maires du palais, avait cessé de régner sur les Francs. Pendant que Childéric III, le dernier d'entre eux, était relégué dans le couvent de Sithiu ou Saint-Bertin, à Saint-Omer, le fils du vaillant Charles Martel, Pépin, était proclamé souverain (752). Sous cette seconde race de nos rois, inaugurée par le père de Charlemagne, Paris demeura plutôt l'une des principales villes de la France que sa capitale proprement dite. Le règne si glorieux de Charlemagne a laissé lui-même peu de souvenirs dans notre cité, où ce monarque ne fit jamais de longs séjours. Quelle résidence fixe pouvait avoir un souverain dont le règne fut signalé par cinquante-trois expéditions militaires, dans le but d'arrêter les deux grandes invasions des barbares du Nord et du Midi ? On le voit seulement s'occuper constamment, avec une sollicitude spéciale, des écoles cathédrales et monastiques de Paris, dont il avait lui-même donné la direction au célèbre Clément d'Ecosse, qu'il avait appelé de loin. On voit encore Charlemagne célébrer à Paris quelques fêtes de Noël ou des Rois. L'an 775, il assiste à la dédicace de la basilique de Saint-Denis, commencée sous Pépin, et heureusement terminée par les soins de l'abbé Fulead. Les résidences les plus ordinaires du grand roi

étaient les châteaux de Worms, d'Héristal, d'Attigny, de Schelestadt,
et plus tard la ville d'Aix-la-Chapelle, dont il avait fait comme le siége
de son nouvel empire. Paris, durant ce temps, laissé sous l'autorité obscure d'un comte, ne prenait aucun accroissement sensible et ne jouait

Entrée du fort de Vincennes.

aucun rôle important. Gérard et Etienne administrèrent ainsi la cité sous
Charlemagne. Ce dernier figure au nombre des *missi dominici* (envoyés
du maître), qu'on députait alors dans les provinces pour inspecter la
conduite des ducs et des comtes, et pour rendre bonne justice en dernier
ressort des cas d'appel dévolus au souverain.

Le grand événement des annales parisiennes, au IXᵉ siècle et sous la seconde race de nos rois, est l'invasion des Normands, ces hommes du Nord, qui tant de fois reparurent sur les rives de notre cité, toujours avides de s'en rendre maîtres.

Ce fut vers l'an 845 que les farouches pirates normands remontèrent la Seine pour la première fois. Pendant près d'un an, au rapport des chroniques, ils exercèrent des ravages si affreux sur les bords du fleuve, que, de mémoire d'homme, ces malheureuses contrées n'en avaient vu de semblables. Sortis de leurs vaisseaux, ces barbares se répandaient au loin dans la campagne, massacrant sans pitié hommes, femmes, enfants, incendiant les villages, les monastères, les églises, et se livrant à tous les excès d'une fureur sans bornes. Au mois de mars 845, cent vingt vaisseaux pirates partirent de Rouen sous la conduite du fameux Ragenaire, et remontèrent la Seine jusqu'à Paris.

Qu'on se figure la frayeur des Parisiens, à l'aspect de ces voiles normandes, dont la sinistre apparition était toujours un présage de destruction et de mort! Trop faibles pour repousser les barbares, ils s'enfuient d'abord épouvantés, cherchant un refuge soit dans les forêts voisines, soit dans les marais formés par les eaux stagnantes de la Bièvre, soit à Saint-Denis, où se trouvait alors avec quelques troupes le roi Charles le Chauve. Tous les monastères des environs de Paris sont également abandonnés. Le 28 mars, veille de Pâques, les Normands, descendus sur les faubourgs des deux rives du fleuve, pénètrent sans éprouver de résistance dans l'île de la cité, qu'ils livrent au pillage. Ils massacrent, pendent à des arbres les habitants qui n'ont pu fuir, et se gorgent d'un riche butin. Les couvents deviennent aussi leur proie. Celui de Saint-Germain-des-Prés, après avoir été dépouillé des richesses entassées dans son sein par les rois mérovingiens, fut livré aux flammes. C'est alors que furent détruits les antiques tombeaux du roi Clovis et de sainte Clotilde. La destruction, poursuivant sa marche, eût été plus générale encore, si une maladie épidémique, décimant les barbares, n'eût modéré leur fureur. Charles le Chauve, trop faible pour les repousser par la force, profita de cette occasion pour acheter leur départ au prix de sept mille livres pesant d'argent. Ragenaire, de retour en Danemarck, présenta solennellement à Boric, roi de ce pays, comme trophées de sa victoire, la serrure d'une des portes de Paris et une poutre de l'église de Saint-Germain-des-Prés.

L'an 857 vit les Normands revenir à Paris en plus grand nombre encore que la première fois. Nouveaux pillages, nouvelles ruines. La vieille basilique de Sainte-Geneviève, déjà ravagée lors de la première invasion, fut réduite en cendres. Saint-Germain-des-Prés et la cathédrale, qui avaient tant souffert du précédent désastre, n'échappèrent à l'incendie qu'au prix de grosses sommes d'argent. Tous les entrepôts des commerçants de la Seine, toutes les maisons des habitants de l'île furent pillés. Malheur à ceux que la fuite n'avait pas mis à l'abri de la fureur des pirates! ils tombaient partout sous leur fer homicide. « La Seine roulait d'innombrables cadavres de chrétiens, dit une chronique contemporaine; les îles du fleuve étaient blanchies des os des captifs morts entre les mains des Normands. » Après avoir ainsi durant plus d'un an répandu l'épouvante et la désolation dans la contrée, les barbares se retirèrent, emmenant prisonniers Louis, abbé de Saint-Denis, petit-fils de Charlemagne, et son frère Gozlin, qui fut depuis évêque de Paris. Mais la rapacité des Normands ne résistait guère à l'appât de l'or qui leur était offert : les deux frères, moyennant de très-grosses rançons, furent rendus à la liberté.

Ces farouches *hommes du Nord* reparurent pour la troisième fois à Paris (l'an 861), et brûlèrent une partie de la ville, ainsi que l'abbaye et l'église de Saint-Germain-des-Prés. Les habitants s'enfuirent de nouveau et remontèrent la Seine avec les négociants étrangers; mais les Normands, s'attachant à leur poursuite, en prirent un grand nombre qu'ils emmenèrent prisonniers dans l'île d'Oissel, formée, au sud de Rouen, par les détours du fleuve.

Cette triple invasion fut suivie d'une quatrième et dernière, où l'on vit enfin la cité parisienne, revenue de son effroi, résister avec vigueur aux barbares et soutenir un siége qui offre une page glorieuse dans ses annales. Le roi Charles le Chauve, profitant de quelque temps de calme et de tranquillité, avait essayé de mettre Paris et les différentes parties du royaume en état de défense. On avait construit par ses ordres, sur le grand bras de la Seine, sans doute vers l'endroit qu'occupe aujourd'hui le Pont-au-change, un pont solide avec des tours ou forts aux deux extrémités. De son côté, Gozlin, depuis quelques années évêque de Paris, veillait à la défense de la cité. A cette époque de notre histoire, la division des pouvoirs n'était point tranchée comme de nos jours. Un évêque, vénéré du peuple, avait une grande part d'autorité civile, et pouvait même souvent commander en maître dans les circonstances critiques où se trouvait la capitale : le sage prélat avait compris que sa mission était aussi de la protéger contre ses ennemis. Un des premiers soins de Gozlin avait donc été de fortifier sa ville épiscopale, pour la mettre à l'abri de nouvelles invasions.

L'événement ne tarda pas à justifier la prévoyance du pontife. Gottfried, chef des Normands établis en Frise, ayant rompu les derniers traités, Charles le Gros, désespérant de le vaincre, le fit périr dans des embûches. Les pirates prirent prétexte de cet événement pour recommencer leurs ravages. Au mois de novembre 885, ils quittèrent Rouen, où ils s'étaient fortifiés, s'emparèrent d'un château fort à Pontoise, et marchèrent sur Paris. Bien déterminés à s'en rendre maîtres cette fois, ils s'avancèrent sous la conduite de plusieurs princes, dont le principal était Sigefroid; et, avec ses faibles moyens de résistance, l'infortunée cité aurait succombé, sans le dévouement et la magnanimité de quelques chefs, et sans l'énergique courage des Parisiens.

« Paris, à cette époque, dit M. Meindre, était bien déchu de son ancienne splendeur. Délaissé, depuis près de deux siècles, par les rois et les empereurs austrasiens, qui ne voyaient dans cette antique capitale que la Neustrie vaincue; négligé depuis par les souverains eux-mêmes de la France occidentale, successeurs des empereurs; abandonné peu à peu d'une grande partie de ses habitants qui allaient chercher appui et secours dans les domaines de quelque abbaye ou de quelque seigneur; envahi, ravagé et en partie brûlé par les barbares normands trois fois en moins de quarante ans, Paris n'offrait plus guère alors, comme au temps des vieux Gaulois, qu'une île au milieu de la Seine, dans une position admirable. Les trois invasions des pirates avaient détruit ses murs en partie, et dispersé au loin le plus grand nombre des habitants qui lui restaient encore; ses accroissements au nord et au sud de l'île, si rapides, si grands et si riches sous les rois mérovingiens, se trouvaient réduits à de simples bourgs sans importance, et à quelques monastères autour desquels l'on voyait encore les ruines accumulées jadis par les pirates envahisseurs. »

Mais, à défaut de Charles le Gros, monarque faible et sans énergie, qui se tenait loin du péril à Francfort, la ville assiégée avait pour défenseurs de vaillants citoyens. A leur tête se trouvaient Eudes et l'évêque Gozlin.

Eudes, comte de Paris et duc de France, était fils aîné de Robert le Fort, la tige des rois capétiens. Fils d'un héros qui, après avoir guerroyé toute sa vie contre les Normands, périt sur un champ de bataille (an 866), laissant un nom glorieux et respecté, Eudes avait hérité de sa valeur et de son titre de duc de France : il gouvernait tout le pays formant alors le duché de ce nom. Au bruit que les Normands se portaient sur Paris ; il vint s'enfermer dans cette ville pour la défendre. Après lui l'évêque Gozlin était le plus ferme rempart de la cité. Autour de ces deux hommes remarquables et sous leurs ordres s'étaient rangés de vaillants guerriers. Les principaux étaient le poëte Robert, frère d'Eudes, Frédéric, Regnier, Uttan, Segebert, Eriland, Gerbold, et les douze braves dont nous dirons tout à l'heure les noms, dignes d'être transmis à la postérité.

Qu'on se figure sept cents vaisseaux à voiles, outre un nombre prodigieux de barques, arrivant sous Paris, chargés d'une armée innombrable de barbares ! Ils couvraient la Seine à plus de deux lieues de distance. Sigefroid, leur généralissime, demanda le libre passage, promettant de respecter les biens des habitants et des églises. Sur le refus des chefs parisiens, le lendemain au point du jour commença l'attaque. Elle se dirigea d'abord avec une violence extraordinaire sur la tour du grand pont, du côté de Saint-Germain-l'Auxerrois. Cette tour, encore inachevée, fut couverte par les pirates de projectiles de toute espèce. Mais les assiégés, déterminés à se défendre jusqu'à la mort, repoussèrent vigoureusement tous les efforts des assaillants. Les Normands se retirèrent vers le soir, laissant un grand nombre de morts sur la place ; et durant toute la nuit, les Parisiens travaillèrent à consolider la tour et à la remettre en bon état de défense.

Campés et retranchés autour de Saint-Germain-l'Auxerrois, les barbares revinrent, au point du jour, tenter un nouvel assaut. Alors fut employé de part et d'autre tout ce que l'on connaissait de moyens pour l'attaque et pour la défense des places. On vit reparaître les machines de guerre des anciens : les béliers, les brûlots, les balistes, les tortues, les catapultes, les tours roulantes, les bâtiments à plusieurs étages s'é-levant plus haut que les remparts. Des nuées de flèches, des quartiers de roche sont lancés sur les assiégés; mais ceux-ci, à leur tour, avec une ardeur égale, font pleuvoir sur les barbares d'énormes poutres, une grêle de pierres, de flèches, d'huile et de poix bouillante, et de plomb fondu. Le comte Eudes, le vaillant évêque Gozlin, et le vigoureux Ebble, son neveu, excitent le courage et dirigent les efforts des Parisiens. Vainement les Normands, voyant la brèche ouverte dans le mur même, s'élancent-ils à grands cris : des masses énormes de pierres, tombant sur eux, les arrêtent et les écrasent. En vain s'efforcent-ils de mettre le feu à la tour : les Parisiens éteignent l'incendie et abattent ceux qui cherchent à le rallumer.

Les Normands n'avaient point compté sur une si vigoureuse résistance. Epuisés de fatigues, ils se retirent et vont se fortifier autour de Saint-Germain-le-Rond. De ce point central, se répandant par bandes nom-breuses dans les pays voisins, ils vont pillant, détruisant, massacrant tout ce qu'ils rencontrent. Malheur à qui tombe sous leurs coups ! c'est pour tous la mort ou un dur esclavage. On voyait les routes couvertes de femmes, d'enfants, de vieillards s'efforçant d'échapper par la fuite à ce double destin. Les moines des divers couvents s'étaient enfuis à leur tour. Ceux de Saint-Denis, emportant le corps de leur saint patron, avaient gagné la ville de Reims, où l'archevêque Foulques les reçut avec bonté, et leur donna un asile, en attendant qu'ils pussent, trois ans plus tard, reprendre le chemin de leur vieille basilique.

Après avoir exercé leurs ravages dans les campagnes, les Normands reviennent plus furieux encore vers la ville, et, s'approchant de nouveau du grand pont, ils recommencent l'attaque avec des machines de guerre beaucoup plus redoutables. Des coups terribles tombent sur le pont et sur la tour. La terreur et l'effroi règnent dans la cité. Mais les Parisiens, de leur côté, excités par les cris et par l'exemple du comte Eudes, de Robert

son frère, du vaillant Ebble et de l'évêque Gozlin, sentent se ranimer
leur courage. Des traits innombrables lancés par les assiégés portent la
mort dans les rangs serrés des pirates. Furieux de tant de pertes, les
Normands, malgré la grèle de flèches et de pierres qui les frappe,
essaient de combler les fossés en y jetant des troncs d'arbres, de la terre,
les corps des bestiaux qu'ils ont enlevés; enfin ils y joignent les cadavres
de leurs prisonniers eux-mêmes, qu'ils égorgent en face des Parisiens.

A la vue de cet acte féroce, qui pénètre les assiégés d'indignation et
d'horreur, Gozlin saisit un arc, et d'une main sûre il perce de son
javelot le chef barbare qui vient d'ordonner ce massacre... Ces mœurs nous paraissent sans doute étranges. Un prélat sur la brèche, le casque en tête, un carquois sur le dos, une hache à la main, combattant à la vue d'une croix qu'il a fait élever sur la mu-

La sainte Chapelle.

raille!... Ce n'est point ainsi qu'on se représente de nos jours un évêque de Paris dans une mêlée de combattants. Il y viendra peut-être encore; mais ce sera sans armes, une branche d'olivier à la main, s'efforçant d'une voix suppliante d'arrêter le carnage, et tom-

bant martyr de sa charité sur le champ de bataille, en demandant à
Dieu *que son sang soit le dernier versé !....* Autres temps, autres
mœurs ! La postérité, sachant gré à Gozlin des efforts qu'il fit constamment à une triste époque pour arracher son pays au double fléau
de l'anarchie et de l'invasion, l'a jugé un grand homme, un excellent
citoyen. Ne nous étonnons point si, parmi les statues qui décorent aujourd'hui la belle façade de l'hôtel de ville de Paris, figure celle de
l'évêque Gozlin. Il était digne de cet honneur, celui qui défendit son pays
contre les barbares acharnés à sa ruine, et comme un pasteur vigilant,
sauva de la dent des loups rapaces son malheureux troupeau. Gozlin

n'eut pas la joie de voir Paris délivré et son peuple à l'abri de la fureur des Normands. Il mourut, pendant le siége même, d'une maladie contagieuse causée par le grand nombre de cadavres. Paris tout entier pleura son pieux et courageux évêque. Abbon, moine de Saint-Germain-des-Prés, et auteur d'un poëme épique latin, en trois livres, sur le *Siége de Paris par les Normands*, qualifie Gozlin de *pasteur bienfaisant* et de *héros plein de douceur*.

Revenons vers le pont et la tour assiégés. Les pirates, malgré des efforts inouis, n'avaient pu sortir vainqueurs de cette lutte opiniâtre. Par une dernière tentative, ils poussent contre les piles du pont trois grands bateaux chargés de bois sec et d'autres matières combustibles auxquelles ils avaient mis le feu. A la vue des flammes qui menacent de tout détruire, les habitants sont saisis d'effroi. Bon nombre de Parisiens courent au tombeau de saint Germain pour invoquer son appui. De tous côtés, on entend des voix suppliantes invoquer le secours des saints patrons de la cité.... Cependant l'espoir des Normands est déjoué; les bateaux enflammés, étant venus frapper un môle en pierres qui soutenait le pont, sont aussitôt envahis par d'intrépides Parisiens qui éteignent l'incendie et l'empêchent de rien détruire. La joie renaît alors dans la ville, tandis que les assaillants découragés se retirent dans leur camp et s'apprêtent à transformer le siége en blocus.

Lorsque, à travers près de dix siècles de distance, on contemple cette énergique et longue résistance du peuple parisien, on ne peut refuser à sa mémoire un sentiment d'admiration. Quel siége avait jamais été poussé avec plus de vigueur! quelle défense d'une cité fut jamais plus héroïque! Durant près d'un an et demi, ce ne fut qu'une suite de combats, d'attaques, d'assauts et de sorties. On doit citer, parmi les épisodes de ce siége mémorable, un fait d'armes comparable aux plus beaux exploits des héros de l'antiquité. Dans la nuit du 6 février, une crue subite de la Seine, ayant emporté une partie du petit pont sur la rive méridionale, isolait ainsi de la cité la tour qui en gardait le passage : cette tour restait défendue par douze hommes seulement. Les Normands, ivres de joie, s'y portent en foule et l'attaquent avec vigueur sur tous les points à la fois. Mais les douze défenseurs, guerriers d'élite placés dans ce poste d'honneur par l'évêque Gozlin, opposent une résistance vigoureuse, et durant une journée entière, ils tiennent tête à une armée de pirates; le sentiment du devoir, l'amour de la patrie raniment leurs forces épuisées. Sur la fin du jour, ces braves guerriers combattaient encore, à la vue des Parisiens saisis d'admiration devant leurs héroïques efforts, mais dans la triste impossibilité d'aller les secourir.

Un grand feu est allumé au pied de la tour, pour forcer nos héros à se rendre : tant qu'il leur reste un seul vase pour puiser de l'eau, ils travaillent à l'éteindre; puis, quand ils ne peuvent plus rien contre les flammes, ils se retirent tous ensemble sur la partie du pont restée seule debout, et y combattent longtemps encore en attendant la mort. Cependant leur intrépidité semble toucher les Normands eux-mêmes : quelques voix leur crient de se rendre, leur promettant la vie sauve.... Ajoutant foi à cette promesse, nos héros déposent des armes désormais inutiles : à l'instant même ils sont égorgés sans pitié par leurs perfides ennemis. Un seul, nommé Hervé, regardé comme leur chef, à cause de la noblesse de sa taille, avait été épargné par les barbares, dans l'espoir d'en obtenir une riche rançon. Mais ce généreux guerrier, jurant qu'ils n'auront jamais de rançon pour sa tête, demande et obtient de partager le sort de ses braves compagnons. L'histoire a recueilli les noms de ces douze héros parisiens : ils s'appelaient Hermanfroy, Hervé, Hériland, Odoacre, Herric, Arnold, Solie, Gorbert, Uridon, Harderad, Eymar et Gossuin.

Indignés de cette froide cruauté, les habitants de Paris sentent se réveiller leur courage et jurent de se défendre jusqu'à la mort. Lassés de tant d'efforts superflus, les Normands, de leur côté, suspendent quelque temps leurs attaques : se divisant par bandes, ils vont piller les campagnes voisines, et en rapportent un butin immense qu'ils ne savent bientôt plus où déposer. Suivant une chronique de l'époque, ils remplirent de bestiaux l'abbaye de Saint-Germain, dont l'église devint ainsi comme une boucherie; l'infection y fit naître des maladies contagieuses parmi les animaux eux-mêmes, qui périrent en grand nombre. Les paisibles habitants du vieux cloître s'étaient enfuis, attendant pour y rentrer des jours meilleurs.

Ces jours n'arrivaient point. Cependant Henri, duc de Saxe, le plus vaillant prince de la Germanie, envoyé au secours des Parisiens par l'empereur Charles le Gros, pénétra de nuit, par surprise, dans le camp des Normands, et y porta le ravage et la mort. Vers le même temps, le comte Eudes, à la tête des Parisiens les plus braves, sortait de la ville, l'épée à la main, pour attaquer les pirates, et se signalait par des exploits d'une incomparable audace. Mais le siége durait toujours : trop faible pour attaquer les Normands en rase campagne, le duc Henri se retira avec ses troupes, et les ennemis, serrant la place de plus près, s'apprêtèrent à livrer de nouveaux assauts. La famine et la peste augmentaient de jour en jour la désolation dans l'infortunée cité; le comte Eudes partit alors pour aller invoquer l'appui de l'empereur et des princes germains. Pendant son absence, l'abbé Ebble, chargé de la défense de la ville, s'acquitta de cette importante mission avec la vigueur et l'énergie qu'on devait en attendre.

Vers le milieu de l'été (l'an 887), après un an et demi de siége, Paris crut toucher enfin à sa délivrance, en voyant revenir dans ses murs le comte Eudes à la tête d'un corps de cavaliers germains. Derrière lui, disait-on, s'avançait le duc Henri, suivi de l'empereur lui-même. Ces nouvelles remplirent de joie le cœur des assiégés. Bientôt, en effet, Henri parut, pour la seconde fois, à la tête d'une armée. Ce prince formait le plan d'une attaque générale, lorsque surpris dans des embûches en avant des retranchements ennemis, il fut massacré par les pirates avant qu'on ait pu lui porter secours. L'armée impériale, privée de son vaillant chef, opéra sa retraite, laissant les Parisiens consternés; tandis que l'espérance renaissait dans le camp des Normands qui voyaient luire enfin le jour d'un complet triomphe.

Un nouvel assaut, le plus terrible de tous, fut livré à l'infortunée cité. C'était par terre et par eau, du côté du nord et du midi, au grand pont et à la grosse tour, que la place se trouvait assaillie. Jamais Paris ne s'était vu dans un si imminent péril. Mais les Parisiens combattent sur tous les points attaqués, avec un acharnement égal à celui des ennemis. A la pointe de l'île, derrière la cathédrale, on admire surtout leur énergique vaillance... Là les Normands commençaient à prévaloir; ils avaient gagné du terrain et menaçaient la place en poussant des cris terribles.

Alors un intrépide héros nommé Gerbold, entouré de cinq braves compagnons, vient se poser fièrement en face des rangs serrés des ennemis : leurs traits, lancés d'une main sûre, font mordre la poussière à bon nombre de Normands ; l'audace de ces six hommes arrête le flot pendant quelque temps. En ce moment, en entend des chants religieux : c'est une procession de lévites qui porte dans ses rangs, comme *palladium* suprême, le corps de sainte Geneviève, patronne de Paris. A cette vue le courage des Parisiens se ranime : Gerbold et ses vaillants compagnons se voient secondés par des centaines de braves, qu'enflamme leur exemple. Les Normands sont repoussés et se retirent en frémissant de rage devant une proie qu'ils croyaient déjà saisir.

Sur les autres points de la ville, les ennemis avaient aussi l'avantage : les malheureux habitants imploraient avec des cris et des larmes l'appui des saints patrons de la cité, quand tout à coup apparaît à leurs yeux la châsse de saint Germain, portée sur les épaules de prêtres vénérables. Les regards se tournent alors vers elle comme vers un signe de salut, l'espérance renaît ; on apprend en même temps la victoire de Gerbold et de ses compagnons à la pointe de l'île. Pleins de cette confiance qui assure le succès, les Parisiens reviennent à la charge avec une vigueur indomptable. Les Normands repoussés et culbutés abandonnent en désordre les murailles et le grand pont. Vainement reviennent-ils furieux mettre le feu à la tour qui a si longtemps bravé tous leurs efforts : ses défenseurs succombent sous le nombre, mais ce n'est qu'après avoir abattu à leurs pieds beaucoup d'ennemis. Un seul de ces intrépides guerriers était resté sur le haut de la tour, déjà toute enflammée ; il tenait à la main, dit le poëte Abbon, *le bois de la croix salutaire...* Enfin les flammes s'éteignent, et les Normands se retirent avec honte dans leurs retranchements ; mais, campés près des murs, ils continuèrent durant trois mois à ravager les campagnes voisines.

Vers le milieu d'octobre, l'empereur Charles le Gros parut enfin au pied de Montmartre, à la tête d'une grande armée de diverses nations. On s'attendait à le voir combattre ; mais ce prince, effrayé par l'arrivée de nouvelles bandes, sous la conduite du fameux Sigefroid, préféra négocier avec les Normands pour leur retraite : sept cents livres pesant d'argent payèrent la levée du siége. Encore fut-il permis aux farouches pirates de passer l'hiver dans la Bourgogne, qu'ils dévastèrent. Après ce traité honteux, Charles retourna en Allemagne, où le suivit le mépris de ses sujets et des autres nations. Dépossédé de la couronne, il mourut de chagrin peu de temps après (888). Eudes, le vaillant défenseur de Paris, fut élevé par les grands à sa place sur le trône de France.

Par sa constance et son courage héroïque, Paris venait de reconquérir son rang de capitale de la Gaule française; elle saura le conserver désormais et s'avancer rapidement vers ses brillantes destinées. Eudes, proclamé roi, guerroya quelque temps encore contre les Normands, revenus bientôt après leur retraite. Il leur livra plusieurs batailles heureuses. Un jour, entre autres, les ayant surpris à l'improviste, près la butte de Montfaucon, à une demi-lieue de Paris, il tailla en pièces leur armée dix fois plus forte que la sienne. Cette glorieuse victoire mit désormais Paris à l'abri de leurs incursions. Mais leurs bandes avides, ne pouvant se détacher de notre sol, y continuèrent la guerre, jusqu'à ce que le fameux traité de Saint-Clair-sur-Epte, par lequel Charles le Simple cédait à Rollon, duc des Normands, la Neustrie, appelée depuis Normandie, vînt mettre un terme à des ravages qui, durant plus d'un demi-siècle, avaient affligé la France et sa capitale.

CHAPITRE V

Paris, sauvé de la fureur des Normands, se releva peu à peu de ses désastres. La renommée de sa défense héroïque, s'étendant sur tous les points de la Gaule, fit affluer dans son sein de nombreux habitants de diverses contrées ; on venait y chercher un abri contre de nouvelles invasions des barbares. Les chroniques nous représentent des religieux arrivant en foule dans la cité, portant avec eux les reliques des saints, qu'ils déposaient dans les églises, sous la garde des Parisiens. Parmi les étrangers qui vinrent alors s'établir à Paris, on doit compter le célèbre Remi de Reims ou d'Auxerre, esprit d'élite, qui enseigna publiquement, vers la fin du IXe siècle, la grammaire, la dialectique, le chant ecclésiastique et l'Ecriture sainte. Il forma des disciples, et laissa des successeurs dont les leçons fécondes concoururent dès lors à établir dans la vieille Lutèce cette école de théologie et de philosophie qui devait jouir plus tard d'une si haute renommée.

Après la cessation des invasions normandes, les abbayes situées sur les deux rives du fleuve relevèrent leurs édifices. De belles et élégantes habitations, destinées aux seigneurs, furent construites près des palais ou maisons de plaisance de nos rois ; autour d'elles vinrent s'agglomérer les demeures plus simples des artisans, des marchands, des laboureurs ; et l'on vit bientôt reparaître, plus considérables qu'auparavant, ces gros bourgs, formés déjà sous les rois de la première race, et qu'avait anéantis l'invasion normande. C'étaient, au midi de Paris, les bourgs de Saint-Germain-des-Prés, de Sainte-Geneviève et de Saint-Marcel; au nord, les deux bourgs de Saint-Germain-l'Auxerrois, le bourg l'Abbé, le Beaubourg et le bourg Saint-Eloi.... Entre ces habitations et la ville ou l'île de la Cité, s'étendaient des champs et des marais, qui furent peu à peu convertis en jardins, en prés, ou en vignes séparées les uns des autres par des haies ou des fossés : de là viennent les noms de *culture*, *coulture* ou *courtille*, que conservent encore certains quartiers autour de Paris, comme aussi toutes ces appellations rustiques qu'on retrouve dans certains autres. Nos aïeux passaient la charrue là où s'élèvent aujourd'hui de brillants hôtels. Le sol que nous foulons aux pieds a été fécondé par leurs sueurs, et ce souvenir seul doit nous le rendre cher et vénérable.

Durant la période carlovingienne, Paris, délaissé par les souverains et tout occupé à se défendre contre les pirates du Nord, vit peu de monuments et d'édifices religieux érigés dans son enceinte. Cependant, après le mémorable siége de l'an 885, plusieurs églises furent agrandies, embellies, ou construites pour recevoir les nombreuses reliques de saints qui y avaient été transférées de toutes parts. Aux édifices élevés dans la cité, sous la première race, il faut ajouter, sous la seconde, les églises de Saint-Barthélemi, de Saint-Landry et de Saint-Pierre-des-Arcis, dans la cité; les églises de Saint-Leufroy, de Saint-Magloire et de Sainte-Opportune, sur la rive droite; et sur la rive gauche, Notre-Dame-des-Champs ou des Vignes.

A dater de la dynastie capétienne, Paris devient définitivement la résidence du souverain et la capitale du royaume. Hugues Capet, fils de Hugues le Grand ou le Blanc, était déjà duc de France et comte de Paris, lorsque, en 987, après la mort de Louis V (*le fainéant*), dans une assemblée de ses vassaux tenue à Noyon, il se fit proclamer roi, au détriment de Charles, duc de la Basse-Lorraine et oncle du monarque défunt. Hugues était le plus puissant des grands feudataires. Suivant une légende rapportée par tous les chroniqueurs du temps, saint Valéry, lui ayant apparu, lui avait promis le règne de sa race à perpétuité sur la France. A lui s'arrête le règne des Francs-Germains, et commence pour ainsi dire l'histoire des Français. Alors en effet la royauté nationale prend la place du gouvernement fondé par la conquête. Alors aussi commence une monarchie purement féodale dont la durée fut de plusieurs siècles. La nation française se dessinant mieux sur le champ de l'histoire, il est plus facile désormais de suivre les phases diverses de sa marche. Paris, associant ses destinées à celles de la royauté nouvelle et de la nationalité

La Sorbonne.

naissante, nous apparaît à son tour comme le centre et le cœur de la France. Un intérêt nouveau et plus général s'attache aux faits et gestes de son histoire, à partir de cette mémorable époque.

Hugues Capet choisit Paris pour sa résidence, et donnant un exemple longtemps suivi par ses successeurs, il associa son fils Robert à la royauté (988). Ce prince, zélé pour la réforme des désordres et des abus, favorisa de tout son pouvoir le progrès des lettres, des sciences et des arts. La reine Adélaïde, femme aussi remarquable par l'élévation de son esprit que par sa haute piété, le seconda de tous ses efforts.

Il y avait alors un homme qui, né de parents obscurs, dans la haute Auvergne, avait quitté le cloître de Saint-Géraud-d'Aurillac, pour aller en Espagne étudier les sciences exactes; il avait passé ensuite en Italie, puis en France. Fixé à Reims, il y dirigeait l'école épiscopale établie près de la cathédrale. C'était Gerbert, l'homme le plus savant de son siècle. La princesse Adélaïde l'attira de Reims à Paris, pour lui confier l'éducation de son fils Robert. La présence de cet illustre savant au sein de la capitale ranima le zèle des études dans les différents monastères, aussi bien que dans l'école publique établie par Remi de Reims. L'élan extraordinaire que l'arrivée de Gerbert imprima aux écoles de Paris, se soutint après le départ de cet illustre personnage, depuis archevêque de Reims, et souverain pontife sous le nom de Sylvestre II. Ces écoles restaurées devinrent bientôt une pépinière féconde de savants maîtres, qui, dès le siècle suivant, formèrent de célèbres académies dans diverses villes du royaume. Un futur pape donnait ainsi une vie nouvelle aux écoles de Paris, et par elles préparait la création d'autres foyers de lumière sur divers points de la Gaule. Beau souvenir dans l'histoire de l'Eglise de France et de notre capitale!

Hugues Capet mourut à Paris, après dix ans de règne (le 23 octobre 996), vers l'âge de cinquante-sept ans. Son corps, inhumé à Saint-Denis, vint reposer auprès de celui de Hugues le Blanc, son père. La vieille basilique, déjà riche de la dépouille de plusieurs rois des deux premières races, fut dès lors regardée comme le sanctuaire destiné à la sépulture de nos monarques.

Sous le règne de Robert le Pieux, fils de Hugues Capet, Paris s'accrut peu sensiblement en grandeur et en importance. Après l'époque si redoutée de l'an 1000, lorsque les terreurs des peuples s'étant calmées, « on eût dit, selon le langage d'un chroniqueur, que le monde se secouait lui-même, et qu'ayant dépouillé sa vieillesse, il revêtait partout la robe blanche des églises, » le roi Robert fit élever un grand nombre d'églises sur divers points de la France. Paris ne fut point oublié. Le pieux monarque fit reconstruire à neuf les monastères de Saint-Germain-des-Prés

et de Saint-Germain-l'Auxerrois, ainsi que leurs églises, ruinés plusieurs
fois par les Normands. Le palais de la Cité, où il faisait sa résidence,
fut aussi rebâti en partie par ce prince : il y éleva la chapelle de Saint-
Nicolas. C'est dans ce palais que le bon roi aimait à distribuer ses
aumônes. « Dans chacune des villes où il résidait, dit le chroniqueur
Helgaud, à Paris, à Senlis, à Etampes, le bon roi Robert avait coutume
de fournir copieusement du pain et du vin à trois cents, ou, pour parler
plus vrai, à plus de mille pauvres.... Au jour de la Cène du Seigneur
(charité incroyable pour quiconque n'en était pas témoin, mais admirable
aux yeux des serviteurs qui l'aidaient dans ces pieuses fonctions!), le
même prince rassemblait dans son palais plus de trois cents pauvres; et
là on le voyait, à genoux devant eux, distribuer à chacun du poisson,
du pain et un denier... A la sixième heure de ce même jour, il distribuait
à cent pauvres clercs de semblables aumônes, ajoutant pour chacun douze
deniers ; et après leur repas, ceignant un cilice, il leur lavait les pieds
qu'il essuyait avec ses cheveux, en chantant du cœur et de la voix les
cantiques du prophète royal. » (*Vita Roberti*.)

Le règne de Henri Ier, fils ainé de Robert, fut inauguré par un terrible
fléau qui durant trois années (de 1031 à 1034) désola la France. Un
bouleversment inoui de saisons et des pluies presque continuelles ayant
empêché les moissons et les fruits d'arriver à maturité, on vit surgir la
plus épouvantable famine dont le souvenir soit resté dans l'histoire. Une
immense quantité de pauvres gens moururent de faim, et la peste vint
bientôt joindre ses ravages à ceux de la famine. On vida les trésors des
églises, et l'on vendit jusqu'aux vases sacrés, afin de venir en aide à
la misère publique. Pour surcroît de maux, la ville de Paris fut désolée
par un incendie (en 1034) : c'est le sixième que l'on compte depuis Jules
César.

L'histoire nous montre, au milieu de cette désolation générale, la main
bienfaisante de la religion s'efforçant par tous les moyens possibles d'alléger de si grands maux. Les évêques se signalèrent par leur charité et
vidèrent les trésors de leurs églises; les abbayes se dépouillèrent de leurs
richesses. Enfin le Ciel vint au secours de la France : la récolte de 1033
égala en abondance celle de trois années ordinaires.

Sous le règne de Henri Ier, et par les soins de ce prince, zélé pour la foi chrétienne, Paris vit se tenir dans son sein un célèbre concile où assista le roi avec un très-grand nombre d'évêques et de savants ecclésiastiques venus de toutes les parties de la Gaule (octobre 1050). On y condamna les erreurs de Jean Scot-Erigène et de Bérenger sur la présence réelle dans l'Eucharistie. Deux ans plus tard, Henri convoquait dans la basilique de Saint-Denis une autre assemblée d'évêques, d'abbés et de seigneurs de tout le royaume. En leur présence, Eudes, frère du roi, et Hugues, abbé de Saint-Denis, y procédèrent à la vérification des reliques du premier évêque de Paris. Certains bruits venus d'Allemagne publiaient que ce précieux dépôt, enlevé furtivement, avait été, sur la fin du IXe siècle et sous l'empereur Arnoul, transporté à Ratisbonne, où il était exposé à la vénération des fidèles; mais cette erreur fut complétement dissipée. L'assemblée constata que le corps du saint se trouvait toujours à l'abbaye.

De la fin du règne de Henri Ier, date la création du prévôt de Paris. Ce magistrat représentait le roi : il rendait la justice au grand châtelet, et il exerçait directement, au nom du prince, l'autorité royale dans toute sa plénitude. Nous aurons plus d'une fois l'occasion de parler des prévôts de Paris, dont plusieurs ont joué un rôle important dans son histoire.

Le règne de Philippe Ier, fils de Henri Ier, fut signalé par deux des événements les plus mémorables dans l'histoire de l'Europe : la conquête de l'Angleterre par Guillaume, duc de Normandie, et la première croisade en Orient. Philippe, indolent et débauché, resta comme étranger aux grandes choses de son époque; mais durant son règne, l'un des plus longs et des moins glorieux de nos annales (1060-1108), Paris, avec ses précieux éléments d'avenir et de grandeur, poursuivait sa marche ascendante. D'un autre côté, après la mort de Guillaume le Conquérant, les désordres sanglants et les guerres civiles qui désolèrent la Normandie y firent affluer un grand nombre de commerçants et d'habitants de cette malheureuse province.

Le siége épiscopal de Paris était alors occupé par Geoffroi de Boulogne, oncle du célèbre Godefroy de Bouillon qui fonda le royaume de Jérusalem. Ce prélat zélé pour le maintien de la discipline s'appliqua à introduire des réformes dans les établissements religieux placés sous son autorité, en même temps qu'il favorisait la création, dans son diocèse, de plusieurs nouveaux monastères et prieurés. Sous ce même pontife, à la suite de graves démêlés avec l'abbé de Saint-Denis, relativement aux priviléges de cette abbaye, le vieux monastère de Dagobert obtint d'être séparé et indépendant. Après Geoffroi de Boulogne, le clergé et le peuple élurent pour son successeur le jeune Guillaume de Montfort, fils du célèbre Simon comte de Montfort. Ces ilustres pontifes étaient les précurseurs d'autres prélats plus illustres encore qui brillèrent d'un vif éclat sur le siége de l'apôtre saint Denis.

Sous les premiers rois de la troisième race, la vie politique avait quitté peu à peu Paris et les contrées formant alors le royaume de France. Mais la France, entrant dans une voie nouvelle, allait agrandir sa puissance par la formation d'un gouvernement national, en attendant les jours glorieux où, par des alliances et des conquêtes, elle fit entrer successivement dans son sein les riches provinces que comprend aujourd'hui son territoire. A son exemple, sa capitale, étendant par degrés son enceinte, verra aussi s'accroître sa prospérité avec le nombre de ses habitants. Cette marche parallèle devient surtout sensible à partir de Louis le Gros.

Sous ce prince (1108-1137), nous voyons Paris devenir comme l'instrument de la grandeur capétienne : c'est le point central d'où Louis VI, comprenant mieux que ses pères le véritable rôle d'un roi au milieu d'une société féodale, sait étendre et faire accepter partout l'intervention souveraine. En même temps que sous cet infatigable monarque les grands feudataires cessaient d'être les égaux ou les tuteurs des rois, que les communes préludaient à leur liberté, Paris voyait ses écoles commencer à devenir célèbres, et son influence augmenter avec l'accroissement de son territoire et le développement de la puissance royale. Louis VI, aussi pieux que brave, fonda hors des murs de Paris, au midi, l'abbaye des chanoines réguliers de Saint-Victor (1113), pépinière de tant d'hommes illustres, et dont l'école ne tarda pas à devenir une des plus célèbres de la chrétienté. C'était l'époque où le fils d'un laboureur de Champeaux en Brie, devenu archidiacre de Paris, et dialecticien très-habile, attirait la jeunesse studieuse à ses savantes leçons, d'abord à l'école épiscopale du cloître Notre-Dame, puis au cloître de Saint-Victor. Parmi ses auditeurs était un jeune Breton, depuis trop célèbre, nommé Pierre Abailard. Guillaume de Champeaux, se voyant éclipsé dans l'enseignement et vaincu dans la dispute par son disciple, renonça à ses leçons : il occupa quelque temps le siége épiscopal de Châlons-sur-Marne, puis s'en vint mourir tranquillement sous l'habit de Cîteaux. Quelques années plus tard, son heureux rival, devenu maître à son tour, recueillait avec les applaudissements de la foule, à Melun, à Corbeil, à Paris, une gloire qui fut le prélude de ses fautes et de ses longs malheurs.

L'histoire si connue d'Abailard ne doit point figurer dans nos récits. Assez d'autres ont parlé de cet homme célèbre, qui vint enfin, pénitent sincère, terminer en paix, dans le cloître de Cluny, sa vie agitée et traversée par des infortunes dont ses erreurs et ses écarts avaient été la triste cause. Son école fut d'abord ouverte dans la cité, près du chanoine Fulbert, ensuite sur la montagne Sainte-Geneviève, non loin de l'abbaye de Saint-Victor. Autour de lui se pressaient plus de trois mille auditeurs, et il compta pour disciples d'illustres personnages, tels que Gui, depuis cardinal et pape sous le nom de Célestin II, Pierre Lombard évêque de Paris, Godefroy évêque d'Auxerre, Bérenger évêque de Poitiers, etc., etc. Abailard enseignait la littérature, la dialectique, la philosophie et la théologie. C'était sans contredit un des hommes les plus érudits de son siècle, et cependant il n'a rien laissé qui justifie la réputation dont il jouissait parmi ses contemporains. Son principal mérite était d'exceller dans la dispute. Dans un temps où les écoles étaient comme une arène, un champ clos, où les athlètes s'occupaient moins de convaincre leurs adversaires que de les terrasser, un docteur qui sortait presque toujours triomphant de ces luttes de la parole devait fixer sur lui l'attention de l'Europe. Telle fut une des principales causes de la haute renommée d'Abailard.

Vers la même époque, d'autres docteurs et professeurs moins célèbres ouvraient des écoles à Paris, la plupart aussi sur le mont Sainte-Geneviève. Parmi ces maîtres et docteurs, on comptait Joscelin, qui fut depuis évêque de Soissons, Albéric de Reims, Robert de Melun, Guillaume de Conchies, Richard l'Evesque, Pierre Hélie et Thierry ; leur réputation amenait à Paris, de toutes les régions du monde, une multitude prodigieuse d'étudiants, et ce concours de maîtres habiles et d'élèves faisait de Paris une nouvelle Athènes. Dès le milieu du xiie siècle, la population écolière égalait presque en nombre les citoyens de la capitale, et ce fut un des motifs qui déterminèrent Philippe Auguste à agrandir la ville. Maîtres et étudiants, émigrant la Cité ou la rive droite, venaient élire domicile sur la rive gauche du fleuve, où un air plus pur entretenait à la fois la vigueur de l'esprit et la santé du corps. Ainsi se formait par degrés le quartier appelé depuis Université et aujourd'hui *Quartier latin*. Les écrivains du temps appellent déjà Paris à cette époque *la ville des lettres, la patrie de tous les habitants de l'univers*.

Tour du Temple.

C'est pour cette raison que le règne de Louis le Gros vit construire la deuxième enceinte de Paris, restaurer et agrandir les deux châtelets. On fait aussi remonter au temps de ce prince la fondation des églises Saint-Jacques-de-la-Boucherie, Saint-Nicolas-des-Champs, Saint-Pierre-aux-Bœufs, de la léproserie de Saint-Lazare, et de quelques autres églises ou chapelles aujourd'hui détruites. Le temps et plus encore la main des hommes ont fait disparaître par degrés ces pieux monuments de la foi de nos pères. On regrette surtout de ne plus voir, dans le quartier de la Cité, la chapelle de Sainte-Geneviève-la-Petite ou des Ardents, touchant mémorial d'un prodige de miséricorde dont nous devons rappeler l'histoire.

L'an 1129, un fléau destructeur, dit *le mal des Ardents*, désolait la ville. C'était un feu intérieur qui consumait les entrailles et donnait rapidement la mort. Tout l'art des médecins demeurait impuissant à le combattre. En vain le pieux Etienne, évêque de Paris, ordonna des prières et des jeûnes : le fléau ne cessait point; le Ciel semblait inflexible. On eut recours enfin à sainte Geneviève, dont plus d'une fois le peuple parisien avait éprouvé la protection visible. On alla chercher sur la montagne la châsse de la sainte, pour la transporter solennellement en procession à Notre-Dame. L'évêque et tout son clergé escortaient sa marche; ils étaient suivis d'une multitude innombrable, dont les flots mouvants ralentissaient les pas du pieux cortége. On avait fait porter les pauvres malades dans la cathédrale; il s'en trouvait trois cents. Au moment où la châsse franchissait le seuil de l'église, tous ces malades furent soudain guéris, à l'exception de trois qui sans doute avaient manqué de foi et de confiance. A la vue d'un miracle si éclatant, le peuple poussa des cris de joie et de reconnaissance; des acclamations mille fois répétées firent retentir les voûtes et remplacèrent le chant des psaumes et des cantiques que le clergé allait entonner en l'honneur de la sainte. La maladie cessa dès lors dans la ville et dans le royaume.

L'année suivante (1130), le pape Innocent II, étant venu dans la capitale, fit constater juridiquement le miracle, et ordonna qu'à l'avenir on en célébrerait la fête chaque année le 26 novembre. Pour en perpétuer mieux le souvenir, une chapelle fut érigée dans la Cité, sous le titre de Sainte-Geneviève-des-Ardents. Depuis cette époque surtout, la châsse de la sainte patronne fut, au temps des calamités publiques, portée processionnellement dans les rues de Paris. Le prévôt et les échevins exigeaient des otages pour garantie de sa sûreté. Auprès d'elle paraissaient d'autres châsses renfermant les reliques de saint Marcel, de sainte Aure, etc. Pendant la cérémonie, les chanoines de Sainte-Geneviève marchaient pieds nus à la droite du corps de leur patronne, tandis que les chanoines de Notre-Dame marchaient à gauche. Le peuple, pressé autour de ses saints, suivait en foule, rempli d'un espoir et d'une confiance qui n'étaient jamais trompés.

CHAPITRE VI

Sous le règne de Louis VII dit le Jeune (1137-1180), Paris prit des accroissements considérables. Nos annales nous montrent à cette époque la France agrandie des belles provinces qu'Eléonore de Guyenne avait apportées au jeune prince son époux. Mais, vingt années plus tard, la fière princesse répudiée, reprenant sa riche dot, la portait au fils de Geoffroy-Plantagenet, comte d'Anjou et du Maine, qui allait devenir bientôt roi d'Angleterre (1154). Henri II Plantagenet, en même temps duc de Normandie et d'Aquitaine, comte d'Anjou, de Poitou, de Touraine et du Maine, eut dès lors sur notre territoire même une puissance supérieure à celle des Capétiens : nos rois perdirent en partie cette prépondérance que la politique de Louis le Gros et de Suger leur avait si péniblement conquises. Un divorce malheureux retarda ainsi pour longtemps encore l'unité monarchique et nationale de la France, et en démembrant la monarchie, introduisit l'ennemi dans le cœur du pays, et favorisa les grandes guerres que l'Angleterre fit plus tard à la France avec des Français.

Concentrons nos regards sur Paris, poursuivant sa marche progressive durant le cours d'un règne qu'ont rendu surtout célèbre deux grandes figures du cloître, saint Bernard, abbé de Clairvaux, et Suger, abbé de Saint-Denis. Le premier, sans être ministre, gouvernait le monde en sa double qualité de saint et de moine réformateur, et vit son nom attaché à toutes les grandes choses de son siècle Le second, ministre de deux rois et régent lui-même, sut toujours, par sa politique éminemment patriotique, aussi ferme que prudente, conserver une grande influence sur les affaires publiques du royaume. A l'administration sage et prévoyante de l'abbé Suger, se rapporte le développement que prit le commerce intérieur de Paris pendant le règne de Louis le Jeune : on lui doit aussi les nombreuses améliorations en tous genres, qui préludèrent à d'autres plus importantes réalisées dans le règne suivant. Cet homme supérieur n'avait pu, il est vrai, servir jusqu'à la fin son royal maître ; mais son génie inspirait encore, après lui, la génération qu'il avait dirigée; dans les conseils du roi, on ressentait toujours sa puissante influence.

Sous Louis VII, nous voyons le savant Pierre Lombard, professeur en théologie, former l'école de Paris en corporation, sous le nom d'*Université*, préparant ainsi les bases de l'œuvre de Philippe Auguste. Pierre Lombard, théologien scolastique, surnommé *le Maître des sentences*, était né près de Novare en Lombardie (vers l'an 1100) ; il vint de bonne heure en France, étudia d'abord à Reims, ensuite dans la capitale, où, docteur et maître à son tour, il occupa durant plusieurs années, avec un grand éclat, une chaire de théologie. Son mérite le fit élever au siége épiscopal de Paris (1159). Il ne fit que passer sur le siége de Saint-Denis, et a laissé un ouvrage célèbre dans lequel il a rassemblé les diverses opinions des Pères sur chaque point de théologie. Il fut le prédécesseur de Maurice de Sully, qui devait jeter les fondements de Notre-Dame, et continuer cette chaîne de pontifes illustres par la science et les vertus, dont l'Eglise de Paris conserve pieusement le souvenir.

Maurice de Sully, né de parents très-pauvres à Sully-sur-Loire, avait, dit-on, mendié son pain dans son enfance. Ses rares talents, son éloquence le firent élever sur le siége épiscopal de Paris. Vers l'an 1163, ce pontife, voyant que l'église cathédrale se trouvait désormais trop petite pour la nombreuse population de cette ville, entreprit de la reconstruire entièrement. A cette époque, la foi vive et agissante des chrétiens, malgré des mœurs rudes et grossières, avait multiplié partout, en Europe, ces corporations dont on connaît peu l'histoire, mais dont les œuvres prodigieuses nous frappent encore de surprise et d'admiration. Architectes, maçons, peintres, sculpteurs, tailleurs de bois et de pierre, tous, artistes et artisans, sans autre mobile que l'amour de Dieu et de ses saints, sans aucun but personnel de fortune ou de renommée, travaillaient au même édifice avec un égal dévouement. L'ensemble des beaux-arts était l'objet constant de leurs études; la plus grande gloire de Dieu était la fin suprême de leurs travaux. Ces admirables corporations du moyen âge, connues sous les noms de *maîtres-ès-œuvres*, de *frères-pontifes*, sont l'un des beaux souvenirs qui reposent la vue attristée par le spectacle des malheurs ou des crimes qu'offre trop souvent l'histoire d'un peuple ou d'une cité.

L'an 1140, les ouvriers de ces corporations avaient commencé, par l'ordre de l'abbé Suger, la reconstruction de l'église de Saint-Denis, entreprise colossale qui fut conçue et achevée en moins de quatre années. Un peu plus tard (vers l'an 1163), ces mêmes corporations, par l'ordre de l'évêque Maurice de Sully, édifiaient ce superbe monument de Notre-Dame de Paris, qui fait aujourd'hui encore l'orgueil et le plus bel ornement de la capitale. Le pape Alexandre III, persécuté en Italie par l'empereur Frédéric, était venu chercher un asile en France. Paris, qui l'avait reçu dans ses murs avec tous les honneurs dus à sa dignité suprême, le vit, cette même année (1163), poser solennellement la première pierre de Notre-Dame. L'auguste édifice continua de s'élever : mais il ne devait être complétement achevé que vers le milieu du xv° siècle. Pendant son séjour à Paris, Alexandre fit la dédicace de l'église abbatiale de Saint-Germain-des-Prés, récemment reconstruite par les soins de l'abbé Morard. Ce souvenir était l'un des plus chers aux habitants de l'illustre monastère.

Parmi beaucoup d'autres édifices religieux, élevés ou reconstruits à Paris pendant le long règne de Louis VII, on remarque l'église de Saint-Médard, aujourd'hui paroisse dans le faubourg Saint-Marcel, et qui, vers le commencement du siècle dernier, eut, durant quelques années, une lugubre célébrité; l'abbaye et école de Saint-Victor; l'abbaye de Sainte-Geneviève, qui fut réformée et reconstruite presque entièrement; la commanderie des Hospitaliers de Saint-Jean-de-Latran, dans le clos Bruneau (aujourd'hui place Cambrai, en face le collége de France), et enfin le vaste manoir ou forteresse dit le Temple, au Marais. Les Hospitaliers de Saint-Jean, comme les Templiers, devaient leur origine aux croisades : Paris n'avait pas tardé à recevoir dans ses murs un essaim de cette double milice religieuse. La vieille tour du Temple, devenue au siècle dernier la prison d'un royal martyr, était un reste de ce monument aujourd'hui entièrement détruit.

Durant le règne de Louis le Jeune, quelques-uns des plus riches habitants de Paris, renouvelant l'ancienne corporation des nautes parisiens, interrompue vers l'époque des invasions normandes, s'associèrent pour faire comme autrefois le commerce par eau (1170). Ils établirent sur la Seine un port d'arrivée et de décharge des marchandises, et fondèrent en même temps, à l'église du couvent des Hautes-Bruyères de l'ordre de Fontevrault, une confrérie religieuse, afin d'attirer sur leur commerce la bénédiction du ciel : on l'appela *Confrérie des marchands de l'eau*. Telle fut l'origine de la *hanse parisienne*, qui devint plus tard le *corps* ou *conseil municipal de Paris*. Depuis Louis VII, presque tous les rois, remplis d'une grande considération pour elle, lui concédèrent successivement des droits nouveaux et d'importants priviléges. A toutes les époques de notre histoire, la hanse ou corps municipal figure pour une large part dans les grands événements dont la capitale a été le théâtre, et parfois même dans les révolutions politiques de la France.

A l'autre extrémité de Paris, en amont du fleuve, on forma aussi, sous Louis le Jeune, le port de la Grève, qui prit bientôt, avec le développement extraordinaire du commerce parisien, la plus grande importance. A cette même époque, le collége des Pauvres-Ecoliers fut fondé par Robert, comte de Dreux, frère de Louis VII, qui plaça cet établissement sous le patronage de saint Thomas de Cantorbéry : ce fut plus tard Saint-Thomas-du-Louvre. Le collége de Dace ou des Danois fut aussi établi pour les jeunes étudiants venus du Danemarck, et cet exemple eut bientôt des imitateurs. On vit s'établir successivement dans la capitale des colléges de toutes nations, où les étudiants étrangers trouvaient à la fois l'instruction, l'abri et une protection spéciale. D'un autre côté Paris a eu souvent à déplorer la trop grande agglomération de ces jeunes gens indisciplinés et trop facilement prêts à fomenter des troubles dans son enceinte. L'histoire seule de leurs démêlés avec les moines de Saint-Germain-des-Prés, dont ils dévastaient souvent le verger et les jardins, remplirait bien des pages. En vain de nombreux arrêts du parlement venaient-ils mettre un frein aux désordres; c'était toujours mêmes rixes, mêmes pillardises. De tout temps, la gent écolière a signalé sa présence dans les grandes cités par des troubles et des querelles. Paris au moyen âge ne le cède à aucune autre sous ce rapport.

Nous voici arrivés au règne de Philippe Auguste (1180-1223). Si la

Le Luxembourg.

France fut redevable de beaucoup de gloire à ce monarque, Paris lui doit aussi des travaux qui en firent dès lors une des plus grandes et des plus belles villes du monde. L'histoire a raconté les exploits de ce prince contre ses grands vassaux, ses hauts faits d'armes en Orient avec Richard Cœur de lion, ses conquêtes sur Jean sans Terre, et enfin l'immortelle victoire de Bouvines, qui donna au roi de France une prépondérance marquée sur tous les princes de l'Europe (1214). Au milieu de ses faits d'armes, Philippe Auguste ne perdait pas de vue sa capitale, qu'il aimait, où il faisait sa résidence habituelle, et dont l'embellissement et l'agrandissement l'occupèrent pendant presque tout le cours de sa vie.

Aux débuts de son règne, ce prince publia de sévères édits contre les Juifs, les chassant de Paris et de tout son royaume, confisquant leurs immeubles, et leur enjoignant de vendre leurs meubles dans un court délai. Ces mesures rigoureuses étaient provoquées par les nombreuses exactions exercées envers les Chrétiens. Les Juifs s'étaient tellement enrichis, qu'à l'avènement de Philippe Auguste ils possédaient en propriété une grande partie de la ville de Paris. L'acte de spoliation commis à leur égard, bien qu'illégitime et déloyal, obtint néanmoins l'approbation du peuple, tant était grande son aversion pour les Juifs. Il serait injuste, au reste, de rendre la religion solidaire de ces actes. Si, à plusieurs époques, les enfants d'Israël ont eu beaucoup à souffrir en France de cette aversion générale excitée contre eux par leur âpreté au gain, leur dure avarice et leurs usures scandaleuses, on a toujours vu l'Eglise chrétienne les entourer d'une véritable protection et les défendre contre l'acharnement des peuples qu'ils avaient pressurés partout. L'histoire est là pour attester ces faits trop oubliés de nos jours. L'illustre pontife Innocent III dit dans une de ses ordonnances à ce sujet : « Les Juifs sont les témoins vivants de la foi chrétienne ; le Chrétien ne doit pas les exterminer ni même les opprimer. Bien qu'ils aiment mieux persister dans l'endurcissement du cœur que de chercher à comprendre les oracles des prophètes et à parvenir à la connaissance du Christ en étudiant les secrets de leur loi, ils n'en ont pas moins droit à la protection et à la douceur de la piété chrétienne. Nous les prenons, en conséquence, sous notre égide, et nous défendons à qui que ce soit de contraindre un juif à recevoir le baptême ; car celui qui y est forcé n'est pas censé avoir la foi. Aucun chrétien ne doit se permettre des voies de fait envers eux, ni s'emparer de leurs biens ou changer leurs coutumes sans jugement légal.... »

Philippe Auguste, devenu maître par ses conquêtes d'un territoire quatre fois plus étendu que l'héritage de ses pères, fit construire hors de la ville, au nord, sur un terrain appelé *champeaux, campelli, petits champs* (aujourd'hui le marché des Innocents), deux halles entourées d'un mur de clôture, percées de portes qu'on fermait la nuit. Ces halles devinrent presque aussitôt le marché général, non-seulement des villes voisines, mais encore d'un grand nombre de cités flamandes. En même temps la compagnie des marchands de l'eau, dite la *hanse* parisienne, voyait s'accroître ses droits et ses priviléges. Le siége de la confrérie était une maison commune dite *parloir aux bourgeois*, et située près du grand Châtelet, sur la rive droite. Là se réunissaient les marchands pour traiter les affaires commerciales et délibérer sur les intéréts généraux de la ville. Le chef de la hanse était un officier particulier qui, vers le milieu du siècle suivant, devint, sous le nom de *prévôt des marchands*, l'un des deux principaux magistrats de la cité. Vers la fin du règne de saint Louis, le chef de la hanse parisienne nous apparaît revêtu officiellement du titre de prévôt des marchands et assisté des conseillers municipaux appelés *échevins*. Déjà, sous Philippe Auguste, on pouvait constater, au sein de la cité, l'existence de deux grandes magistratures marchant parallèlement, souvent hostiles et toujours rivales. Le prévôt de Paris, représentant immédiatement la puissance royale, siégeait au Châtelet, rendait la justice, dirigeait l'administration générale et veillait à la police de la ville. Le prévôt des marchands, dépositaire naturel des franchises publiques et gardien de la bonne foi commerciale, était en beaucoup d'occasions la personnification de la population parisienne.

Philippe Auguste fut l'un des principaux fondateurs de l'université de Paris, en régularisant cette institution, qui fit de la France et de sa capitale le foyer des sciences au moyen âge. La foule des maîtres et des écoliers de l'université était telle, quand ils allaient en procession à Saint-Denis, que les premiers rangs du cortége entraient dans la basilique de l'abbaye lorsque les derniers sortaient de l'église des Mathurins. Ce grand corps figure désormais dans toutes les crises politiques de la monarchie, et particulièrement sous les règnes de Charles V, de Charles VI et de Charles VII. Tour à tour factieux et fidèle, il lâchait ou retenait les flots populaires.

Le roi, toujours zélé pour l'embellissement de sa capitale, fonda beaucoup de monuments utiles, parmi lesquels des hôpitaux, des léproseries, des édifices judiciaires, etc. Outre plusieurs églises aujourd'hui disparues, telles que Saint-André-des-Arcs, Saint-Côme-et-Saint-Damien, sur la rive gauche; Saint-Honoré, Saint-Jean-en-Grève, Saint-Thomas et Saint-

Nicolas-du-Louvre, sur la rive droite, on vit s'élever deux autres églises, qui, plus tard rebâties, sont encore, sous les noms de Saint-Etienne-du-Mont et Saint-Sulpice, deux grandes paroisses de la capitale. Vers cette même époque, si riche en fondations d'ordres religieux, Paris vit éclore dans l'un de ses quartiers une floraison monastique : le couvent des Mathurins, ou religieux de la Sainte-Trinité pour la rédemption des captifs; un peu plus tard, le couvent des Dominicains ou Jacobins, et celui des Cordeliers ou Frères-mineurs, appelé aussi couvent de l'observance de Saint-François, furent construits dans le quartier de l'Université. Les pieux enfants de Saint-Jean-de-Matha, de Saint-Dominique et de Saint-François, à peine à leur naissance, reçurent dès lors à Paris cette hospitalité généreuse qu'allait bientôt rendre magnifique la piété de saint Louis. Paris s'applaudit de cet accueil fait aux nouvelles milices religieuses, et vit avec un juste orgueil, à quelque temps de là, le bonnet doctoral conféré, au sein de son université, à deux écoliers sortis de leurs rangs et bientôt eux-mêmes les plus illustres entre les docteurs. On a nommé saint Bonaventure et saint Thomas d'Aquin....

La grosse tour du Louvre fut construite à cette époque (l'an 1204) par les soins du monarque. Ce monument s'éleva au milieu d'une cour carrée entourée de constructions purement militaires. « En les surmontant de ce puissant donjon qui dominait la ville, en doublant leur épaisseur, en les armant d'innombrables tourelles, Philippe Auguste, dit M. Vitet, voulait donner à son pouvoir suzerain un aspect formidable; on sait qu'il y réussit et que la tour du Louvre fut bientôt la terreur des vassaux révoltés. Le premier qui y fut enfermé, Ferrand comte de Flandre, pris au pont de Bouvines, y subit une longue captivité; beaucoup d'autres y furent enfermés après lui. Cette tour devint comme l'emblème de la puissance royale; c'est d'elle que relevèrent les grands fiefs de la couronne; c'est à elle que les hommages furent rendus.

Jusqu'au règne de Philippe Auguste, les rues et les places de Paris étaient restées sans être pavées. C'est ce prince qui embellit la ville sous ce rapport. « Le bon roi, dit le moine Rigord, se mit à une des fenêtres, de laquelle il s'appuyoit aucunes fois pour regarder la Seine couler... Et advint que charrette vint à mouvoir si bien la boue et l'ordure, que le

roi sentit ceste pueur si corrompue et s'entour de ceste fenestre en grande
abomination de cœur. Lors fist mander le prévôt et borgeois de Paris,
et li commanda que toutes les rues fussent pavées, bien et soigneusement
de grès gros et forts. »

Ce fut deux ans avant son départ pour la croisade, c'est-à-dire vers
1185, que le roi donna l'ordre de ce travail important. On se mit
aussitôt à l'œuvre, et bientôt le séjour de Paris devint plus sain et plus
agréable. Une nomenclature des rues de la capitale à cette époque nous
apprend qu'elles ne s'élevaient pas au delà de trois cent dix dans les
trois grands quartiers de la ville proprement dite. « Dès cette époque
reculée, dit M. Meindre, une population nombreuse adonnée au grand
et au petit commerce, allant, venant et agissant sans cesse, remplissait
déjà les rues de Paris. De tous côtés, on entendait crier la vente des différentes denrées du temps et de la saison... Le soir, lorsque la cloche de
Notre-Dame, de Saint-Mézzy et de Sainte-Opportune avait sonné le dernier coup, l'ouvrage cessait partout; les boutiques se fermaient; le silence
succédait peu à peu à l'activité si bruyante du jour, et la ville entière
se trouvait bientôt plongée dans une obscurité profonde. Chacun se cou-
chait de bonne heure, afin d'être levé le lendemain au point du jour,
au premier coup des cloches. Les spectacles publics, les bals et les cafés
étaient choses inconnues. Le travail cessait plus tôt le samedi soir, afin
que chacun pût se préparer à la solennité du lendemain. Pendant les
dimanches et les fêtes consacrées, les boutiques et les ouvroirs restaient
fermés, et la population tout entière se pressait dans les églises. Après les
offices religieux, le bourgeois de Paris sortait avec sa famille dans la
campagne, qu'il trouvait alors à sa porte, et il se promenait tranquillement entre les courtilles, les vignes et les jardins, hors des murs
d'enceinte. »

Il nous reste à parler de l'un des actes les plus importants de Philippe
Auguste : la construction de la nouvelle enceinte de la capitale. La première, qui, selon toute apparence, embrassait l'île de la Cité seulement,
et qui existait encore en 886, avait alors disparu sans laisser de traces.
Elle semble avoir été remplacée, après la retraite définitive des Normands,
par une autre enceinte plus étendue, embrassant tous les quartiers situés

sur la rive droite du fleuve. Les historiens de Paris admettent généralement l'existence d'une seconde clôture de cette ville ; mais ils n'en parlent que vaguement et ne s'accordent point sur l'époque de sa construction. L'opinion la plus raisonnable la place sous le règne de Louis le Gros, ou vers la fin de celui de Philippe Ier, son père. Quant à la partie méridionale de la ville, tout porte à croire que, malgré ses accroissements, elle n'avait jamais été close de murs, lorsqu'enfin par l'ordre de Philippe Auguste fut commencée la nouvelle enceinte composée d'une muraille solide, garnie de portes, de cinq cents tours et de fossés profonds.

L'entière construction de cette formidable clôture devait coûter vingt ans de travaux continus, et renfermer tous les bourgs voisins avec les cultures éparses autour de l'ancienne ville ainsi que les maisons voisines du petit Châtelet au midi. Ce projet vraiment royal, destiné à faire de Paris une des plus grandes et des plus belles villes du monde, fut réalisé par les soins du prince qui l'avait conçu. La nouvelle muraille, au nord, partait de la rive droite du fleuve, un peu au-dessous du pont des Arts, où s'élevait la grosse tour appelée *tour du Louvre*, qui pendant long-temps a porté aussi le nom de *tour qui fait le coin ;* suivant la direction de la rue de l'Oratoire jusqu'à la rue Saint-Honoré, elle se prolongeait à travers les terrains occupés aujourd'hui par les rues Grenelle-Saint-Honoré, Coquillière, Montmartre, Montorgueil, Française, Saint-Denis, Bourg-l'Abbé, Saint-Martin. Puis, continuant le long de la rue Grenier-Saint-Lazare, à travers les rues Beaubourg et Saint-Avoye, le terrain des Blancs-Manteaux, les rues des Francs-Bourgeois, des Rosiers, et enfin le sol qu'occupèrent depuis les bâtiments de la maison-professe des Jésuites et le couvent de l'*Ave Maria*, elle revenait aboutir sur les bords de la Seine. Là, entre le quai des Ormes et celui des Célestins, s'élevait une tour ronde nommée aussi *tour qui fait le coin*, *tour Barbeau* ou *Balbeel sur l'Yone*, où l'on pratiqua plus tard la porte Barbelle. Cette tour terminait à l'est l'enceinte de la partie septentrionale de Paris. La muraille avait seize portes en poternes ; l'une des plus importantes était la porte Baudet, Baudoyer ou Saint-Antoine. Parmi les autres étaient la porte aux Peintres ou Saint-Denis, la porte du Temple ou Saint-Avoye, la porte Saint-Martin, la porte Montmartre ou Saint-Eustache, la porte

Saint-Honoré, et enfin, proche les Blancs-Manteaux et la rue des Francs-Bourgeois, la porte Barbette, dont le nom rappelle celui d'une rue célèbre par une tragique histoire.

Le mur d'enceinte de la partie méridionale, commencé douze ans en-

Dôme des Invalides.

viron après celui du nord, partait aussi de la Seine, en face de la *tour qui fait le coin*, près du Louvre, sur la rive droite. Là, sur la rive gauche, vers l'emplacement du pavillon oriental du palais de l'Institut, s'élevait une autre tour, dite d'abord de *Philippe Hamelin*, et devenue depuis cette fameuse tour de Nesle, que de vieilles légendes fabuleuses et un drame moderne ont rendue l'un des monuments les plus populaires entre tous ceux du vieux Paris. Partant de ce point, le gros mur d'enceinte de la rive gauche suivait une voie à peu près tracée par les rues des Fossés-de-Nesle (rue Mazarine), des Fossés-Saint-Germain ou de l'Ancienne-Comédie, des Fossés-Monsieur-le-Prince, des Fossés-Saint-Michel ou Saint-Hyacinthe, des Fossés-Saint-Victor, des Fossés-Saint-Bernard. On voit assez à la dénomination de ces rues, que l'enceinte méridionale était longée dans tout son parcours par des fossés extérieurs. Ce grand circuit était percé de sept portes : les portes de Nesle, de Buci, Saint-Michel, Saint-Jacques, Saint-Marcel, Saint-Victor et Saint-Bernard ou de la Tournelle. Cette dernière, pratiquée dans une forteresse, se trouvait en face de la porte Barbette, située sur la rive opposée.

De nombreuses portions de cette enceinte, conservées au nord et au sud de la capitale, attestent qu'elle consistait en deux gros murs reliés entre eux par des moëllons noyés dans un ferme ciment. On peut encore, à l'aide des plans du vieux Paris, suivre dans tous ses contours cette longue muraille et contempler la grande cité telle qu'elle existait vers la fin du règne de Philippe Auguste. A défaut de ces plans, citons un fragment d'un savant écrivain qui nous permet de nous former une idée, au milieu même du moderne Paris, du Paris d'autrefois, du Paris contemporain des premiers temps du Louvre : « Commencez par construire, sur l'autre rive de la Seine (la rive gauche), autour de ce clocher encore debout de Saint-Germain-des-Prés, la vaste enceinte crénelée de l'antique abbaye, avec ses vignes, ses tourelles, ses herses, ses ponts-levis; puis tout à l'entour, dans la plaine, en guise de ces îlots de maisons à quatre étages, faites renaître les métairies, les granges et toutes les dépendances de la puissante communauté. En descendant cette rive gauche du fleuve jusqu'aux coteaux d'Issy, continuez à tout démolir pour laisser reparaître une immense prairie entrecoupée de bosquets de verdure, de petites pièces de vignes et de cultures potagères; des saules, des érables s'élèvent çà et là au bord de l'eau, sur la berge bien endiguée. Vis-à-vis, sur la rive droite, l'aspect est plus aride, le terrain sablonneux; on voit fumer des fours à briques et quelques pauvres tuileries; mais au delà commence une épaisse forêt qui va se perdre à l'horizon et s'étend vers le nord jusqu'au pied du mont Martre

» Ne changez pas grand'chose à la silhouette de ce coteau, laissez-lui même ses moulins. En inclinant vers l'est, vous rencontrez, au delà des remparts de la ville, les tours de l'abbaye Saint-Martin, et, comme un gros village autour d'elle, le bourg l'Abbé ; plus en deçà du rempart, de longues files d'habitations et de jardins qui descendent jusqu'à la grève. Passant de là dans la Cité, vous y trouvez un amas de maisons plus serrées encore qu'aujourd'hui, et les deux tours de la métropole, qui, quoique inachevées, dominent déjà la ville entière.

» Enfin, après ce grand circuit, il ne reste qu'à regarder à vos pieds : Transformez en créneaux et en machicoulis ces balustres italiens sur lesquels vous vous appuyez ; de ce jardin de l'Infante, faites-en un fossé plein d'eau, séparez-le de la rivière par une double muraille garnie de robustes tourelles, et vous voilà transporté à six siècles en arrière ; vous êtes sous Philippe Auguste, au sommet de la grosse tour qu'il vient de faire construire ; et si le soleil commence à baisser, vous pouvez voir le roi, au retour de la chasse, passer l'eau dans son bateau, s'en retournant coucher dans son palais de la Cité[1]. »

[1] M. Vitet : *le Louvre*.

CHAPITRE VII

Paris sous le règne de saint Louis (1226-1271)

Philippe Auguste étant mort à Mantes (le 14 juillet 1223), lorsqu'il se disposait à se rendre à Paris pour assister à un concile convoqué par ses ordres, Louis VIII, son fils et son héritier, monta sur le trône de France. Il avait trente-six ans : fils d'un grand roi et père d'un roi plus grand encore, il fut lui-même un bon et vertueux prince, auquel il ne manqua qu'une plus longue vie pour égaler les plus magnanimes monarques. Sa bravoure l'a fait surnommer *le Lion;* mais Louis VIII, tour à tour vainqueur des Anglais, des Gascons et des Albigeois, ne jouit pas longtemps de ses victoires. Ce valeureux souverain mourut à Montpensier (l'an 1226), après trois ans de règne. Le jeune Louis, son fils et son successeur, n'était que dans sa douzième année. Des périls sans nombre environnaient son enfance. Le Ciel, qui le réservait pour de grands desseins, lui avait ménagé un appui tutélaire dans une mère pieuse, prudente et sage, dont les conseils, les leçons et l'exemple surent le préserver de tous les dangers qui menaçaient sa faiblesse. Blanche de Castille, veuve de Louis VIII, était douée de toutes les qualités qui font les grandes reines. Régente de France, elle s'acquitta de ses hautes fonctions avec une admirable sagesse, et parvint à dissiper la redoutable coalition des grands vassaux de la couronne. L'histoire lui assigne à bon droit l'un des premiers rangs parmi les femmes les plus illustres de notre monarchie.

L'histoire particulière de Paris, durant cette orageuse minorité de saint Louis, où le génie d'une femme supérieure sut conserver intact au jeune roi son fils l'héritage de Philippe Auguste, offre peu de faits remarquables. Contemplons cependant, sur le parvis de Notre-Dame, en face de la vieille cathédrale, un de ces grands vassaux humiliés, jurant de garder fidèlement toutes les conditions de la paix qu'il avait obtenue. C'est Raymond VII, comte de Toulouse, que le traité de Meaux (1229) vient de réconcilier avec la cour de France et avec le Saint-Siége. Par suite de ce traité, qui terminait la guerre des Albigeois, Jeanne, fille unique de Raymond, ayant épousé Alphonse, comte de Poitou, l'un des frères de Louis IX, lui apporta en dot les vastes domaines de son père. Alphonse étant mort sans enfants, le comté de Toulouse fut réuni à la couronne de France. C'est ainsi que se formait graduellement l'unité du royaume.

A l'exemple des grands feudataires, les écoliers de l'université de Paris, rebelles à leur tour, excitèrent, sous la régence de Blanche (l'an 1229), des troubles qui bouleversèrent cette ville pendant près de deux années. Le récit des querelles fréquentes entre les bourgeois et les étudiants nous entraînerait trop loin. Mais celle-ci, suscitée par des étudiants picards au faubourg Saint-Marcel, doit être signalée parce qu'elle fut sanglante de part et d'autre, et que sa répression trop violente eut de graves résultats. Les maîtres de l'université, impuissants à obtenir réparation du meurtre de quelques clercs, victimes innocentes confondues avec les coupables, sortirent tous de Paris avec leurs élèves, et allèrent s'établir dans diverses villes de France, à Angers, Orléans, Reims, Toulouse. L'Italie, l'Espagne et l'Angleterre reçurent dans leur sein quelques-uns d'entre eux. Les écoles de Paris restèrent désertes : maîtres et élèves, dispersés de toutes parts, ayant fait serment de ne pas revenir avant d'avoir obtenu pleine justice. Près de deux ans s'écoulèrent ainsi. Enfin la haute et active intervention du pape Grégoire IX fit cesser un si funeste état de choses : ses délégués parvinrent à rétablir l'harmonie entre le pouvoir royal et l'université. Dans une lettre du souverain Pontife au roi Louis et à la reine Blanche, on trouve ces paroles : « Ne rejetez pas de votre gouvernement la sagesse et la bonté, sans lesquelles ne peut subsister nulle puissance. Ne souffrez pas qu'en se privant de la science du corps universitaire, votre royaume perde sa principale gloire, et ne nous forcez pas à y pourvoir nous-mème d'une autre manière. » Ce mème pontife commence ainsi une bulle adressée aux maîtres et aux écoliers de Paris (13 avril 1231). « Paris, la mère des sciences, est une autre Cariath-Séphor (*ville des lettres*); c'est le laboratoire où la sagesse met en œuvre les métaux tirés de ses mines, l'or et l'argent dont elle compose les ornements de l'Eglise, et le fer dont elle compose ses armes. »

Les écoles de Paris méritaient alors ce magnifique éloge. Grâce à l'élan général imprimé par les ordres religieux, les sciences brillaient d'un grand lustre dans leur sein, depuis le commencement du xiiie siècle. C'était le temps où les nouvelles milices de Saint-Dominique et de Saint-François, presqu'à leur origine, donnaient au monde, ces grands hommes qui en furent de lumineux flambeaux. A l'université de Paris appartient l'honneur d'avoir formé ou perfectionné les plus illustres d'entre eux. Le dominicain Albert le Grand enseignait dans cette ville, peu de temps après son entrée dans l'ordre (l'an 1221), et y expliquait surtout les livres d'Aristote sur la physique. Ses auditeurs devinrent si nombreux, qu'aucune salle ne pouvant les contenir, le maître se vit contraint d'enseigner en plein air, sur une place du quartier des écoles, appelée depuis de son nom place Maubert (*Magistri Alberti*). Saint Thomas d'Aquin, Roger Bacon et saint Bonaventure, vers la même époque, complétaient leurs études dans notre capitale, où le franciscain Alexandre de Halès, dit le *Docteur irréfragable*, faisait avec succès un cours de philosophie scholastique, pendant que le savant dominicain Vincent de Beauvais, l'ami de saint Louis, chargé par ce prince de rédiger un résumé des sciences cultivées alors, composait dans ce but son *Miroir général (Speculum majus)*. Un peu plus tard, le célèbre cordelier Jean Duns Scot, dit le *Docteur subtil*, enseignera à son tour avec éclat dans l'université de Paris (l'an 1304). Quels hommes! quels souvenirs! L'université de Paris est justement fière d'avoir conféré le bonnet de docteur presque en même temps à deux religieux qui allaient devenir la gloire, l'ornement de leur ordre, comme ils sont encore aujourd'hui, après six siècles, d'éclatantes lampes dans l'Eglise de Dieu! Je veux parler de saint Bonaventure et de saint Thomas d'Aquin, le *Docteur séraphique* et le *Docteur angélique*.

Sous la minorité de saint Louis, le triste état des finances donna lieu à une innovation qui causa une perturbation générale et de graves désordres dans l'administration civile et judiciaire de Paris : la prévôté de cette capitale, cette haute magistrature longtemps représentée par des personnages considérables, choisis dans les familles les plus illustres, fut alors comprise dans les fermes du roi et adjugée au plus offrant. Le mal qui en résulta était assez grand, pour faire décheoir la capitale, et la royauté avec elle, s'il avait duré plus longtemps. Mais la sagesse de saint Louis ne tarda pas à y porter un prompt remède.

Cependant le jeune monarque, ayant accompli sa vingt-et-unième année (25 avril 1236), fut proclamé majeur et prit en main les rênes du gouvernement; mais son extrême déférence pour sa mère le porta, pendant plusieurs années encore, à ne rien entreprendre sans la consulter. Ainsi Louis et la reine Blanche gouvernaient ensemble, vivant l'un près de l'autre dans la plus parfaite harmonie, uniquement occupés du bonheur de la France. Vers cette époque, la capitale fut témoin d'une

Le Val-de-Grâce.

touchante cérémonie qui, dans un temps où la foi était vive encore, dut ranimer les sentiments religieux parmi le peuple et laisser dans le cœur des Parisiens un ineffaçable souvenir.

Baudouin II, empereur de Constantinople, avait engagé entre les mains des Vénitiens, pour en obtenir un emprunt, la Couronne d'épines du divin Sauveur. Louis IX, agréant l'offre que lui faisait ce monarque, lui fournit aussitôt une somme considérable pour racheter cette auguste relique, et se réjouit dans la pensée de la posséder bientôt dans son palais. Ce précieux trésor fut en effet envoyé en France. Dès que le roi apprit l'approche des religieux dominicains qui arrivaient avec le dépôt sacré, il alla au-devant d'eux, accompagné de ses frères, des grands de sa cour. Tous les chapitres et tous les monastères de Paris s'y rendirent processionnellement avec leurs reliques; Guillaume, évêque de Paris, y vint avec son clergé.

A la vue du sanglant diadème du Roi des rois qu'on remettait entre ses mains, Louis fondit en larmes, et tous les assistants furent attendris. Le monarque se dépouilla des habits royaux, et, vêtu d'une simple tunique de laine, sans ceinture, nu-pieds et la tête découverte, il marcha vers Paris, depuis Villeneuve-Archevêque, portant sur ses épaules, avec son frère Robert, comte d'Artois, le brancard sur lequel reposait enfermée, dans trois cassettes de bois, d'argent et d'or, la sainte Couronne d'épines. Un nombreux cortége d'évêques, d'abbés, de chevaliers, de seigneurs, précédaient la marche, la tête et les pieds nus. Après le roi, venaient les deux reines Blanche et Marguerite, avec les princes et les princesses, accompagnées de leurs dames aussi à pied. Une foule innombrable de peuple suivait le cortége, glorifiant Dieu et chantant les psaumes du Prophète-roi. Paris, la ville aux grands spectacles, a vu depuis bien d'autres cérémonies touchantes; ses rues, ses places ont été sillonnées par d'autres cortéges solennels; mais en fut-il jamais un plus auguste et plus religieux? La sainte Couronne, portée d'abord à la cathédrale, fut déposée ensuite dans la chapelle de Saint-Nicolas, bâtie par le roi Robert dans l'enceinte même du palais.

Trois années plus tard, Louis IX, ayant reçu du même empereur Baudouin, avec la même pompe et la même humilité, un second présent d'insignes reliques, fit commencer l'admirable monument dit *la Sainte-Chapelle*. Construit par l'illustre architecte Pierre de Montreuil, sur le sol même de l'ancienne chapelle de Saint-Nicolas, ce saint édifice, auquel une habile restauration a rendu de nos jours toute sa beauté primitive, est sans contredit l'une des principales merveilles de la capitale. C'était, il y a six siècles, l'oratoire favori du saint roi : c'était là qu'il aimait à vaquer aux exercices de piété et qu'il y passait quelquefois les nuits en prières. Lorsque, en visitant ce vénérable sanctuaire, on contemple, à travers six siècles, notre saint monarque faisant là, sous ces voûtes gothiques, monter au ciel des vœux ardents pour le bonheur de la

France, on éprouve une sorte de tressaillement. Oui, c'est là que saint Louis, humiliant son front dans la poussière, et entrelaçant pour ainsi dire sa propre couronne à la couronne sanglante du Roi des rois, lui communiquait par ce divin contact une vertu surhumaine. Cet auguste souvenir ne donne-t-il pas le secret des grandes choses que vit ce règne mémorable?

Laissons le jeune monarque, déjà vainqueur à Taillebourg, s'élancer en Orient, pour renouveler ces glorieuses croisades, qui nous montrent nos aïeux supérieurs en bravoure aux plus célèbres héros de l'antiquité; avec le peuple de Paris, saluons de nos vœux le départ du royal croisé, et de nos cris de joie la nouvelle des premiers succès de l'armée chrétienne en Egypte; mais cette joie fut bientôt changée en douleur, quand on apprit le désastre de Mansourah et la captivité du saint roi! Un triste épisode signala cette époque. On vit alors se former ces bandes de bergers et laboureurs, dits *pastoureaux*, qui prétendaient recouvrer la terre sainte, où le salut du monde avait été d'abord annoncé à des bergers. A eux se joignirent d'autres bandes plus redoutables, formées de ces hommes vivant dans le désordre, qui, partout et toujours, sous quelque nom qu'on les désigne, sont les ennemis de la paix publique et de la société. Les *ribauds*, avec leur chef hongrois nommé Job, dit *le maître de Hongrie*, parcoururent les provinces du nord de la France, et s'abattirent ensuite sur Orléans, où ils se livrèrent à de sanglants désordres. Paris vit la plus nombreuse de leurs bandes arriver sous ses murs : la reine Blanche envoya des troupes contre ces hordes de brigands qui ne tardèrent pas à être détruites (1251); les autres bandes eurent enfin ailleurs le même sort.

Le gouvernement ferme et vigoureux de l'illustre régente était en même temps compatissant, doux aux faibles et aux malheureux. Le cœur généreux de la mère de saint Louis souffrait cruellement des maux du servage, qu'elle aurait voulu faire disparaître entièrement. « Ces hommes et ces femmes, que l'on achète et que l'on revend comme des animaux ou des terres, sont, ainsi que nous, disait la reine Blanche, les membres de Jésus-Christ. Dans un royaume chrétien, nous ne devrions jamais oublier ce que sont les pauvres serfs devant Dieu. » Dans son impuissance de détruire d'un seul coup la servitude, elle s'efforçait au moins de l'adoucir en provoquant de toutes parts dans le royaume un grand nombre d'affranchissements. L'évêque de Paris donna l'exemple, qui fut suivi par les grandes abbayes de cette ville. Celle de Saint-Germain-des-Prés se distingua par sa générosité : elle affranchit plusieurs villages ; autour de l'abbaye même disparut le servage. Le bourg Saint-Germain, ainsi peuplé de familles affranchies, prit dès lors un développement extraordinaire. Les autres monastères de la capitale virent également s'accroître l'importance des bourgs qui entouraient leur enceinte.

Louis, ayant appris, à Joppé en Palestine, la mort de l'admirable mère que lui avait donnée le Ciel, s'était hâté de revenir dans son royaume. Arrivé à Vincennes (5 septembre 1254), il fit le surlendemain, après plus de six ans d'absence, son entrée à Paris en grande pompe. Le saint roi employa dès lors les loisirs de la paix à constituer dans ses états le règne de la justice et de l'ordre, et à doter sa capitale de monuments religieux et civils qui témoignent hautement de sa sagesse et de sa piété.

Un des premiers établissements que saint Louis fonda à Paris, après son retour d'Orient, fut une bibliothèque publique. Il assembla, dans une vaste salle voisine de la sainte Chapelle, les manuscrits importants et curieux que s'étaient procurés des clercs érudits, chargés par ses ordres d'aller explorer les nombreuses abbayes et les divers dépôts ou archives du royaume. La garde de cette première bibliothèque, ouverte à tous, clercs et laïques, français et étrangers, fut confiée au savant dominicain Vincent de Beauvais. Louis aimait ce sanctuaire des lettres; il y venait souvent travailler, se mêlant aux savants de l'époque, les interrogeant ou leur apprenant lui-même des choses qu'ils ignoraient. Parfois aussi on l'y voyait prendre plaisir à expliquer aux jeunes écoliers les plus beaux passages de l'Ecriture et des saints Pères. Sous le règne de saint Louis, l'art chrétien, à son apogée, éleva le plus grand nombre de ces belles basiliques qui font encore aujourd'hui l'orgueil et l'admiration de la France. Parmi tous les souverains il n'en est aucun auquel la religion doive plus d'édifices et de monuments remarquables. Jamais prince ne dota son pays d'un plus grand nombre d'institutions utiles et de fondations charitables. Le voyez-vous faisant considérablement agrandir par Eudes de Montreuil les bâtiments de l'Hôtel-Dieu de Paris, jetant les fondements de nombreuses églises; fondant l'hôpital des Quinze-Vingts, où trois cents aveugles devaient être nourris et entretenus aux frais de la couronne; favorisant l'établissement des couvents des Grands-Augustins, des Blancs-Manteaux, des Grands-Carmes, des Chartreux, des Bernardins, des Frères prêcheurs, des Frères mineurs, des Mathurins, etc.... C'était le temps où tous ces ordres religieux si chers à l'Eglise, trouvant dans le plus saint des rois un ami et un puissant protecteur, accouraient volontiers à son appel dans les murs d'une cité qui n'a point perdu encore le souvenir de leur vertus, de leurs savants travaux, de leurs bienfaits de tout genre. Les colléges de Cluny, de Calvi ou Petite-Sorbonne, du Trésorier, des Dix-Huit, de Saint-Denis, furent aussi fondés sous ce même règne, qui vit également naître la Sorbonne, par les soins de Robert Sorbon, chapelain de saint Louis, et l'un de ses conseillers intimes (vers 1256). C'était dans l'origine la Maison des pauvres maîtres étudiant la théologie. Saint Louis affecta à cette institution trois maisons, dont les locations aidaient à pourvoir à l'entretien des pauvres écoliers admis dans l'établissement, et dont le nombre s'éleva bientôt au delà de deux cents. La Sorbonne, aujourd'hui siége de l'académie de Paris et de ses trois facultés, a son histoire particulière qui n'est pas sans gloire. Mêlée de tout temps aux querelles de l'Université, elle a pu à diverses époques se porter, sur le terrain de la politique, à de déplorables excès : mais elle s'est montrée durant plusieurs siècles une infatigable gardienne de la foi catholique, et une sentinelle vigilante contre les hérésies ou les erreurs qui s'efforçaient de la détruire. C'est là son titre d'honneur, qui lui a mérité quelque temps le beau surnom de *Concile permanent des Gaules.*

Paris, sous l'influence de tant de pieuses et utiles fondations, prenait un nouveau développement et voyait sa prospérité s'accroître avec le nombre de ses habitants. L'exemple de Robert Sorbon, suivi par les religieux bernardins, prémontrés, bénédictins, etc., avait fait bâtir, dans ce même quartier de l'Université, des maisons pour les étudiants et les novices de ces divers ordres. La multitude des écoliers croissant de jour en jour, en même temps que la population du quartier, on s'empressait d'élever des constructions pour loger les nouveaux hôtes. Ainsi l'on voyait se couvrir rapidement d'édifices ces grands espaces, vides jusqu'alors, de la montagne Sainte-Geneviève, des clos de Garlande, Bruneau, du Chardonnet, etc., ainsi que les terrains vagues, champs ou vignes, enfermés dans la nouvelle enceinte de Philippe Auguste.

Sur la rive droite du fleuve régnait le même activité dans les constructions : divers monuments devinrent autant de points centraux autour desquels venait se grouper une nombreuse population d'ouvriers, de négociants ou de hauts et puissants seigneurs. Les cultures et les vides restés dans le bourg de Saint-Germain-l'Auxerrois tendaient de plus en plus à disparaître; partout on voyait des habitations et des rues nouvelles envahir la terre de Champeaux, et les différentes cultures de Saint-Magloire, de Saint-Paul, de Saint-Martin, de Saint-Lazare, du Temple, de Sainte-Catherine, etc. Enfin, de nouveaux faubourgs se formaient dans les environs de la ville. Autour de l'abbaye de Saint-Germain-des-Prés, la garenne entière du couvent, avec une portion de ses vignes et terres, se couvrait de maisons; tandis que d'autres habitations s'élevaient aux environs de Saint-Marcel et dans les champs de vignes comprenant le terrain Mouffetard. Ces deux bourgs nouveaux, bâtis hors des murs, furent souvent appelés villes : c'étaient Saint-Germain et Saint-Marcel-lez-Paris.

Louis IX, ce grand justicier, qui fut pris pour médiateur d'abord entre le pape Grégoire IX et l'empereur Frédéric II, puis entre Henri III, roi d'Angleterre, et ses barons, s'occupa non moins de l'administration de la ville de Paris que de ses monuments. Une des plus touchantes traditions de la monarchie est sans doute celle du saint roi rendant la justice en personne, assis sous le chêne de Vincennes, sans autre garde que l'amour de son peuple. Mais le roi justicier accomplissait également sa noble mission dans Paris, au grand Châtelet, ou dans son palais de la Cité, sous les arbres de son jardin, et dans ce simple costume et appareil que nous décrit Joinville : « Je le vis aucunes fois en esté, dit le vieux sénéchal, que pour délivrer sa gent, il venoit au jardin de Paris, vestu d'une cotte de camelot, un surcot de tirelaine sans manches, un manteau de condal noir (taffetas) autour de son col, moult bien peigné et sans coiffe, et un chapel de plumes de paon blanc sur sa teste; et faisoit estendre tapis pour nous seoir autour lui; tout le peuple qui avoit affaire par devant lui, estoit autour lui, et lors il les faisoit délivrer en la manière que je vous ai dit devant le bois de Vincennes. »

Sous le règne de ce bon prince, le chef de la corporation des mar-

Porte Saint-Denis.

chands de l'eau de Paris reçut pour la première fois le titre de *prévôt des marchands*, comme signe de la constitution définitive de la municipalité parisienne; saint Louis réforma aussi la prévôté de Paris, qui depuis quelque temps se vendait au plus offrant. « Pour cela, dit Joinville, le menu peuple estoit foulé et ne pouvoit avoir droit contre les riches hommes, à cause des grands présents et dons que ceux-ci faisoient aux prévôts.... Le menu peuple n'osoit demeurer en la terre du roy et alloit demeurer en d'autres prévostés et autres seigneuries, et la terre du roy étoit si déserte, que quand le prévost tenoit ses plaids, il n'y avoit pas plus de dix personnes ou de douze ; mais il y avoit tant de malfaiteurs et larrons à Paris et dehors, que tout le pays en estoit plein.

« Le roy, qui mettoit grande diligence à savoir comment le menu peuple estoit gardé, sut la vérité. Aussi il ne voulut pas que la prévosté fust vendue, mais donna bons et grands gaiges à ceux qui dorénavant la garderoient, et il abattit toutes les mauvaises coutumes dont le peuple pouvoit estre grevé. Il fist enquérir dans tout le royaume et partout le pays où il pourroit trouver un homme qui fist bonne et roide justice, et qui n'épargnast pas plus le riche homme que le pauvre ; on luy indiqua Estienne Boylesve ou Boyleaue, lequel maintint et garda la prévosté tellement, que désormais n'y avoit malfaiteur, ni larron, ni meurtrier qui osast demeurer à Paris, lequel, tantost que Boyleaue avoit cognoissance, ne fust pendu, ou puni à rigueur de justice, selon la qualité du malfaict, et n'y avoit faveur de parenté, ni d'amis, ni d'or, ni d'argent qui l'en eust pu garantir ; et si grandement fist bonne justice, qu'il fist pendre un sien filleul, parce que sa mère lui dist qu'il ne se pouvoit tenir de dérober. Et finalement, par laps de temps, le royaume de France se multiplia tellement pour la bonne justice et droicture qui y régnoient, que le domaine censif, rentes et revenus du royaume, croissoient d'an en an de moitié, et en amenda moult le royaume de France. »

Etienne Boileau, angevin, prévôt des marchands de Paris, sous saint Louis, est l'un de ces hommes dont le passage dans une cité est marqué par des actes qui vouent pour toujours leur nom à la reconnaissance publique. Il établit dans Paris l'ordre et une police régulière, modéra et fixa les impôts, qui, sous les prévôts-fermiers, se levaient arbitrairement sur le commerce et les marchandises. Saint Louis, non content de faire triompher la justice, avait voulu assurer le triomphe de la probité dans le commerce et dans l'industrie, afin de sauvegarder tous les intérêts et tous les principes. Etienne Boileau, chargé d'accomplir cette utile réforme, fit recueillir avec soin les us et coutumes suivis dans toutes les corporations de métiers depuis un temps immémorial. Ces usages, soumis ensuite à une enquête solennelle, furent convertis en ordonnances, qui réglèrent l'état des marchands et artisans, rangés en différents corps et communautés, sous le titre de *confréries* : de là ces réglements connus aujourd'hui sous le nom de *Livre des métiers*. Ils déterminaient les statuts de plus de cent cinquante professions industrielles. Ce grand nombre de métiers atteste l'état prospère du commerce de la capitale à cette époque. La statue d'Etienne Boileau est une de celles qui décorent la façade de l'hôtel de ville de Paris. Jamais pareil hommage public ne fut mieux mérité.

Les *Etablissements de saint Louis*, et les changements qu'il introduisit dans l'administration du pays, sont justement célèbres. Pendant que des événements divers étendaient au dehors l'influence de la France, Louis IX s'appliquait de plus en plus à établir au dedans le règne de la justice et de l'ordre, et à doter son royaume d'utiles et sages améliorations. Paris, sa capitale, ressentait la première les effets des salutaires lois du souverain. De rigoureuses ordonnances, rendues contre les blasphémateurs publics, contre les exactions des usuriers et des prêteurs sur gages, expurgèrent de son sein ce double scandale du blasphème et de l'usure, indigne d'une cité chrétienne.

Après avoir ainsi réglé l'industrie, le commerce et les lois, il restait à établir l'ordre dans la rue. La police des rues de Paris avait été confiée jusqu'alors à une garde de nuit ou *guet*, composée de vingt sergents à cheval et de quarante à pied, sous les ordres d'un officier dit *le chevalier du guet*. Mais leur surveillance étant devenue insuffisante, les habitants demandèrent au roi l'autorisation de faire eux-mêmes le guet pendant la nuit. Saint Louis le leur permit (l'an 1254), et cette garde communale reçut le nom de *guet des métiers ou bourgeois de Paris*. Le prévot de Paris en fut le chef naturel. Plus d'une fois on vit Etienne Boileau en prendre lui-même le commandement et parcourir à sa tête les rues de la capitale.

Louis IX, aussi grand saint que grand roi, donna l'exemple de toutes les vertus privées et domestiques. Le pieux monarque, dans son palais de la Cité, nourrissait un grand nombre de pauvres; les veilles des grandes fêtes, il les servait lui-même à table, se tenant quelquefois à genoux.

Sortant à pied dans les rues de la ville, caché sous un vêtement modeste, il prenait plaisir à répandre dans le sein des indigents d'abondantes aumônes. D'un autre côté, il aimait à converser familièrement avec les savants et les grands hommes de son siècle; il les admettait à sa table, où présidait toujours une exacte tempérance. Parmi ces familiers ou convives, on retrouve saint Thomas d'Aquin, saint Bonaventure, Vincent de Beauvais. Saint Louis affectionnait particulièrement les deux ordres de saint Dominique et de saint François. Regrettant de ne pouvoir lui-même échanger son manteau royal contre l'humble vêtement du Frère mineur ou du Frère prêcheur, il voulut du moins vivre sous l'influence de l'esprit de foi et de charité qui animait ces deux ordres vénérables.

Quittant Paris pour toujours (le 14 mars 1270) et s'embarquant à Aiguemortes, le royal croisé s'en vint mourir sur les rivages d'Afrique, non loin de ces plages que la valeur de nos armes a depuis rendues françaises. Quelques mois après, Philippe III, son fils et son successeur, rapportait à Paris les restes de l'illustre monarque. Déposés à Notre-Dame, ils furent le lendemain portés en grande pompe à Saint-Denis (22 mai 1271). Une foule innombrable de peuple, triste et recueillie, suivait le funèbre cortége, en tête duquel s'avançaient en longue procession tous les ordres religieux. Philippe et ses deux frères, Pierre d'Alençon et Robert de Clermont, venaient après eux, marchant à pied, en simples vêtements de deuil, et portant sur leurs épaules le corps de leur père. Les princes se reposèrent sept fois dans leur marche : un oratoire gothique, élevé à chacune de ces stations, servait jadis à jalonner la route où s'était accompli ce devoir filial. Ce pieux mémorial a depuis longtemps disparu du sol; mais la mémoire du saint roi, devenu l'un des patrons de Paris et de la France, subsiste encore dans tous les cœurs. Des pièces de monnaie qui nous restent de saint Louis sont percées; on les portait suspendues au cou comme des reliques, dans la pensée qu'elles guérissoient de tous maux. Le culte du saint roi est aujourd'hui en grand honneur dans la capitale : plusieurs églises y sont consacrées sous son invocation.

———

CHAPITRE VIII

Suite de l'histoire : — de Philippe le Hardi à Philippe de Valois
(1270 - 1326)

Durant les quinze années du règne de Philippe III le Hardi (1270-1285), peu d'événements importants se passèrent dans l'enceinte de la capitale. Une démarche honorable pour l'université de Paris, ayant pour but d'obtenir du chapitre des Dominicains les restes du grand docteur saint Thomas d'Aquin, mort en se rendant au concile de Lyon (1274); la chute et le supplice de Pierre de la Brosse, chambellan et favori du roi, injuste accusateur de la jeune reine Marie de Brabant (1278); une grande querelle survenue cette même année au Pré-aux-Clers entre les écoliers de l'université et les religieux de Saint-Germain-des-Prés; enfin l'institution de la confrérie des chirurgiens, sous le patronage de saint Côme et saint Damien : tels sont les principaux faits qu'offre l'histoire parisienne dans cette période. Il faut y ajouter la fondation du célèbre collége d'Harcour par Raoul d'Harcour, chanoine de la cathédrale de Paris, et le concile tenu en l'an 1281.

Le règne de Philippe le Bel, petit-fils du saint roi, est fécond au contraire en événements de haute importance.

Avec Philippe IV, commencent la monarchie des trois états, nommés depuis *Etats généraux*, et la monarchie du parlement. Un grand changement politique est apporté dans la constitution de la France. L'an 1302,

on voit pour la première fois les états généraux réunis avec des représentants du tiers état, dans le but de défendre l'indépendance de la couronne. C'était à l'occasion de la grande querelle engagée entre Philippe le Bel et le pape Boniface VIII, et dont les tristes détails occupent tant de place dans l'histoire de cette époque. Cette même année vit constituer un nouveau pouvoir depuis célèbre à divers titres. Le parlement de Paris, dont on fait remonter l'origine à saint Louis, était d'abord une cour souveraine *ambulatoire* qui suivait partout les rois pour rendre la justice en leur nom. Philippe le Bel le rendit sédentaire à Paris. On y adjoignit en 1420 la cour des pairs. D'autres parlements furent successivement érigés à l'instar du parlement de Paris dans les différentes provinces. Mais celui-ci, le plus important comme le plus ancien, a son histoire propre mêlée aux grands événements de nos annales. Ses attributions étaient d'abord toutes judiciaires; il s'arrogea peu à peu des droits politiques que n'exerçaient point les trois états dans les longs et irréguliers intervalles de leurs sessions. On le vit souvent refuser d'enregistrer des lois qui lui semblaient injustes, ou bien adresser au roi, avant de remplir cette formalité, de hardies remontrances qui devinrent l'occasion de vives luttes. Les peuples s'accoutumèrent à le regarder comme le défenseur de leurs droits. « Par l'usage d'enregistrer l'impôt, il acquit, selon l'expression de Pasquier, le droit de vérifier les volontés de nos princes. » — « La monarchie parlementaire, fait remarquer Chateaubriand, survécut à celle des états, joua un rôle indépendant au temps de la Fronde, disparut dans la monarchie absolue de Louis XIV, fut brisée sous Louis XV, rétablie sous Louis XVI, et servit au rappel des états-généraux en 1789. » (*Hist. de France.*)

Avant la révolution de la fin du dernier siècle, qui amoncela tant de ruines, on voyait dans la cathédrale de Paris, une statue équestre, érigée près la chapelle de la Vierge, en consécration d'une éclatante victoire. Philippe le Bel, guerroyant contre les Flamands, avait rencontré les ennemis à Mons-en-Puelle, et leur ayant livré bataille, il était demeuré vainqueur (18 avril 1304). Mais sa valeur avait failli le trahir. Surpris dans sa tente, et presque désarmé, il allait tomber entre les mains des Flamands, lorsqu'il implora l'appui de la sainte Vierge. Sa confiance ne fut pas trompée. De retour à

Paris, le monarque entra à Notre-Dame, monté sur le même cheval et couvert des mêmes armes avec lesquelles il avait soutenu le premier choc de l'ennemi. Se reconnaissant redevable de sa délivrance à la protection de la Vierge Marie, il fonda une rente de cent livres à l'église Notre-Dame, et voulut que sa statue équestre y fût élevée le casque en tête et l'épée à la main. Ce pieux monument figurait dignement dans la vieille basilique. Pourquoi a-t-il disparu avec tant d'autres souvenirs de notre glorieuse histoire?

Des souvenirs d'un autre genre se rattachent au règne de Philippe le Bel. Il offre un tableau des premières émeutes des Parisiens, soulevés contre ce prince, surnommé par eux, non sans quelque raison, *le faux monnoyeur*. Le monarque, pressé par des besoins d'argent et aiguillonné par son avarice, avait en effet donné l'exemple funeste d'altérer la monnaie, en changeant, par ordonnance, la valeur de celles qui avaient cours. C'était jeter partout la perturbation et paralyser le commerce.

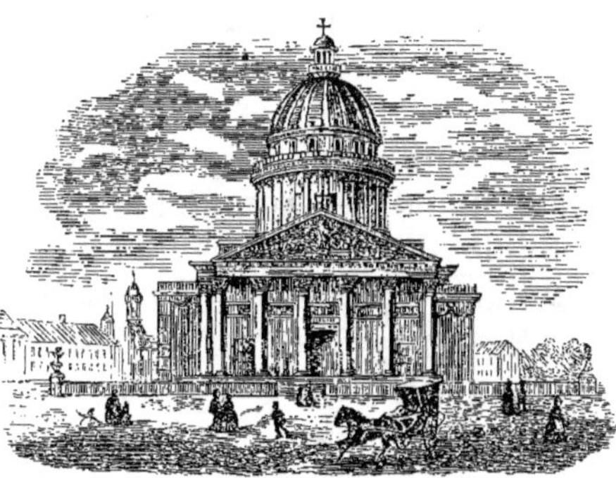

Panthéon.

Le menu peuple, principale victime de cette coupable innovation, murmurait et se plaignait depuis longtemps. Une terrible inondation, qui submergea la ville, désola les campagnes et fut bientôt suivie d'une grande disette, vint encore accroître les souffrances publiques. Poussées à bout par tous ces maux et par l'exigence des propriétaires des maisons qui exigeaient, en bonne monnaie seulement, le paiement des termes des loyers, les classes ouvrières s'insurgèrent (1306). Munie de piques, de bâtons ferrés et d'autres armes, une grande multitude courut, en poussant de grands cris, envahir la courtille Barbette, maison de plaisance appartenant à Etienne Barbette. C'était un bourgeois de Paris, argentier du roi et voyer de la ville. Ses conseils, disait-on, avaient produit les mesures désastreuses de l'altération des monnaies. Tout fut pillé, détruit, incendié. De là les insurgés se portèrent sur l'hôtel que possédait Barbette dans la rue Saint-Martin-des-Champs, et la livrèrent également au pillage. Le roi, pendant cette émeute, s'était réfugié dans la forteresse du Temple, avec quelques officiers de sa cour. Il y fut poursuivi par les rebelles, qui en firent le siége et l'y retinrent prisonnier durant plusieurs jours. L'intervention bienveillante du prévot de Paris et d'autres personnages considérés parvint à calmer l'irritation des esprits : la multitude, s'apaisant peu à peu à la voix d'hommes qu'elle respectait, se dispersa enfin, et chacun rentra paisiblement chez soi. Philippe le Bel, cependant, irrité de cet excès d'insolence, fit rechercher et arrêter les plus coupables parmi les émeutiers. Ils furent tous pendus, au nombre de vingt-huit, aux ormes qui ombrageaient les quatre principales entrées de Paris.

Ce même règne vit promulguer des lois somptuaires, dans le but d'arrêter les progrès du luxe, dont la naissance et le développement avaient été en France comme dans le reste de l'Europe l'une des suites des croisades. Ces lois sont curieuses, en ce qu'elles pénètrent dans les actions les plus intimes de la vie privée et prétendent en régler les plus minces détails. L'ordonnance somptuaire de 1294 fixe la quantité des mets qu'on devait servir sur les tables, le nombre de robes qu'on pouvait se donner tous les ans, le prix qu'il était permis de mettre aux étoffes, enfin l'état que chacun devait tenir selon sa naissance, sa faculté, son rang ou sa profession. « ... Nul bourgeois n'aura char. Nul ne donnera *au grand mangier* (souper), que deux mets et un potage au lard. sans fraude ; et au *petit mangier* (diner), un mets et un entremets. Et se il est jeusne, il pourra donner deux potages aux harens et deux mets, ou trois mets et un potage. Et ne mettra en une escuelle que une manière de char (chair), une pièce tant seulement, ou une manière de poisson.... » Au reste, cette ordonnance, en voulant rappeler la nation à l'ancienne simplicité de ses pères qu'elle commençait à oublier, eut l'effet de toute loi qu'il est impossible d'appliquer, et comme on devait s'y attendre, elle fut inutile pour le bien général.

A cette époque le quartier de la *ville* renfermait quatorze paroisses, la

Cité douze, et l'*Université* neuf, sans compter Saint-Marcel et Saint-Germain-des-Prés, dont la plus grande partie des possessions était hors des murs d'enceinte. Ainsi Paris tout entier se trouvait divisé en trente-cinq paroisses, et composé de trois grands quartiers; il renfermait alors, d'après une savante statistique, trois cents cinquante-deux rues, ruelles ou impasses, dix places, onze carrefours, vingt-cinq portes, trois ponts, cinquante couvents, hôpitaux et églises, non qualifiées de paroisses; soixante-quatre monuments, comme hôtels, colléges, etc., et vingt-six bains publics. (GÉRAUD : *Livre de la taille de Paris en 1292.*)

A cette époque les rues de Paris, aujourd'hui si resplendissantes de lumière, n'étaient pas encore généralement éclairées. Dès la chute du jour, la ville entière demeurait plongée dans les ténèbres. C'était l'heure où surgissaient à leur tour les malfaiteurs et assassins, cherchant à commettre leurs pilleries et crimes. Malheur trop souvent au Parisien attardé ou qui oubliait la prescription de ne pas sortir la nuit sans lanterne!...

Durant le jour, la mule, le cheval et la litière servaient aux Parisiens pour parcourir les grandes distances de la ville. Tandis que la mule était la monture ordinaire des magistrats, les dames employaient plus ordinairement la litière découverte ou la chaise à porteurs. Mainte fois cependant on en voyait à cheval. Il n'était pas rare d'en rencontrer cheminant en croupe derrière leur mari, voire même derrière leur valet. Jusqu'à la fin du XIIIe siècle, les Parisiens n'eurent pas d'autre véhicule. Vers cette époque cependant, l'usage des chars commençait à prendre faveur; la loi somptuaire de Philippe le Bel, en les interdisant aux bourgeois, retarda l'établissement d'une coutume qui devait plus tard seulement devenir générale au sein de la cité.

Le règne de Philippe le Bel vit fonder à Paris un bon nombre de monuments et d'établissements publics. C'était le temps où d'illustres princes de l'Eglise, venus de Rome dans son sein, y laissaient d'utiles et bienfaisants souvenirs de leur passage. Jean Cholet, cardinal et légat du Pape en France, ayant légué en mourant (1291) une somme de six mille liv. pour des fondations pieuses, on l'affecta à la création du collége des *Cholets*, dans la rue qui porta depuis le même nom. Le cardinal Lemoine, aussi légat du Saint-Siége (vers 1302), créa sous le nom de *Maison du cardinal*, dans le clos du Chardonnet, un collége appelé par la suite *Collége du cardinal Lemoine*. Vers la même époque, Bonnet, évêque d'Evreux, fondait le collége de Bayeux, rue de la Harpe (1308); Guy, chanoine de Laon, trésorier de la Sainte-Chapelle, et Raoul de Presle, secrétaire de Philippe le Bel, fondaient à leur tour le collége de Laon, destiné aux écoliers pauvres des diocèses de Laon et de Soissons (1313). Enfin, sur la montagne Sainte-Geneviève, la reine Jeanne de Navarre, femme de Philippe le Bel, faisait bâtir (1304), pour soixante-dix écoliers pauvres, le collége de Navarre ou de Champagne, devenu depuis si célèbre et le plus important de Paris.

Quelques autres institutions furent fondées pendant le règne de Philippe IV, le couvent des Cordeliers, rue de l'Oursine, la communauté des femmes veuves de la rue Sainte-Avoie, la chapelle des Miracles, devenue plus tard le couvent des Carmes-Billettes. Son origine se rattachait à un fait merveilleux dont la vérité paraît incontestable et que nous devons rappeler ici.

L'an 1290, vers l'approche de Pâques, une pauvre femme qui avait déposé quelques vêtements en gage chez un juif de la rue des Billettes, consentit, sur sa demande, et pour les retirer, à lui apporter une hostie consacrée. Celui-ci la mit « en plaine chaudière de yaue chaude, dit la chronique de Saint-Denis, le jour du vendredi aouré (saint); et quand la dicte oeste (hostie), fu en l'yaue bouillant, il la commença à poindre de son coustel, et lors devint l'yaue ainsi comme toute vermeille. » L'hostie n'en reçut aucun dommage. Or, le fils du juif, témoin du sacri-lége, ébruita le fait au dehors : une femme du peuple, entendant ces propos, courut à la maison, et y étant entrée sous un prétexte, elle vit la sainte hostie venir aussitôt d'elle-même se poser sur un petit vase qu'elle tenait à la main. Cette femme se hâta d'aller la porter au curé de Saint-Jean-en-Grève, sa paroisse. La nouvelle de cet étrange événe-ment s'étant bientôt répandue dans Paris, une foule immense envahit la maison du juif : on se saisit de sa personne, et convaincu de son

---

1 La rue du Cardinal Lemoine existe encore dans le même quartier. On y voit aussi un chantier de bois qu'on appelle *Chantier du cardinal Lemoine*. Le collége était situé rue Saint-Victor.

2 Sur son emplacement est aujourd'hui l'Ecole polytechnique.

crime, ce malheureux fut condamné à être brûlé vif. Sa femme et ses enfants se convertirent et reçurent le baptême. On démolit la maison théâtre du sacrilége, et, sur son emplacement, Reynier Flaming, bourgeois de Paris, fit construire (l'an 1294) une chapelle qu'on appela *Chapelle des miracles*. Quelques années après, on y joignit un monastère, dont les religieux prirent le titre d'*Hospitaliers de la Charité-Notre-Dame*.

Ce monastère eut un collége dans la suite, et ses religieux étaient membres du corps enseignant; mais leur ordre dégénéré ayant fini par s'éteindre, les Carmes réformés de l'Observance de Rome acquirent le couvent des Billettes et vinrent s'y établir (l'an 1631). L'église fut presque entièrement reconstruite vers le milieu du siècle suivant. La communauté des Carmes-Billettes, supprimée, avec les autres corporations religieuses, à la révolution, est remplacée aujourd'hui par des écoles protestantes, et leur église est convertie en temple luthérien. On y voit encore une partie de l'ancien cloître, gracieux monument d'architecture gothique; mais l'on chercherait vainement sur le même sol quelques débris de cette jolie chapelle des miracles, que la piété de nos pères entourait jadis de vénération et d'amour.

La fin du règne de Philippe le Bel fut marquée par l'un des événements les plus graves de notre histoire. Je veux parler de l'abolition de l'ordre religieux et militaire des Templiers.

On connaît l'origine et l'histoire de cet ordre célèbre. Vers l'an 1118, neuf croisés français, compagnons de Godefroy de Bouillon, s'étaient associés dans la généreuse pensée de protéger contre les musulmans les pieux voyageurs qui viendraient visiter le Saint-Sépulcre. Baudouin II, roi de Jérusalem, leur ayant donné pour première habitation, une maison voisine des ruines de l'ancien temple de Salomon, ils prirent de là le nom de *Templiers*. Leur nombre s'accrut rapidement. Aux vœux ordinaires de religion, ils ajoutèrent celui de défendre contre les attaques des infidèles les pèlerins allant en terre sainte. A la fois moines et soldats, voués saintement et courageusement à leur belle mission, ils se rendirent célèbres dans tout le monde chrétien par leurs exploits et leurs services. Les Templiers soutinrent dignement leur brillante renommée durant tout le cours des croisades; aussi humbles que braves, ils ne recherchaient point une vaine gloire. Sur leur étendard, appelé *le Baucéant*, on lisait ces mots du Psalmiste : *Non nobis, Domine, non nobis, sed nomini tuo da gloriam*. Saint Bernard, qui avait rédigé leurs statuts, parlait ainsi des Templiers : « Ils vivent sans avoir rien en propre, pas même leur volonté. Vêtus simplement et couverts de poussière, ils ont le visage brûlé des ardeurs du soleil, le regard fier et sévère. A l'approche du combat, ils s'arment de foi au-dedans, et de fer au-dehors : leurs armes sont leur unique parure; ils s'en servent avec courage dans les plus grands périls, sans craindre ni le nombre ni la force des barbares. Toute leur confiance est dans le Dieu des armées; et, en combattant pour sa cause, ils cherchent une victoire certaine ou une mort sainte et honorable. O l'heureux genre de vie, dans lequel on peut attendre la mort sans crainte, la désirer avec joie et la recevoir avec assurance! »

Mais quand, après les guerres saintes d'outre-mer, les Templiers, généreusement dotés par les princes et les souverains pontifes, revinrent jouir en Occident des biens amassés par leurs travaux, alors l'oisiveté, le faste, la mollesse, se glissant dans leurs rangs, les firent dégénérer de leur ancienne gloire. Leurs immenses richesses en Europe et en Asie[1] les rendirent orgueilleux et hautains. Accusés d'impiété, de trahison, de débauche et d'autres crimes, ils étaient généralement décriés dans l'opinion publique. Des traditions populaires, qui se sont perpétuées jusqu'à nos jours, nous les représentent comme des hommes aux mœurs perverties et dépravées. En Allemagne, vers la fin du xve siècle, on disait encore communément *maison de templier,* pour désigner une maison de désordre. On connaît partout ce dicton : *Boire comme un templier.* La suppression de l'ordre, désirée, provoquée depuis longtemps, fut consommée enfin dans l'une des sessions du Concile général, tenu à Vienne en Dauphiné (l'an 1312), sous le pontificat de Clément V.

Quels que soient les torts des Templiers, leurs ennemis les ont exagérés sans doute. La calomnie, les haines jalouses ont joué un rôle odieux dans le drame sanglant qui signala le règne du petit-fils de saint Louis. La suppression de l'ordre n'en fut pas moins un acte de justice,

---

[1] Ils ont possédé, dit-on, jusqu'à plus de dix mille manoirs en Europe.

et il serait temps enfin que l'opinion fût plus unanime sur ce point.
M. Amédée Gabourd, qu'une mort prématurée vient de ravir aux lettres,
résume cette triste affaire par quelques réflexions d'une haute sagesse.
« L'école moderne, dit-il, se traînant à la suite de l'école prétendue philosophique, a cherché à présenter la condamnation des Templiers comme
une grande iniquité politique. L'occasion lui a paru belle d'attaquer d'un

La Madeleine.

même coup un roi et un pape. On ne voit pas quel intérêt aurait eu
Clément V d'abolir un ordre qui pouvait, s'il était pur, servir de boulevard au monde catholique; quant au roi, on allègue qu'il était jaloux
de la puissance des Templiers et qu'il convoitait leurs richesses. Cependant leur puissance n'avait jamais menacé la royauté; elle l'avait au
contraire plus d'une fois soutenue, et certes la couronne qui domptait la
féodalité tout entière ne pouvait se croire faible en face d'une milice

disséminée sur la surface du royaume. Quant à leurs biens, tous ceux qui ne servirent pas à payer les frais énormes de la procédure, furent donnés à l'ordre de Saint-Jean-de-Jérusalem. Les crimes dont on accusait les Templiers étaient, dit-on, fort invraisemblables. Sans doute l'ignorance populaire avait interprété d'une manière souvent fausse ou absurde les rumeurs qui circulaient sur les Templiers, et il est permis de douter de quelques-uns de ces bruits; mais la masse des faits généraux subsiste, et dans ceux-là, s'il en est d'étranges, on ne peut les nier par ce seul motif, si l'on veut bien songer aux actions délirantes auxquelles peuvent conduire la débauche et l'idolâtrie, si l'on se rappelle que les sectes mahométanes de l'Orient avaient pratiqué des affiliations parmi les chevaliers du Temple. Il faudrait donc envelopper dans le reproche commun d'assassinat juridique, c'est-à-dire du plus lâche des crimes, non-seulement le roi de France, mais encore ceux d'Aragon et de Castille, ceux d'Angleterre et d'Ecosse, l'empereur d'Allemagne et d'autres puissants souverains, et avec eux une foule immense de prélats, d'ecclésiastiques, de nobles, qui n'avaient rien à gagner à cette injustice; et enfin il faudrait incriminer un pape assisté d'un concile. Certes, quand les pièces longtemps conservées au Trésor des chartes, et qui ne sont point anéanties, ne constateraient pas les crimes des Templiers et la justice de l'arrêt qui les a frappés, les seules considérations qui précèdent ne laisseraient aucun doute à cet égard et ne permettraient pas d'appeler cette grave affaire une grande énigme historique.

» Loin de nous cependant la pensée de justifier Philippe le Bel des cruautés qui furent commises par son ordre ou par ses agents dans cette mémorable circonstance. Le rôle de ce roi avare et dur présenta un contraste digne de remarque avec la conduite que tint le Pape. Pendant que Clément V se montrait scrupuleux à examiner, souvent accessible au pardon, et attentif à entourer les accusés des formes protectrices de la procédure ecclésiastique, le roi multipliait les rigueurs et les tortures. Il ne paraît que trop prouvé qu'avant tout il recherchait des coupables, et que bien souvent, pour hâter les supplices, il viola les règles et les entraves salutaires des lois. Quel que fût donc le crime, bien prouvé d'ailleurs, de l'ordre, et la nécessité de son abolition, souvent il se fit que là pitié publique s'émut en faveur des Templiers : tant il est dangereux de faire présider la passion et la violence à la justice humaine, tant il faut craindre d'exposer la postérité à prendre des criminels pour des victimes ! »

Par suite d'ordres secrets du roi, le 13 octobre 1307, les Templiers furent saisis à la même heure dans toute l'étendue du royaume et jetés en prison. On fit l'inventaire de leurs biens, qui furent mis sous le sequestre. Ce même jour (13 octobre), Jacques Molay, le grand-maître de l'ordre, qui se trouvait à Paris, fut arrêté avec cent quarante chevaliers. Le Temple, manoir central de tout l'ordre, était presque le rival du Louvre par sa splendeur, son étendue et son opulence. Ses vastes domaines embrassaient tout le grand quartier dit aujourd'hui encore *quartier du Temple*, et qui formait alors presque un tiers de la capitale. Au Temple se trouvait le trésor de l'ordre ; là se tenaient les chapitres généraux. Jouissant du droit d'asile avec toutes les autres maisons des Templiers, ce manoir, comme on l'a vu, avait ouvert ses portes l'année précédente à Philippe le Bel, poursuivi par un peuple soulevé. Et maintenant, le même prince vient prendre possession de cette forteresse et y installer son trésor avec ses chartres. Le lendemain, on proclame par ses ordres, dans toutes les églises de Paris, les crimes attribués aux Templiers, et quelques jours après on procède à l'interrogatoire des cent quarante chevaliers détenus à Paris.

Interrogés en même temps sur divers points du royaume, partout les Templiers firent de terribles aveux. Clément V, alors à Poitiers, informé de tout ce qui se passait, écrivit au roi pour arrêter cette immense procédure et se plaindre des mesures violentes employées contre l'ordre, en usurpation des droits du Saint-Siége. Mais bientôt, ayant interrogé lui-même soixante-douze Templiers, il fut contraint, d'après leurs propres aveux, de reconnaître aussi leur culpabilité. Il ordonna alors à chaque évêque de suivre l'affaire dans son diocèse, et attribua les jugements aux conciles provinciaux que devaient tenir à cet effet les métropolitains. Se réservant ensuite personnellement la connaissance du procès du grand-maître ainsi que des commandeurs ou grands prieurs de l'ordre, il convoqua un concile général pour statuer souverainement sur l'ensemble de cette grave affaire.

Philippe IV, malgré cette décision du Pape, n'en continua pas moins la procédure, laissant ses inquisiteurs employer presque partout la torture, suivant l'affreuse jurisprudence de l'époque. Durant ce temps il n'épargnait rien lui-même pour presser la solution de ce grand procès, auquel prirent part durant plusieurs années tous les Etats chrétiens de l'Europe. Enfin, le 1er octobre 1311, un Concile général s'assembla, par les soins du Pape, à Vienne en Dauphiné, ville appartenant alors à l'Empire. On y vit réunis plus de trois cents évêques ou archevêques, outre les deux patriarches d'Antioche et d'Alexandrie. Dans la seconde session (le 3 avril), en présence du roi, de son frère Charles de Valois et de ses trois fils, l'ordre du Temple fut solennellement déclaré aboli et supprimé. On donna la plus grande part de ses immenses biens aux hospitaliers de Saint-Jean-de-Jérusalem. Quant aux Templiers eux-mêmes, sauf quelques-uns, ils furent tous renvoyés au jugement des conciles de leurs provinces. Ceux qu'on avait reconnus innocents, ou qui méritèrent leur grâce par leur repentir, furent nourris et entretenus honorablement, sur les revenus mêmes de l'ordre ; les impénitents ou les relaps furent seuls traités avec rigueur. A Paris on en brûla cinquante-neuf dans une plaine, aux environs de l'abbaye de Saint-Antoine-des-Champs (1310), comme coupables d'hérésie et de crimes infâmes. Ils souffrirent tous leur supplice avec une constance héroïque. Un plus grand nombre cependant s'était échappé par la fuite ou en se cachant. En fin de compte, la grande masse des Templiers, composée alors d'environ quinze mille chevaliers, outre une multitude de frères servants, fut rendue à la liberté. Beaucoup d'entre eux entrèrent dans l'ordre de Saint-Jean. Quelques-uns formèrent en Portugal le nouvel ordre du Christ, qui s'est perpétué jusqu'à nos jours.

Il restait à prononcer un jugement sur les quatre principaux dignitaires, qui avaient tous confessé publiquement les crimes dont on les chargeait : c'étaient Jacques de Molay, grand-maître de l'ordre, le visiteur de France, et les commandeurs de Guyenne et de Normandie. Les prélats commissaires-juges nommés par le Pape pour statuer sur leur sort, les ayant fait comparaître solennellement devant eux (18 mars 1314), sur une grande estrade dressée au parvis de Notre-Dame de Paris, les condamnèrent à une prison perpétuelle. Mais à peine la sentence était-elle prononcée, que le grand-maître et le commandeur de Normandie (Guy, frère du dauphin d'Auvergne), élevant la voix, rétractèrent hautement, à l'instar de beaucoup d'autres templiers suppliciés, les aveux qu'ils avaient faits lors de l'enquête, et soutinrent devant tout le peuple, que la violence de la torture les avait seule vaincus et contraints de s'avouer coupables. Cet incident imprévu frappa tout le monde d'étonnement. Les commissaires eux-mêmes, saisis d'une sorte d'effroi et indécis sur le parti à prendre, s'ajournèrent au lendemain et firent ramener les Templiers en prison sous la garde du prévôt de Paris.

Philippe IV, apprenant, dans son palais de la Cité, ce qui venait de se passer, se hâta de réunir ses conseillers les plus intimes. L'inquiétude et la colère tout à la fois dirigeant leurs avis, on adopta le plus cruel. Par les ordres du roi on conduisit, vers le soir du même jour, les deux templiers dans une petite île de la Seine, située entre le jardin du palais et l'église du couvent des Grands-Augustins (aujourd'hui place Dauphine et terre-plein de la statue de Henri IV). Là, sous leurs yeux, on dressa un bûcher pour leur supplice : ils le virent s'élever d'un cœur ferme et résolu. Ils y montèrent avec courage, et au milieu des flammes, pendant que leurs amis les suppliaient de répéter leurs aveux faits en prison et de sauver ainsi leur vie, ils persistèrent hautement de nouveau dans leurs dénégations. Quant aux deux autres grands dignitaires de l'ordre, le visiteur de France et le commandeur de Guyenne, qui avaient tout avoué sans se rétracter plus tard, on les retint encore quelque temps en prison, puis on les renvoya, selon la promesse qu'on leur en avait faite.

> Tout à coup le feu brille... A l'aspect du trépas
> Ces braves chevaliers ne se dementent pas.
> On ne les voyait plus ; mais leurs voix héroïques
> Chantaient de l'Eternel les sublimes cantiques ;
> Plus la flamme montait, plus ce concert pieux
> S'élevait avec elle et montait vers les cieux.
>
> RAYNOUARD : *les Templiers.*

Une tradition rapporte que Jacques Molay, au milieu des flammes, ajourna le Pape et le roi à comparaître, l'un dans quarante jours, l'autre dans l'année, au tribunal de Dieu. La mort de Clément V et de

Philippe IV, qui suivit de près celle du grand-maître, a sans doute donné lieu à ce prétendu ajournement dont ne parle aucun auteur contemporain.

Tel fut le dernier épisode de ce grand drame de l'abolition des Templiers, qui a donné lieu à tant de commentaires historiques. « Ils avouèrent dans les tortures, mais ils nièrent dans les supplices, » dit Bossuet en constatant un fait général, sans tenir compte des exceptions et des circonstances. Cette parole est comme la substance de tout ce qui a été dit et écrit sur ce mémorable procès. Quoi qu'il en soit, il serait injuste de faire retomber sur l'Eglise et sur l'un de ses pontifes l'odieux des incidents qu'il a pu offrir. C'est à la jurisprudence cruelle de l'époque, c'est aux agents d'un monarque dont le rôle trop souvent, comme nous le remarquions tout à l'heure, présenta un triste contraste avec la conduite tenue par le Pape, que revient plus justement le reproche de rigueur. L'Eglise sut, ici même, tempérer cette rigueur; en sorte que son intervention, loin d'être funeste aux victimes, fut un bienfait dont plusieurs recueillirent les fruits.

Ce même règne de Philippe le Bel avait vu luire, vers la fin du siècle précédent, un grand jour de fête pour la capitale. Une bulle du pape Boniface VIII venait de prononcer la canonisation de saint Louis (1297). Le 25 août de l'année suivante, en présence de presque tous les archevêques, évêques, abbés, prieurs et barons du royaume, réunis à Saint-Denis, le corps du saint roi, levé solennellement par les archevêques de Reims et de Lyon, et placé dans une magnifique châsse d'argent, fut porté en procession à Paris et déposé dans la sainte Chapelle du palais. Un cordelier, Jean de Samois, depuis évêque de Lisieux, prononça le panégyrique du saint. La procession retourna ensuite à Saint-Denis, avec le précieux dépôt, porté tour à tour par le roi et par les princes du sang. Quelques années après (le mardi d'après l'Ascension 1306), Paris vit une autre grande fête religieuse : on transféra solennellement dans la sainte Chapelle le chef du pieux monarque. C'est là, qu'avant la révolution, on montrait cette sainte relique, conservée avec soin dans un buste d'or enrichi de pierres précieuses et soutenu par quatre anges en vermeil.

La courte période de quatorze ans, qui comprend les règnes successifs des trois fils de Philippe le Bel, Louis X le Hutin, Philippe IV le Long, Charles IV le Bel (1314-1318), présente peu d'événements mémorables.

Il faut en excepter le supplice du surintendant des finances Enguerrand de Marigny, si puissant vers la fin du dernier règne, et que Louis X
sacrifia à la haine jalouse des grands et du peuple. Enguerrand de Marigny,
accusé injustement de complicité dans les exactions et déprédations de
Philippe le Bel, fut victime d'une intrigue de cour, fomentée surtout par
la haine de Charles de Valois, oncle du roi. Livré à la justice, il fut acquitté du crime de dilapidation, mais condamné comme sorcier et magicien.
Cet arrêt inique reçut son exécution : l'infortuné seigneur, mené dans une

La Fontaine des Innocents.

charrette à Montfaucon, y fut pendu au gibet le plus élevé, parmi des
cadavres de voleurs et d'assassins. La punition de Dieu s'étendit sur les
auteurs de sa mort : Charles de Valois, atteint d'une affreuse maladie,
reconnut la main qui vengeait sa victime; pour réparer son injustice, il
fit élever un monument à Marigny et répandre dans Paris d'abondantes
aumônes. Les distributeurs avaient ordre de sa part de dire à chaque
pauvre : « Priez Dieu pour monseigneur Enguerrand de Marigny et pour
monseigneur Charles de Valois. » Le prince survécut peu de temps à l'infortuné ministre, dont la mémoire fut plus tard réhabilitée.

Le règne de Louis le Hutin vit publier ces lettres fameuses où il est dit que, « selon le droit de nature chacun doit naître franc, et que dans le royaume des Francs, la chose doit en vérité s'accorder au nom » (3 juillet 1315). Durant ce même règne fut fondé à Paris le collége de Montaigu, par testament de Gilles Aycelin, archevêque de Reims et garde des sceaux de France (1314). La règle de ce collége, situé rue des Sept-Voies, était austère. Les écoliers, vêtus d'une cape grossière de drap brun, étaient appelés *les pauvres Capettes de Montaigu*. Ses bâtiments, changés à la fin du dernier siècle, d'abord en hôpital, ensuite en caserne, en école lancastérienne, ont été démolis dans ces derniers temps. Sur une partie de l'emplacement qu'ils occupaient, s'élève aujourd'hui la nouvelle bibliothèque Sainte-Geneviève.

Les deux règnes suivants, durant l'espace de douze années (1316 à 1328), virent fonder à Paris plusieurs établissements du même genre, aujourd'hui disparus. Un sentiment de charité ou de généreux patriotisme créait ces nouveaux foyers d'études : d'illustres pontifes ou abbés étaient le plus souvent leurs fondateurs. Bernard de Farges, archevêque de Narbonne, transformait une maison qu'il possédait, rue de la Harpe, en un collége dit *de Narbonne*, pour l'entretien et l'instruction d'écoliers originaires de son diocèse (1317). Nicolas le Candelier, abbé de Saint-Waast d'Arras, instituait un peu plus tard le collége d'Arras, en faveur de pauvres écoliers du diocèse de ce nom (1327), pendant que Guillaume de Coutmohan, grand chantre de l'église de Tréguier et docteur en droit de la faculté de Paris, fondait à son tour, place Cambrai, le collége de Tréguier et de Léon, pour huit écoliers pauvres du diocèse de Tréguier (vers 1325). Le collége du Plessis, occupé aujourd'hui par l'Ecole normale, est de la même époque, et reconnaissait pour fondateur Geoffroy du Plessis, notaire du pape Jean XXII et secrétaire de Philippe le Long (vers 1317). Le collége de Cornouaille, son contemporain, doit sa fondation à Galeran Nicolaï, dit de *Grève*, qui laissa par testament le tiers de ses biens aux pauvres écoliers du diocèse de Cornouaille ou de Quimper-Corentin, étudiant à Paris. Ces sortes d'écoles, ouvertes ainsi par des hommes généreux à leurs jeunes compatriotes, couvraient autrefois le quartier de l'Université. Ces créations touchantes de la charité chrétienne n'ont point été peut-être assez remarquées.

Une autre fondation de cette époque est celle de l'église et du grand
hôpital de Saint-Jacques. Si dans ces temps du moyen âge, nos regards
tombent sur le triste spectacle de troubles civils, de vices et de crimes,
la religion n'en poursuit pas moins son œuvre et fait bénir son nom par
des institutions charitables dont notre siècle pourrait se montrer jaloux.

Vers l'an 1319, quelques bourgeois de Paris, à leur retour d'un pèlerinage à Saint-Jacques de Compostelle, se réunirent dans une pensée de
charité, et ayant acquis un terrain vague près de la porte aux Peintres,
rue Saint-Denis, ils y bâtirent une chapelle et un grand hôpital pour
loger les pauvres pélerins passant par Paris. Jeanne, reine de France,
posa la première pierre de la chapelle, qui fut consacrée en 1327 : elle
possédait, entre autres reliques, un doigt de l'apôtre saint Jacques. Des
chapelains la desservaient, d'abord au nombre de quatre, puis de dix-
neuf, ayant chacun une petite maison dans l'enclos de l'hôpital, qui logeait
chaque nuit soixante à quatre-vingts pauvres pélerins. Chacun d'eux rece-
vait le lendemain, avant de partir, le quart d'un pain avec le tiers d'une
chopine de vin. Pendant plusieurs siècles on a vu chaque année les
membres de la confrérie célébrer la fête de saint Jacques le Majeur par
une grande et belle procession à laquelle assistaient tous ceux qui avaient
fait le pèlerinage de saint Jacques de Galice : les confrères y portaient
tous, comme à l'époque de son institution, un cierge blanc allumé, avec
le bourdon et la calebasse du pèlerin. La confrérie de Saint-Jacques de
l'Hôpital, supprimée à la révolution, n'existe plus qu'en souvenir. L'église,
qui lui avait survécu, a été démolie en 1820, et de nouvelles maisons
s'élèvent sur son emplacement. Honorons ce souvenir : il rappelle que
Paris a toujours été sous quelque forme le grand théâtre de la charité
chrétienne.

CHAPITRE IX

Paris sous les premiers monarques de la branche des Valois
— Philippe VI et Jean le Bon — 1328 à 1364

Nous voici arrivés à l'une des plus tristes époques de notre histoire.
Nous abordons les règnes de ces premiers Valois, qui virent les sanglants
désastres de Crécy, de Poitiers, d'Azincourt; l'Anglais menaçant d'envahir
tout le royaume déchiré par les guerres civiles; un roi captif, un roi
insensé, et la France, enfin, près de périr, si le Ciel, la prenant en pitié,
ne l'eût délivrée par la main d'une jeune héroïne.... Concentrés dans la
capitale, laissons les événements poursuivre leur cours. Trop souvent
cependant ce cours lui-même va nous reporter dans les murs de la grande
cité, pour nous faire assister à des séditions, des révoltes populaires, des
crimes de genres divers : trop souvent Paris va figurer au premier rang
dans les lamentables tableaux qu'offre cette période de nos annales.

Après la mort de Charles IV, Philippe, son cousin germain du côté
paternel, fut appelé au trône, en vertu de la loi salique appliquée alors
pour la troisième fois. Ce prince devint ainsi le chef de la branche des
Valois (1328), à l'exclusion d'Edouard III, roi d'Angleterre, neveu de
Charles le Bel par sa mère. Sous le règne de Philippe VI, l'Université
de Paris accrut considérablement son autorité; et par la fondation d'un
grand nombre de colléges, Paris devint de plus en plus la source du
savoir, où l'on venait puiser de toutes les parties du monde, le foyer

central d'où rayonnaient sur tous les points du globe l'activité et la
puissance de l'esprit humain. Un spectacle digne de remarque est cette
multitude d'établissements d'instruction créés dans la capitale de la France
durant la première moitié du XIV⁰ siècle. Les divers ordres religieux, les
hommes considérables, clercs ou laïques, les étrangers eux-mêmes s'em-
pressaient de fonder des colléges à Paris. Ces établissements étaient
exclusivement affectés à l'instruction soit de certains ordres de moines,
soit des élèves d'un diocèse ou d'une province. C'est ainsi que les religieux de Cîteaux, de Cluny, de Prémontré, etc., etc., avaient chacun à
Paris un collége où venait se former dans les sciences l'élite des sujets
de leur ordre. Toutefois, ces sortes d'établissements avaient plus souvent
pour fondateurs des hommes éminents qui les destinaient à l'instruction
et à l'entretien d'un certain nombre d'écoliers de leur propre pays. Des
évêques surtout les fondaient pour les écoliers de leurs diocèses ou de
leur contrée natale. Ainsi furent crées, sous Philippe VI, les colléges de
Lisieux ; de Chanac de Saint-Michel (par Guillaume de Chanac, évêque
de Paris), d'Autun ou du Cardinal Bertrand, de Tours, de Cambrai ou
des Trois-Evêques, et enfin le collége et séminaire des Ecossais... D'autres
encore, les colléges de Hubaut ou de l'*Ave Maria*, de Mignon, de Maître
Clément, des Lombards, d'Aubusson, etc., datent aussi de cette époque.
Outre ces colléges, Paris vit s'élever, sous Philippe VI, l'église de Saint-
Julien-des-Ménestriers, l'église et confrérie du Saint-Sépulcre, et la chapelle Saint-Yves, rue Saint-Jacques, au coin de la rue des Noyers. Ces
trois monuments, démolis à la fin du dernier siècle, rappellent de pieux
et touchants souvenirs. La chapelle Saint-Yves surtout, dont on voyait
encore quelques vestiges il y a quelques années, remémorait les bienfaits
de l'homme vénérable qui sut allier admirablement en lui toutes les qualités d'official, de curé, d'avocat, de guide et de tuteur des pauvres, et
dont le nom, béni, glorifié par l'Eglise, est passé à la postérité avec ce
titre d'honneur, *l'avocat des pauvres*. Dans cette chapelle, construite
aux frais des Bretons, vers le milieu du XIV⁰ siècle, on avait érigé en
même temps une confrérie d'avocats et de procureurs, spécialement chargés de prêter aux pauvres le charitable appui de leur parole et de leurs
conseils. D'après le savant historien Béguillet, on voyait encore, appendus

aux murs de ce monument en 1779, un grand nombre de sacs contenant des pièces de procédure et déposés par des plaideurs qui avaient gagné leurs procès... L'église et la confrérie ont disparu... Je me trompe. Dans la capitale, comme en d'autres cités, la charité chrétienne a fait revivre de nos jours l'œuvre touchante *de l'avocat des pauvres*[1]. Le souvenir des saints ne disparaît point entièrement avec les monuments élevés en leur honneur ; il se perpétue dans de nobles âmes qui renouent d'âge en âge la chaîne de leurs bienfaits.

Vers cette même époque (1348), Paris vit paraître dans son sein le terrible fléau dit *la grande peste noire*, qui, parti de l'Asie supérieure, vint, à travers l'Egypte, la Grèce, les îles de la Méditerranée, s'abattre en Europe, où, dans l'espace d'environ quatre ans, il enleva, selon certains calculs, le tiers des habitants. Il sévit à Paris avec une intensité effrayante. Au rapport des historiens du temps, on emportait chaque jour cinq cents morts de l'Hôtel-Dieu au cimetière des Innocents. « C'était, dit le continuateur de la Chronique de Nangis, une effroyable mortalité d'hommes et de femmes, plus encore de jeunes gens que de vieillards, au point qu'on pouvait à peine les ensevelir. Ils étaient rarement plus de deux ou trois jours malades et mouraient comme de mort subite. Tel aujourd'hui se trouvait en bonne santé, qui demain était porté dans la fosse. L'on voyait tout à coup un gonflement se former à l'aîne ou sous les aisselles : c'était le signe infaillible de la mort. La maladie se communiquait par l'imagination et par la contagion... » En général, ceux que la contagion enlevait s'étaient déjà disposés à mourir. Quelque subite que fût l'attaque, ils avaient mis ordre aux affaires de leur conscience, ils mouraient après avoir participé aux sacrements de l'Eglise et à l'indulgence accordée par le Pape. — Les religieux des divers ordres mendiants établis dans la capitale se montrèrent surtout fidèles, durant ces tristes jours, aux devoirs de la charité. Les Sœurs de l'Hôtel-Dieu de Paris rivalisèrent avec eux de courage et de dévouement. « Sans crainte de la mort, dit le même auteur, et sans songer à la gloire du monde, elles suivaient en toute douceur et humilité les inspirations de la charité, s'approchaient des malades, les

---

[1] Cette œuvre est établie, par exemple, dans la Conférence de Saint-Vincent de Paul de la paroisse de Saint-Sulpice.

touchaient et les maniaient pour les secourir. Un grand nombre d'entre elles succomba. »

Philippe VI survécut peu lui-même à ce désastre de sa capitale. Il mourut l'an 1350, laissant la France enrichie du Dauphiné cédé l'année précédente par Humbert II, dauphin du Viennois, mais humiliée par l'Angleterre, décimée par la peste, et ruinée à la fois par le fisc, l'usure et la guerre. Ce prince, auteur d'édits très-sévères contre les blasphémateurs et de plus de soixante ordonnances sur les monnaies, avait considérablement augmenté l'impôt du sel (la gabelle), déjà établi sous Philippe le Long; ce qui lui valut d'être appelé par Edouard III, *l'auteur de la loi salique.*

Statue d'Henri IV sur le Pont-Neuf.

Sous ce règne, où la lutte entre la France et l'Angleterre devint une rivalité nationale, une séparation sans retour entre les deux peuples, Paris avait vu Edouard s'approcher jusqu'à ses portes et ne s'éloigner de la Seine que pour aller à Crécy préparer par sa victoire de grands maux à notre pays en permettant à l'Anglais de s'établir définitivement sur nos rivages... L'heure des grandes révoltes de Paris et de sa soumission à la domination anglaise n'avait point sonné encore. En attendant, des murmures, des plaintes se faisaient entendre de toutes parts dans la capitale, où régnait un vif mécontentement, signe précurseur des orages. Paris venait d'être le triste témoin de la fin tragique de nobles seigneurs bretons, traîtres à leur serment, arrêtés dans un brillant tournoi qu'avait donné Philippe VI dans les jardins du palais

à l'occasion du mariage de son second fils, Philippe duc d'Orléans, avec
Blanche, fille posthume de Charles le Bel (1343). Les symptômes de mécontentement devenaient de plus en plus inquiétants. La mesure des
désastres ne devait pas tarder à monter à son comble, dès le règne du
roi Jean, l'un des plus calamiteux de notre histoire.

La bataille de Crécy n'avait donné aux Anglais que la ville de Calais;
celle de Poitiers (1356), bien plus funeste encore, paraissait devoir leur
livrer toutes les provinces françaises. Durant la captivité du roi Jean à
Londres, le dauphin Charles, duc de Normandie, à peine âgé de dix-
neuf ans, prit les rênes du gouvernement comme lieutenant général du
royaume. Son premier acte fut de convoquer à Paris les états de la langue
d'Oyl, pendant que ceux de la langue d'Oc allaient se réunir à Toulouse.

Parmi les huit cents députés, la moitié au moins du tiers état, dont
se composait la première de ces assemblées, se trouvaient Robert-le-Coq,
évêque de Laon, et Etienne Marcel, prévôt des marchands de la ville de
Paris; deux hommes ambitieux et à l'esprit révolutionnaire[1]. Sous l'empire de leur influence, les états de la langue d'Oyl réclamèrent tout d'a-
bord la mise en liberté d'un jeune et illustre prisonnier, Charles le Mauvais,
roi de Navarre, prince qu'ont rendu célèbre tant de vices et de crimes,
et qui fut un des fléaux de la France. Ils demandèrent ensuite au dauphin
le renvoi et la mise en jugement de ses plus fidèles serviteurs. Effrayé
de ces dispositions hostiles, le dauphin congédia les états; durant leur absence, il fut réduit, pour se procurer les fonds nécessaires, à la triste ressource d'altérer les monnaies. Cet expédient exaspéra les esprits. Excité
par Etienne Marcel, le peuple de Paris se souleva : les boutiques furent
fermées, les travaux suspendus, des chaînes de fer tendues en travers des
rues, en guise de barricades. Les bourgeois prirent les armes, et la
grande cité enfin donna l'un de ces effrayants spectacles dont nos yeux

---

[1] On a cherché, dans nos temps modernes, à réhabiliter la mémoire d'Etienne Marcel; mais si
l'on peut trouver en lui une capacité révolutionnaire, comme on dirait aujourd'hui, il sera toujours,
par ses actes coupables, un mauvais citoyen. On doit lui savoir gré cependant des grands travaux
de sûreté et de défense qui s'exécutèrent à Paris sous ses ordres après la bataille de Poitiers. Il fit
tracer alors une nouvelle enceinte, qui, continuée sous Charles V, fut terminée sous Charles VI
seulement.

ont été depuis lors si souvent les témoins. Le dauphin, qui venait de se rendre à Metz pour conférer avec l'empereur Charles IV, son oncle, se hâta de convoquer de nouveau les états, afin d'apaiser la tempête : mais contraint d'accéder à toutes les demandes ou, pour mieux dire, aux ordres d'une assemblée rebelle, il renvoya ses plus fidèles ministres et fit des concessions importantes qui diminuaient étrangement son autorité.

Pour comble de malheur, Charles le Mauvais, délivré par ses partisans de sa prison du château d'Arleux dans le Cambrésis, s'était hâté d'accourir à Paris, et de convoquer aussitôt les habitants de la ville dans le Pré-aux-Clercs, près de l'abbaye Saint-Germain-des-Prés (1357). « Alors, suivant le langage d'un sage historien, commençait à intervenir, dans les grandes luttes sociales, ce formidable levier qu'on appelle le peuple : il apparaissait avec ses besoins légitimes, comme aussi avec ses instincts de sang ; longtemps esclave soumis et timide, il surgissait plein de colère, avide de vengeance, animé de sentiments haineux et jaloux, disposé à la brutalité et au meurtre. Alors aussi, comme depuis, comme toujours peut-être, sa force était au service de quelques ambitieux habiles et sans foi, dont il épousait aveuglément les querelles. » (A. Gabourd.)

Monté sur un échafaudage, le roi de Navarre, vif et beau parleur, harangua la multitude avec une adresse perfide, et en dissimulant ses plans, parvint à l'ameuter contre l'autorité légitime. De son côté, le dauphin, pâle et chétif, se portant au quartier populeux des halles, y faisait entendre des paroles sages et sensées, mais froides et impuissantes. Le nom du jeune prince, son rival, devenait de plus en plus cher au peuple et aux bourgeois, soulevés ensemble contre le régent, soutenu lui-même dans sa résistance par quelques conseillers dévoués et le parti des nobles. Une collision ne pouvait manquer d'éclater.

Ce même peuple cependant avait accueilli avec allégresse le dauphin, lorsqu'il rentrait dans sa capitale, après avoir parcouru les bonnes villes de son royaume, presque sans suite et sans équipage, pour y solliciter de prompts secours. La vue de ce jeune prince, qui venait d'errer de ville en ville, suppliant les Français de songer à leur roi captif et à leur patrie en détresse, avait touché, réjoui les Parisiens. En témoignage des craintes et de la douleur que leur causait la captivité du roi, ils avaient, à cette occasion, offert dans l'église de Notre-Dame, une bougie de la longueur du tour de la ville, pour brûler nuit et jour devant l'image de la sainte Vierge [1]... Et maintenant l'autorité du jeune prince était méconnue; contraint de composer avec un vassal en pleine révolte, il acceptait une entrevue dans l'hôtel de la reine Jeanne, veuve du roi Charles le Bel. Bientôt après, le Navarrais, ayant été écouté en plein conseil, obtenait tout ce qu'il demandait. Ce que le roi de Navarre et les siens avaient fait contre le roi et le royaume, devait être regardé comme non avenu; les biens saisis devaient être restitués, et tous les prisonniers protégés du prince rebelle, remis en liberté. Après ces concessions, les deux princes se virent et mangèrent plusieurs fois ensemble. Ce fut dans un de ces repas, dit-on, que le roi de Navarre glissa dans la coupe du dauphin un poison violent, dont les effets les plus terribles furent alors prévenus; mais la santé du jeune régent en demeura fort affaiblie le reste de ses jours.

A quelque temps de là, Paris était en proie à de nouveaux troubles fermentés dans son sein par Etienne Marcel et ses complices, faisant alors cause commune avec le Navarrais. Les séditieux avaient imaginé d'adopter, en signe de ralliement, un chaperon, un capuce mi-partie de rouge et de pers (vert-bleu), avec des fermails ou agrafes, portant cette inscription : *à bonne fin.*

La capitale fut bientôt remplie de ces chaperons rouge et bleu. L'université donna dans cette circonstance, un louable exemple de fidélité, en défendant à tous ses membres d'arborer ce signe de révolte ; mais le vent d'insubordination soufflait toujours plus fort; on rendait le dauphin odieux, on le calomniait, lui jetant presque à la face l'injure et le mépris. Prisonnier autant que son père, l'infortuné prince voyait le flot populaire, s'enflant toujours, pousser son écume jusqu'à lui et menacer de tout envahir. Il tolérait tout, ne pouvant rien empêcher. Les séditieux ne connurent bientôt plus de bornes. Déjà ils avaient bravé ouvertement le prince, en rendant les plus grands honneurs au corps d'un misérable

---

[1] Cette offrande, après avoir continué chaque année jusqu'au temps de la Ligue, fut interrompue pendant vingt-cinq ans. Miron, prévôt des marchands, substitua à la bougie une lampe d'argent avec un gros cierge qui brûlait constamment.

changeur, Pierre Marc, qui s'étant pris de querelle avec Jean Baillet, trésorier et *moult familier du dauphin*, l'avait assassiné, et qui avait été pendu pour ce crime au pilier de Montfaucon. Marcel, voulant venger la mort de cet assassin, assemble les métiers au son du tocsin de Notre-Dame, près de l'église Saint-Eloi (23 février 1358). Bientôt, à la tête de trois mille hommes armés, il se dirige vers le Louvre, en assiége toutes les issues, et montant les degrés, pénètre jusque dans la chambre où se trouvait le prince avec un grand nombre de gentilshommes. Là, les chaperonnés immolent à leur vengeance deux de ses conseillers les plus intimes, Jean de Confland, maréchal de Champagne, et Robert de Clermont, maréchal de Normandie. Marcel, ôtant ensuite au dauphin sa coiffure, le couvre insolemment de son chaperon aux couleurs de la ville. L'infortuné prince ne peut tenir tête à l'orage. Il cède, consent à tout, jusqu'à faire prendre des chaperons à tous ses officiers ou gens de son service, et à recevoir en ami le roi de Navarre, que Marcel avait fait rentrer dans Paris. Bientôt cependant, le dauphin sort lui-même de cette ville rebelle, qu'il abandonne à l'anarchie et au désordre, et va demander aux provinces fidèles les forces dont il a besoin pour reconquérir le pouvoir dans sa capitale.

La cause du prince régent semblait perdue, et le roi de Navarre triomphait, lorsque vint à ce dernier la lâche pensée d'asseoir sa puissance en s'aidant des secours du roi d'Angleterre. Cet appui de l'ennemi de la France ouvrit enfin les yeux aux gens honnêtes, encore en grand nombre : Charles le Mauvais, bien que protégé par Marcel et ses complices, n'avait pu s'établir fortement dans la ville. Il en fut chassé par le dauphin, qui accourut de Compiègne, où il avait cherché un refuge et convoqué les états (1358). Charles ne se tint point pour battu, et il tenta de nouveau de surprendre la capitale. Marcel cependant voyait décroître chaque jour sa popularité ; à l'enthousiasme avait succédé l'indifférence ; puis vinrent les haines, les malédictions. Le prévôt des marchands résolut alors, en désespoir de cause, de se jeter entièrement entre les bras du roi de Navarre. Il alla le trouver en secret, et dans cette entrevue, il convint de lui livrer la ville. A minuit précis (du 31 juillet au 1er août) le prince devait entrer dans Paris avec tous les Navarrais, par les portes de la partie du nord. Se répandre ensuite dans la ville, massacrer les principaux partisans des Valois, dont les maisons étaient désignées d'avance, et proclamer roi de France, Charles le Mauvais, qui aurait rendu hommage, comme vassal, au roi d'Angleterre : tel était le plan des conjurés. Il ne leur fut pas donné de le voir réussir.

Les intrigues de Marcel n'avaient pu être si secrètes que personne ne les eût pénétrées. Elles furent déjouées par un intrépide bourgeois, nommé Jean Maillart, capitaine d'un des quartiers de Paris. Sur le soir du 31 juillet, Maillart, avec Pépin des Essarts, Jean de Charny, chefs du parti du dauphin, et quelques hommes dévoués, se rend à la bastille Saint-Denis, pour y attendre l'événement. Vers minuit, paraît Marcel, qui se fait remettre les clefs de la porte et se prépare à consommer son crime. En ce moment arrive Maillart : « Etienne, lui dit-il brusquement, que faites-vous ci à cette heure? — Jean, répond le prévôt, qu'importe à vous de le savoir? je suis ci pour prendre garde de la ville dont j'ai le gouvernement. — Non, *il n'en va mi ainsi*, réplique Maillart, *ains* (au contraire) *n'êtes vous ci à cette heure pour nul bien*; *et je vous le montre*, continua-t-il en s'adressant à ceux qui l'entourent, *comment il tient les clefs des portes en ses mains pour trahir la ville.* — Jean, vous mentez, réplique le prévôt. — *C'est vous qui mentez, traître*, s'écrie Maillart transporté de fureur; *à mort! à mort le prévôt et tout homme de son côté! car ils sont tous traîtres.* — En même temps il lève sa hache d'armes. « Là eut grand hutin et dur, et s'en fust volontiers le prévost des marchands fui, s'il eust pu; mais il fut si hasté qu'il ne put, car Jean Maillard le ferit d'une hache sur la teste et l'abbattit à terre; quoique ce fust son compère, ni ne se partit de lui jusqu'à ce qu'il fust occit et six de ceux qui estoient là, et le demeurant pris et envoyé en prison. » (FROISSARD.)

Le peuple parisien apprit en se réveillant le péril imminent auquel la ville avait échappé. Maillart le rassemble aux halles, le harangue avec chaleur en faveur du dauphin et contre les misérables dont l'horrible trahison venait d'être déjouée. Le peuple alors, par un de ces retours qui lui sont si ordinaires, applaudit Maillard avec enthousiasme, demande le retour du dauphin, et voue à l'exécration Marcel et ses complices.

Le meurtre de ce coupable citoyen fut le signal d'une réaction générale. Les partisans du roi de Navarre se virent tout à coup poursuivis, jugés et condamnés. Maillard et deux conseillers au parlement furent députés à Charenton, où se trouvait le dauphin avec ses troupes, pour le prier, au nom des Parisiens, de rentrer dans la ville, qui l'attendait avec impatience. Le prince y fit son entrée peu de jours après, au milieu des plus vives acclamations, et le lendemain il proclama une amnistie générale dont les plus séditieux furent seuls exceptés. La guerre civile se prolongea néanmoins près d'une année encore : un traité conclu à Pontoise (1359) vint la terminer enfin ; la paix rendue à la France permit aux seigneurs d'étouffer les derniers restes de la Jacquerie, cette faction de paysans révoltés qui désolait alors les provinces voisines de la capitale.

Le Pont des Arts.

rentré sous l'autorité de son prince légitime ; mais les souffrances et les craintes régnaient dans ses murs. En voyant ses espérances s'évanouir, Charles le Mauvais s'était mis à dévaster, à ruiner les campagnes voisines. Il avait bloqué la ville, qui fut bientôt réduite à une extrême disette, d'où résultèrent des maladies contagieuses et une mortalité effrayante. Un tonnelet de harengs valait trente écus d'or. La capitale était menacée de si près, que pour ne pas troubler l'attention des sentinelles, on avait défendu aux églises de sonner les cloches depuis vêpres jusqu'au lever du soleil; Notre-Dame seule sonnait le couvre-feu.

Un autre ennemi plus redoutable encore vint menacer un instant la capitale. Edouard III, roi d'Angleterre, débarqué à Calais, arriva jusqu'aux portes de Paris à la tête d'une armée considérable. Ses troupes, ayant envahi les villages d'alentour, ruinèrent et saccagèrent ce qui avait pu échapper à la rapacité des Navarrais. Le roi anglais, de son quartier

général établi près Bourg-la-Reine, envoya ses hérauts d'armes défier le
dauphin à la bataille, mais le régent lui répondit par un refus dédai-
gneux; afin de maintenir l'ennemi à distance, il avait fait détruire lui-
même les faubourgs Saint-Marcel, Notre-Dame-des-Champs et Saint-Germain. L'Anglais, durant toute la semaine de Pâques, s'épuisa en bravades
et en cruautés. Enfin, Edouard, sentant ses troupes trop fatiguées, trop
faibles pour entreprendre un siége de Paris, ordonna de lever le camp.
S'éloignant de ses remparts, il se retira dans la Beauce et le pays chartrain.
Il y fut suivi des légats du Pape, dont les pressants conseils l'exhortaient à
mettre fin à la guerre. Edouard hésitait encore, quand survint cet effroyable
orage, durant lequel le prince tombant à genoux, le visage tourné vers les
hautes tours de la cathédrale de Chartres, implora le secours de la
Reine du ciel et fit vœu d'accorder la paix. L'orage ayant cessé, le roi
d'Angleterre n'oublia point son vœu. La paix fut signée à Brétigny (8 mai
1360). Jamais peut-être elle n'avait été plus nécessaire, plus désirée.
On sait à quel prix onéreux elle fut achetée. Et cependant Notre-Dame
de Paris ouvre ses portes au régent qui vient y rendre à Dieu de solennelles actions de grâces. Les rues, jonchées de fleurs, tapissées de riches
tentures, rappellent les jours des plus grandes victoires. Les chevaliers
anglais, comblés d'honneurs et fêtés comme des amis, sont promenés dans
Paris par le prince, qui visite avec eux la sainte Chapelle et leur en
montre les insignes reliques. Un festin magnifique leur est donné, et
chacun d'eux reçoit en présent un superbe coursier.... Et ces fêtes, ces
actions de grâces, cette joie publique ont lieu à l'occasion d'un traité qui
livre aux Anglais la moitié de la France!... A quelle extrémité se trouvait
donc réduit l'infortuné royaume, pour se réjouir ainsi d'une paix qu'il
eût repoussée en d'autres temps avec mépris, comme une honte et un
outrage!

A quelques mois de là, Paris tout entier saluait avec une vive allégresse le retour du roi Jean, qui, rendu à la liberté, rentrait dans
sa capitale, après quatre ans d'absence (13 décembre 1360). Le peuple
inondait les rues et les places publiques, où, en certains endroits, cou-
laient des fontaines de vin. Le roi traversa la ville, ainsi que le grand
pont, marchant sous un dais de drap d'or porté par les échevins, au bout

de quatre lances. Partout sur son passage, des tapisseries étaient ten-.
dues. Le monarque se rendit d'abord à Notre-Dame pour offrir à Dieu
ses actions de grâces. De là il vint à son palais, où la ville lui fit présent d'un buste d'argenterie, pesant environ mille marcs. Le roi Jean
se hâta de confirmer tous les actes de souveraineté exercés par le régent
et rendit ainsi hommage à la sagesse de son fils. Mais une immense difficulté ne tarda pas à s'élever : ce fut le paiement de la rançon royale,
portée à trois millions d'écus d'or. L'argent était rare, et les peuples épuisés. Après trois ans de séjour dans Paris, Jean repassa donc en Angleterre pour y prendre la place du duc d'Anjou, son fils, qui avait quitté
Londres, où il était en otage. Vainement avait-on cherché à ébranler sa
fidélité. Jean ne connaissait que sa parole de roi et de chevalier. « Si la
justice et la bonne foi, répondait-il, étoient bannies du reste du monde,
elles devroient se retrouver encore dans la bouche et dans le cœur des
rois. » Nobles paroles et bel exemple que l'histoire a consacrés pour toujours ! Jean mourut à Londres quelques mois après son arrivée (8 avril
1364). Son corps, porté à Paris, fut conduit en grande pompe à la cathédrale et de là à Saint-Denis. Preux et loyal chevalier, ce prince semblait
mériter une autre destinée. Ses bonnes qualités jetèrent quelques lueurs
sur les désastres que ses fautes attirèrent à la France.

CHAPITRE X

Paris sous Charles V (1364 - 1380)

Charles V, à qui sa prudence et sa haute raison éclairée par les connaissances scientifiques et littéraires, méritèrent le surnom de *Sage*, s'appliqua à réparer les malheurs des règnes précédents. Chasser les Anglais de la France, rétablir l'ordre dans le royaume, assurer l'autorité royale : tels furent les trois grands buts de ses travaux. Du fond de son hôtel de Saint-Paul, il savait les poursuivre de front, et il lui fut donné de les atteindre du moins en partie. La Providence lui vint en aide en suscitant quelques hommes dont il utilisa dignement le courage et par lesquels il remporta les victoires que sa politique avait préparées. Parmi ces hommes illustres, il en est un qui brille au premier rang : Bertrand Duguesclin. En ces temps de restauration, quand Charles V était le cœur et la tête de la France, le héros breton en était le bras droit.

Sacré à Reims le jour de la Très-Sainte-Trinité, le jeune monarque fit le 24 mai son entrée solennelle dans sa capitale, et vint tout d'abord à Notre-Dame se prosterner devant le Roi des rois pour lui rendre grâces et implorer de nouveau son appui. Cet appui divin le couvrit de son ombre durant un règne de dix-sept ans, et mieux encore que l'épée du brave Duguesclin, il l'aida à obtenir cette suite de succès qui lui valurent le surnom d'*Heureux*. Charles V, digne héritier de la couronne de saint Louis, rappelait ses vertus et sa piété. Son cœur se peint tout entier dans un seul trait. Un de ses courtisans, le félicitant sur ses triomphes, lui vantait un jour le bonheur de la puissance suprême : « Je ne trouve les rois heureux, répondit-il, qu'en ce qu'ils ont le pouvoir de faire le bien. »

Autant Paris avait été agité sous la régence, autant il nous apparaît calme et tranquille sous le règne de Charles V. Diverses querelles de droits et de priviléges entre le prévôt de Paris et l'université, que le sage monarque appelait *sa chère fille,* vinrent seulement de temps à autre troubler ce repos ; mais la politique était étrangère à ces querelles. Cette tranquillité permit au nouveau roi d'embellir sa bonne ville de nombreux monuments. Un des plus célèbres de cette époque est l'hôtel Saint-Paul, bâti dans le quartier de l'Arsenal, et appelé *l'Hostel solennel des grands esbattements.* Construit vers 1360 par le dauphin, alors régent de France, puis agrandi et aménagé avec luxe sous son règne, il devint cette splendide demeure, pour laquelle Charles V abondonna son palais de la Cité, et qui resta pendant plusieurs règnes le séjour habituel de la cour. « Il en avait fait, dit M. Vitet, la plus commode et la plus magnifique habitation, assise au milieu de jardins qui, de la rue Saint-Antoine, descendaient jusqu'à la Seine. Il y avait là bien d'autres vergers, bien d'autres tonnelles qu'aux environs du Louvre : aussi le nom en est-il resté à deux rues, la rue *Cerisaie* et la rue *Beautreillis,* seuls souvenirs encore vivants de cette royale demeure. »

Le roi fit bâtir le couvent et l'église des Célestins, vastes et magnifiques édifices. Il fonda le couvent du Petit-Saint-Antoine, pour les pauvres attaqués du mal qu'on nommait *feu sacré, feu Saint-Antoine* ou *maladie des Ardents.* Il ordonna de reconstruire sur une plus grande échelle la *bastille du Chastel Saint-Antoine,* pour servir de boulevard contre les Anglais. Cette forteresse, agrandie par la suite, devint la prison, dont l'histoire se mêle à celle des troubles parisiens, jusqu'à sa démolition, en 1789. Vers le même temps, on voyait se fonder à Paris les colléges de Dainville, de Maître-Gervais ou de Notre-Dame-de-Bayeux, et celui de Dormans ou de Beauvais, où saint François-Xavier donna plus tard des leçons de philosophie (l'an 1531), où fleurirent Rollin et Coffin. De tous ces établissements il ne reste aujourd'hui que des souvenirs.

Un autre monument plus durable est cette précieuse collection de neuf cents volumes que Charles V fit rassembler au Louvre, et qui est regardée comme le berceau de notre grande bibliothèque impériale. Enfin, songeant à la sûreté de sa capitale, ce prince sage et vigilant voulut consolider et compléter les grands travaux de fortification exécutés à la hâte par Etienne Marcel. Sans rien changer au plan général du trop célèbre prévôt, il fit exhausser les murailles, élever ou agrandir les tours, en bâtit de nouvelles, fortifia les faubourgs, du côté du nord, et creusa d'autres fossés profonds, dans la partie méridionale de la ville, sur la rive gauche du fleuve. La direction de tous ces travaux, qui se prolongèrent dans le règne suivant, fut confiée à Hugues Aubriot, prévôt de Paris, célèbre personnage dont le nom figure souvent dans les annales de cette époque. « Comme il avoit reconnu, dit le moine de Saint-Denis, que le roy se plaisoit fort à la décoration des villes, il employa pour celle de Paris la troisième partie des subsides que Sa Majesté lui avoit librement remise... Il vint à bout, avec une dépense presque incroyable, de la construction du pont Neuf, autrement appelé le pont Saint-Michel, qu'il fit soutenir de bonnes arches de pierres, et de celle du Chastelet, du Petit-Pont, et pour davantage presser l'achèvement de ces grandes entreprises, il emprisonna tous les bordeliers et brelandiers, et tous les filoux et gens sans aveu, qu'il y fit travailler sous la conduite des principaux ouvriers. » Hugues Aubriot imagina, le premier, dit-on, les égouts et les canaux souterrains, pour l'écoulement des immondices. Il avait posé la première pierre de la Bastille (1370), sans prévoir qu'il viendrait bientôt prisonnier lui-même expier dans ce château ses griefs envers la puissante université. Aubriot, dé-livré de prison par les *maillotins*, refusa plus tard de diriger les complots de ces factieux, et s'arrachant d'entre leurs mains, il se retira dans la Bourgogne, sa patrie, où il termina une carrière qui aurait laissé dans l'histoire de l'édilité parisienne quelques beaux souvenirs, s'il n'avait souillé sa vie par des méfaits auxquels il dut la perte de sa position et de sa popularité [1].

A cette époque, la paix ramenait dans la grande cité le luxe et les

---

[1] A la suite d'un procès, il fut contraint de faire amende honorable au parvis de Notre-Dame, et d'entendre la sentence de l'évêque le condamnant à la prison perpétuelle et à la pénitence *au pain de tristesse et à l'eau de douleur.*

fêtes; la cour avait de l'éclat et de la magnificence; mais elle était plus grave et plus décente, comme aussi moins recherchée, moins fastueuse, qu'elle ne le fut plus tard, sous les règnes suivants. Christine de Pisan, jeune vénitienne, amenée en France par son père que Charles V avait appelé auprès de lui pour être son astrologue, nous a laissé des détails fort curieux sur cette cour, dans son *Livre des faits et bonnes mœurs du sage roy Charles*. C'est là qu'on voit un fidèle tableau de la vie de ce bon prince, digne héritier du trône de saint Louis, comme lui, simple, frugal, de mœurs très-pures et sévères, mais comme lui aussi, étalant dans l'occasion une grande pompe moins par goût que pour garder et maintenir *le très-digne degré de la haute couronne de France*. Tel on le vit lors de l'arrivée à Paris de son oncle maternel, Charles IV, empe-

L'Arc de triomphe du Carrousel.

reur d'Allemagne (1377). Jamais réception d'un hôte couronné ne fut plus magnifique. Après avoir fait ses dévotions à Saint-Denis, et visité les sépultures des rois, principalement de Charles le Bel, de Philippe de Valois et du roi Jean, l'empereur « partit de Saint-Denis, et vint en litière jusqu'à la Chapelle, car il avoit peine à chevaucher. Au devant de lui allèrent le prévôt de Paris, celui des marchands, les échevins, les bourgeois, tous en livrée, en belle ordonnance et bien montés, étant avec les officiers du roi, au nombre de quatre mille : le prévôt des marchands faisant la révérence lui dit : « Nous, les officiers du roi, à Paris, le prévôt des marchands à Paris et les bourgeois de sa bonne ville, nous venons vous faire la révérence et vous offrir ce qui sera selon votre plaisir, car ainsi le veut le roi, notre seigneur, qui nous l'a commandé. » Et l'empereur les remercia, ainsi que le roi, très-gracieusement. A la Chapelle, l'empereur descendit, et il monta sur le destrier que le roi lui avoit envoyé ; il étoit brun foncé. Son fils (Venceslas, roi des Romains) en eut un pareil ; et ce ne fut sans cause qu'une pareille couleur avoit été choisie ; car, de droit, tous les empereurs, quand ils entrent dans les bonnes villes de leur seigneurie, sont sur des chevaux blancs ; et le roi ne voulut pas qu'il en fût ainsi dans le royaume, afin qu'il ne montrât aucun signe de domination. » (Christine de Pisan.)

Charles V partit lui-même de son palais, monté sur un grand palefroi blanc, qui faisait resplendir son harnais pompeux et sa housse de velours violet, semée de fleurs de lis d'or. Il portait un long manteau d'écarlate fourré d'hermine. Un chapel à bec bordé et couvert de perles ombrageait sa tête. Les ducs de Berry, de Bourgogne, de Bourbon, de Bar, les autres princes et seigneurs, les prélats en chapes, et plus de huit cents chevaliers, formaient, à Charles V, un cortége digne d'un roi de France. Accompagné de cette suite nombreuse, il vint au-devant de l'empereur, qu'il rencontra à mi-voie entre Paris et la Chapelle. Les deux monarques se saluèrent en se découvrant et en se donnant la main. Si grande était la foule accourue pour jouir de ce beau spectacle, qu'ils furent longtemps avant de pouvoir s'approcher l'un de l'autre. Charles V alla ensuite vers le roi des Romains, et, se plaçant entre les deux princes, il reprit avec eux le chemin de la capitale.

A travers les flots d'un peuple immense, le brillant cortége arriva au palais de la Cité. Les deux monarques s'embrassèrent alors, et l'hospitalité la plus courtoise, la plus magnifique fut offerte à l'hôte impérial. Charles V, lui cédant ses appartements, se retira dans les chambres du haut, qu'on appelait *galetas*, et que le roi Jean avait fait *historier*. La chambre à coucher de l'empereur, richement meublée et revêtue de bois d'Irlande,

donnait sur les jardins du côté de la sainte Chapelle. Le lendemain, le
prévôt des marchands vint lui offrir le présent de la ville, consistant en
une nef d'argent doré, du poids de cent quatre-vingt-dix marcs, avec
deux grands flacons aussi d'argent doré et émaillés. « Le duc de Berry
vint dans la salle où se tenait l'empereur avec tous ses gens; il lui dit que
le roi le saluoit et lui envoyoit des joyaux tels qu'on les faisoit à Paris :
alors il lui présenta une très-belle coupe d'or, garnie de pierreries, dans
laquelle il y avoit une figure en émail richement ouvragée, une sphère
du ciel où étoient le zodiaque, les signes, les planètes, les étoiles fixes;...
il lui présenta aussi deux grands flacons d'or, où étoit figuré en image en
relief saint Jacques montrant à Charlemagne le chemin de l'Espagne dans
une vision. Ces deux flacons étoient en forme de coquille, et le duc de
Berry lui dit bien gracieusement qu'étant pèlerin, le roi lui envoyoit
des coquillages. Après, on présenta à tous les princes de sa suite, de la
vaisselle d'or et d'argent en si grande qaantité, que tous s'en émerveil-
loient, et il n'y eut pas de si petit officier, de quelque condition qu'il fût,
qui ne reçût quelques présents du roi. » (Christine de Pisan.) Le jour
de l'Epiphanie, après l'office célébré solennellement par l'archevêque de
Reims, à la sainte Chapelle, en présence de toute la cour, il y eut dans
la grande salle du palais un gigantesque et magnifique festin, servi à la
table de marbre, et où prirent part avec les souverains près de mille
barons ou chevaliers tant du royaume de France qu'étrangers. Chacun
des trois princes avait au-dessus de sa place un ciel distinct en drap d'or,
à fleurs de lis, et par-dessus ces trois ciels il y en avait un plus grand,
aussi en drap d'or couvrant toute la table et pendant derrière les convives.
Le festin était composé de quatre services, chacun de quarante paires de
mets. Le roi en fit supprimer un, afin que l'empereur ne restât pas trop
longtemps à table. « Il y eut, sur la fin du dîner, dit l'abbé de Choisy,
deux manières de spectacles qu'on appelait alors *entremets,* qui donnèrent
beaucoup de plaisir. On vit tout d'un coup paraître, au bout de la salle,
un vaisseau avec ses mats, voiles et cordages ; les pavillons étaient aux
armes du royaume de Jérusalem, et sur le tillac parut Godefroy de Bouillon
accompagné de plusieurs chevaliers armés de toutes pièces. Le vaisseau
s'avança au milieu de la salle, sans qu'on vît la machine qui le faisait

aller. Un moment après, pour second entremets, parut la ville de Jérusalem avec son temple et ses tours couvertes de Sarrasins : le navire s'en approcha, les chrétiens mirent pied à terre et montèrent à l'assaut l'épée à la main. On vit plusieurs échelles renversées qui firent rire la compagnie, et après bien des coups donnés et peu de sang répandu, la ville fut prise... » (*Hist. de Charles V.*)

Les fêtes se prolongèrent le lendemain, 7 janvier : un bateau tout resplendissant d'or vint prendre les princes et les transporta au Louvre, où il y eut encore un magnifique festin. A ces hommages, à ces fêtes, succéda une grande assemblée du conseil du roi et de celui de l'empereur. Charles V, l'homme le plus éloquent de son siècle, parla pendant deux heures sur ses démêlés avec l'Angleterre. Il le fit si bien, que l'empereur, approuvant sa conduite et reconnaissant la justice de sa cause, promit de lui donner toute sorte d'assistance. Enfin, après avoir visité la sainte Chapelle, les maisons royales, et acquitté un vœu à Saint-Maur-des-Fossés, l'hôte couronné reprit, le 16 janvier, la route d'Allemagne, emportant de France les plus doux souvenirs.

« L'heure du lever du roi étoit réglée de six à sept heures, dit Christine de Pisan ; et si l'on vouloit employer ici la manière de parler des poëtes, on pourroit dire : Ainsi que la déesse Aurore, par son allégresse à son lever rend joyeux les cœurs qui la voient, de même, sans mentir, le roi à son lever rendoit la joie à ses chambellans et aux autres serviteurs attachés à sa personne. Quelles que fussent ses contrariétés, son visage étoit rayonnant ; et après avoir fait le signe de la croix et très-dévotement adressé à Dieu ses premières paroles, il conversoit joyeux et décent avec ses serviteurs, même les plus humbles, auxquels sa douceur et son indulgence donnoient la hardiesse de deviser avec lui... Après qu'il étoit peigné, vêtu et ajusté suivant les jours, on lui apportoit son bréviaire ; le chapelain, noble et digne prêtre, l'aidoit à dire ses heures canoniales. A huit heures environ, il alloit à la messe que l'on célébroit chaque jour avec des chants mélodieux et solennels ; il rentroit ensuite en son oratoire... A l'issue de la chapelle, les gens de toutes conditions, riches ou pauvres, dames ou demoiselles, veuves ou autres, qui avoient quelques requêtes, s'approchoient ; et lui, très-bon, s'arrêtoit pour entendre leurs supplications. Après quoi, il alloit au conseil aux jours fixés. Il s'asseyoit à table à dix heures, avec quelques barons de sang royal, quelques prélats ou quelques capitaines. Son repas n'étoit pas long et ne se composoit pas de diverses viandes, car il disoit que la quantité des viandes diverses trouble l'estomac et empêche la mémoire ; il buvoit du vin clair et sain, sans grande fumée, le trempoit bien et n'en prenoit pas de plusieurs sortes. Et, à l'exemple de David, il écoutoit volontiers, pour réjouir son esprit, à la fin de ses repas, des joueurs d'instruments qui faisoient entendre la plus douce musique.

» Lorsqu'il étoit levé de table, les étrangers ou d'autres gens venus pour affaire pouvoient aller vers lui... Souvent il y avoit une telle presse de barons, de chevaliers, d'étrangers ou de ceux de son royaume, que l'on pouvoit, sans mentir, à peine se tourner dans ses grandes et magnifiques salles. Le très-prudent roi, si sagement et d'une si simple façon, les recevoit tous et répondoit d'une manière si convenable, rendant si doucement à chacun l'honneur qui lui étoit dû, que tous étoient contents et partoient joyeux de l'avoir vu. Là on lui apportoit des nouvelles de toute espèce de pays, des aventures et des faits de ses guerres ou d'autres batailles, et aussi de diverses choses : là il ordonnoit ce qu'il y avoit à faire, selon le cas qu'on lui présentoit, ou remettoit à la détermination du conseil...

» Et ainsi il passoit près de deux heures en de semblables occupations, après lesquelles il rentroit et alloit se reposer, ce qui duroit une heure ; après son sommeil, il passoit quelque temps avec ses familiers en choses agréables, et il passoit cette récréation, afin que sa très-grande occupation ne pût nuire à sa santé ; car il étoit occupé la plus grande partie du temps, d'affaires laborieuses, et sa complexion étoit délicate. Puis il alloit aux vêpres, après lesquelles, si c'étoit en été, il entroit quelquefois dans les jardins de son hôtel de Saint-Paul ; quelquefois la reine alloit près de lui, ou lui amenoit ses enfants ; là il parloit aux femmes et demandoit la conduite de ses enfants. Là, quelquefois, on lui présentoit des dons étrangers de divers pays, artillerie ou autres harnais de guerre, ou diverses autres choses ; ou les marchands venoient apporter le velours, le drap d'or ou tout autres belles choses, ou joyaux, qu'il faisoit visiter aux connaisseurs qu'il avoit dans sa maison.

» En hiver, principalement, il s'occupoit souvent à entendre lire diverses belles histoires, comme les saintes Ecritures, les faits des Romains, la moralité des philosophes, ou d'autres sciences, jusqu'à l'heure du souper, qu'il faisoit d'assez bonne heure et légèrement; après le souper, il s'ébattoit un peu, puis rentroit et alloit se reposer; et ainsi, dans un ordre continuel, le sage roi, bien habitué, usoit le cours de sa vie. »

Charles V était fort instruit et grand ami des lettres. Il combla de faveurs l'université. Il disait souvent : « Les clercs ou la sapience on ne sauroit trop honorer, et tant que sapience sera honorée en ce royaume, il continuera à prospérité; mais quand déboutée y sera, il decherra. » Rappelons enfin qu'une éminente piété présida à toutes les actions de sa vie. Il lui dut cette conduite constamment sage et prudente, pleine de justice et de fermeté, qui lui permit de réparer les malheurs de la France. Comme saint Louis, il a donc prouvé que *la piété est utile à tout,* suivant le langage de saint Paul. Un prince si vertueux paraissait devoir jouir d'un long règne. Il n'en fut point ainsi : Charles V mourut à quarante-quatre ans; sa mort fut attribuée à un poison lent que lui aurait donné Charles le Mauvais, roi de Navarre (1380). En ce moment suprême, le sage monarque témoigna des admirables sentiments qui l'animaient, par des paroles dignes d'un éternel souvenir. S'étant fait apporter par l'évêque de Paris la couronne d'épines de Notre-Seigneur, et celle du sacre des rois, par l'abbé de Saint-Denis : « Celle d'épines reçut à grande dévotion, larmes et révérence, dit Christine de Pisan, et la fit mettre devant sa figure; celle du sacre fut mise sous ses pieds : a donc commença telle oraison à la sainte Couronne : « O Couronne précieuse, diadème de notre salut, tant » est doux et emmiellé le rassasiement que tu donnes, par le ministère » qui en toi fut compris à notre rédemption; si vraiment me soit propice » Celui du quel sang tu fus arrosée, comme mon esprit prend réjouissement » en la visitation de ta digne présence! » Et longue oraison y dit moult dévote. — Après tourna ses paroles à la couronne du sacre, et dit : « O » couronne de France, que tu es précieuse et précieusement très-vile! » précieuse, considéré le mystère de justice, lequel en toi tu contiens et » portes vigoureusement; mais vile, et plus vile de toutes choses, consi- » déré le faix, labeur, angoisses, tourments et peines de cœur, de corps,

» de conscience, et périls d'âme, que tu donnes à ceux qui te portent
» sur leurs épaules; et qui bien à ces choses viseroit, plutôt te laisserait
» en la boue gisir qu'il ne te releveroit pour mettre sur son chef. »

Quel spectacle que celui d'un souverain sur son lit de mort, tenant un pareil langage en face de deux couronnes, dont l'une ceignit le front de l'Homme-Dieu, et l'autre celui de nos rois très-chrétiens! que de précieux enseignements dans cette scène auguste, dont trop peu d'historiens ont rappelé le souvenir!

La place du Chatelet.

Charles V, par un édit rendu au château de Vincennes (août 1374), avait fixé à l'âge de quatorze ans celui de la majorité des rois de France. Le sage prince voulut par cette mesure mettre en sécurité l'avenir de ses enfants et conjurer les malheurs inséparables d'une longue régence. Vœux stériles hélas! formés la veille d'un règne qui allait ouvrir la plus funeste période de notre histoire!

CHAPITRE XI

Paris   sous   Charles   VI   (1380 - 1430)

Jamais la France et sa capitale ne se virent réduites, par l'ambition, l'avarice, la trahison et la débauche des grands, à de plus affreuses misères, que sous l'infortuné Charles VI. Cette triste période s'ouvre à Paris par l'insurrection dite *des maillotins* (1381). Des hommes du peuple se soulèvent pour s'opposer à la perception de nouvelles taxes établies par le duc d'Anjou, régent de France pendant la minorité de Charles VI. Se portant en masse sur l'hôtel de ville, ils s'arment de poignards, d'épées, de petits *maillets* de plomb, massacrent les percepteurs et rendent la liberté aux prisonniers. Cette populace, ayant besoin d'un chef, court à la prison de l'évêché, où était enfermé Hugues Aubriot, et l'ayant délivré, ils le placent à leur tête. Mais, ainsi que nous le disions ailleurs, l'ancien prévôt de Paris s'alarme d'un si périlleux honneur, et se sauvant d'entre les mains des factieux, il regagne sa province de Bourgogne. Cependant cette première révolte est apaisée; les plus mutins sont livrés au supplice et jetés à la Seine dans des sacs cousus. De nouvelles séditions amènent de nouveaux supplices. Charles VI, de retour de la Flandre, où il venait de gagner la célèbre bataille de Rosebèque (1382), ordonne le désarmement de la capitale, et les bourgeois dont les dispositions paraissaient le plus hostiles sont livrés aux bourreaux. On vit malheureusement d'innocentes victimes confondues avec les coupables. Parmi elles se trouva surtout l'avocat général Jean Desmarets, vieillard septuagénaire, que ses vertus et sa justice rendaient cher au peuple. Tout son crime était d'avoir encouru, par son intégrité, la haine des ducs de Berri et de Bourgogne. « Maître Jean, lui disait-on en le menant au supplice, criez merci au roi, afin qu'il vous pardonne. » Desmarets répondit ces magnanimes paroles : « J'ai servi au roi Philippe son grand aïeul, au roi Jean, et au roi Charles son père, bien et loyaument; ne oncques ces trois rois ne me sçurent que demander, et aussi ne feroit cestuy s'il avoit connoissance d'homme : à Dieu seul veux crier merci. »

Las enfin de supplices, les oncles du roi dictèrent au jeune prince une ordonnance d'amnistie qui commuait la peine des Parisiens en une forte amende; l'avarice ne perdait point ses droits. Cependant le souvenir d'Etienne Marcel engageait la royauté à briser la puissance d'une magistrature qui lui avait été si hostile. Un prévôt nommé par le roi vint donc remplacer le prévôt des marchands et les autres magistrats municipaux. Le châtiment des Parisiens, comme celui de Rouen et des autres villes soulevées, avait fait rentrer les provinces dans le devoir. Le jeune monarque, devenu majeur (1387), avait pris les rênes du gouvernement. Débarrassé de la tutelle de ses oncles, il poursuivait avec vigueur les entreprises contre les ennemis de l'Etat, et malgré les obstacles secrets, les traverses que lui suscitait la perfidie des princes, il voyait son autorité s'affermir. Vers le même temps quelques sages mesures ou réformes lui faisaient pardonner les folles prodigalités de son règne avec son amour désordonné des plaisirs, et mériter peut-être le surnom de *Bien-aimé*, lorsqu'un fatal événement vint tout d'un coup replonger Paris et la France dans un abîme de malheur.

La folie dont Charles VI fut frappé dans la forêt du Mans (5 août 1392), et qui, sauf de courts intervalles, ne le quitta plus jusqu'à sa mort, devint comme le signal de calamités nouvelles et plus affreuses encore. La guerre contre les Anglais, signalée par la déplorable défaite d'Azincourt (1415); les crimes de la reine Isabeau de Bavière, les rivalités sanglantes des deux partis d'Orléans et de Bourgogne, se disputant avec acharnement la régence, le pouvoir ou l'argent du royaume, firent alors de la France une terre désolée par tous les maux d'une horrible anarchie.

Paris, le cœur de la nation, devait supporter la plus forte part des souffrances communes. L'infortunée cité, durant la guerre civile des *Armagnacs* et des *Bourguignons*, fut déchirée tour à tour par les deux factions, jalouses d'y régner en souveraines. Elle n'échappa à leurs mains que pour tomber entre celles du roi d'Angleterre. Durant cet intervalle, que d'événements sinistres, que d'orages survenus dans son sein !

Philippe le Hardi, duc de Bourgogne, après avoir exercé la régence du royaume durant la démence du roi son neveu, était mort, laissant pour héritier de son vaste pouvoir son fils Jean appelé *Jean sans Peur* (1404). Le nouveau duc, dévoré d'ambition, ne reculait point devant la nécessité du crime ; héritier aussi de la haine de son père contre la maison d'Orléans, qui disputait à celle de Bourgogne le gouvernement de la France, il voulait régner sans rival. Il feignit de se réconcilier aux pieds des autels avec le duc d'Orléans, frère de Charles VI ; mais cet accord apparent ne lui servit que pour préparer un crime horrible. Le 23 novembre (1407), au soir, le duc d'Orléans avait soupé à l'hôtel Barbette, où demeurait alors la reine. A huit heures, sur un faux avis, il sort, monté sur sa mule, pour se rendre à l'hôtel Saint-Paul, chez le roi. Quelques serviteurs seulement l'accompagnent. Tout à coup une bande d'assassins, postée le long de l'hôtel Notre-Dame, dans la vieille rue du Temple, se jette sur lui. Délaissé par ses gens, à l'exception d'un seul, qui périt à ses côtés, l'infortuné prince est percé de coups et tombe sans vie de sa monture. La nouvelle de cet attentat répandit la stupeur dans Paris et ouvrit la période la plus lugubre de nos annales.

Le duc de Bourgogne, après avoir simulé d'abord la plus vive douleur, ne rougit pas enfin d'avouer hautement son crime ; mais sa puissance était si redoutée, qu'il put s'enfuir impunément de Paris, pendant que Valentine de Milan, veuve du prince assassiné, accourait de Château-Thierry dans la capitale, pour demander justice au roi. « C'est, dit un auteur du temps, le plus haut deuil qui devant eût été vu : la dame et ses femmes étoient atournées de noirs atours. » L'infortunée princesse, dont la douleur était immense et sans bornes comme son amour, rejeta toute espérance d'avenir et adopta la triste devise : *Plus ne m'est rien, rien ne m'est plus*. Mais dès l'année suivante elle succomba sous le poids de son affliction, sans en avoir pu obtenir justice, et en faisant jurer à ses deux fils de venger un jour la mort de leur père. Le duc de Bourgogne et le jeune duc d'Orléans, fils aîné de sa victime, se préparèrent dès lors à combattre l'un contre l'autre. Ici commence la guerre civile des *Bourguignons* et des *Armagnacs,* qui désola Paris et la France pendant la démence du malheureux Charles VI.

Paris vit sans indignation le crime de Jean sans Peur rester impuni. Le peuple détestait le duc d'Orléans, il chansonna sa mort. « Les forfaits n'inspirent d'horreur que dans les sociétés en repos, dit à ce propos Chateaubriand; dans les révolutions, ils font partie de ces révolutions mêmes desquelles ils sont le drame et le spectacle. » (*Hist. de France.*) Le duc de Bourgogne vint donc s'établir à Paris avec une sorte d'armée pour escorte; et les Parisiens, auxquels il fit rendre leurs armes et les chaînes qui servaient à construire des barricades, embrassèrent sa cause. Jean Petit, docteur de l'université, ayant osé faire publiquement, devant la cour et les grands, l'apologie du meurtre du duc d'Orléans, personne n'éleva la voix pour la contredire. La crainte du duc de Bourgogne, présent à la séance, glaçait tous les cœurs, fermait toutes les bouches. Jean sans Peur triomphait. La reine et les princes, épouvantés, quittèrent alors Paris et se retirèrent à Melun avec le jeune dauphin. L'infortuné Charles VI demeura à la merci du meurtrier de son frère, qui gouverna en son nom, et obtint de lui des lettres de pleine amnistie pour le meurtre de sa victime. La paix de Chartres, dite *la paix fourrée,* consacra elle-même l'impunité du crime et donna tout pouvoir au duc de Bourgogne (1409). Elle ne put arrêter l'effroyable guerre civile qui menaçait la France.

Les princes d'Orléans, éloignés de Paris, se préparaient à la lutte contre leur ennemi. Jean sans Peur, maître de la capitale, ne négligeait rien de son côté pour fortifier sa position et assurer sa prépondérance. Il se ménageait par des concessions la faveur populaire et cherchait par d'autres moyens à s'attacher aussi l'appui des grands. Il faisait rechercher les financiers; et par ses ordres, Jean de Montagu, favori du roi, surintendant des finances, était décapité aux Halles. Enfin, l'an 1410, la guerre civile s'alluma en France. On arma des deux côtés. Toutes les villes du royaume se partagèrent entre les princes confédérés dits *les Orléanais* ou *les Armagnacs,* et *les Bourguignons.* La capitale elle-même se trouva déchirée par les deux factions. Celle du duc de Bourgogne y compta plus de partisans. Jean sans Peur, profitant de ces dispositions favorables à sa cause, fit donner au comte de Saint-Pol, qui lui était tout dévoué, le titre de capitaine général de Paris, et remit en même temps Pierre des Essars en possession de la charge de prévôt royal. Une suspension d'armes, qu'on appela *paix de Bicêtre,* due à la médiation de la cour, arrêta un instant les hostilités; mais on reprit les armes l'année suivante (1411), et la faction bourguignone, dominant dans la capitale, y commit des horreurs dont jamais jusqu'alors on n'avait vu d'exemples dans son sein.

Paris, en ces jours malheureux, fut comme abandonné à la merci d'une milice formée surtout de bouchers et d'écorcheurs, sous les ordres de trois principaux d'entre eux, Legoix, Saint-Yon et Thibert. Organisée par Valeran de Luxembourg, comte de Saint-Pol, cette milice se grossit d'un ramas de gens sans aveu et de scélérats qui, sous le nom de *cabochiens*[1], se livrent aux plus effroyables excès. La terreur règne dans la capitale. Tout individu désigné comme *armagnac* est égorgé sans pitié. On ne peut plus se montrer dans les rues qu'avec l'écharpe rouge et la croix de Saint-André, signes de ralliement de la faction bourguignone. Le roi lui-même, n'étant plus en sûreté à l'hôtel Saint-Paul, s'était fait transporter au Louvre. Le parti sanguinaire des cabochiens fraternisait avec les rebelles de la Flandre : d'abord docile aux inspirations du duc de Bourgogne, il finit par déborder le pouvoir de ce prince. La paix conclue à Pontoise (8 août 1413) vit les principaux factieux s'éloigner de la capitale; mais il y resta toujours un levain de discordes que le duc de Bourgogne eut soin d'entretenir. Cependant la fortune avait changé de face. Le pouvoir était aux Armagnacs, tandis que les Bourguignons, après s'être souillés de tant de crimes, se voyaient proscrits à leur tour. Le comte d'Armagnac, chef de son parti, et devenu connétable, s'était emparé de toute l'autorité. A défaut du duc d'Orléans, fait prisonnier par les Anglais, à la bataille d'Azincourt, il commandait dans Paris. L'infortunée cité subit alors le joug d'une tyrannie nouvelle. Les bannis-

[1] De Simon Caboche, l'un des chefs.

sements, les confiscations, les exécutions, les noyades portèrent la terreur dans son sein comme dans toute la France. Le capitaine Barbazan et
le prévôt de Paris, Tanneguy Duchâtel, secondaient aveuglément le comte

La Bourse.

d'Armagnac dans ses mesures rigoureuses ; leur triomphe fut de courte
durée. La reine Isabeau, qu'on avait reléguée à Tours, s'était liguée
contre le parti du roi et contre son propre fils, le dauphin, avec le redou-

table duc de Bourgogne. Celui-ci l'avait établie dans ses droits de régente, et n'attendait qu'un moment favorable pour s'introduire dans la capitale, où il avait conservé de nombreux partisans. La trahison vint bientôt en aide à ses désirs.

Un jeune homme, Perrinet le Clerc, fils d'un riche marchand de fer du Petit-Pont, n'ayant pu obtenir justice d'une injure que lui avaient faite les Armagnacs, résolut de se venger en livrant la ville au parti bourguignon. Son père, quartenier de la milice bourgeoise, avait la garde de la porte Saint-Germain. Une nuit (du 28 au 29 mai 1418), le jeune Perrinet prend les clefs sous son chevet, pendant son sommeil, et s'en vient, avec quelques amis, ouvrir la porte dont le guet était gagné. Un capitaine de Jean sans Peur, le sire de l'Ile Adam, prévenu d'avance, attendait dehors avec huit cents cavaliers. Des bourgeois du parti bourguignon se joignent à lui ; tous se répandent dans la ville aux cris de *Vive Bourgogne !* Les Armagnacs, surpris, sont hors d'état de résister. Les ministres, les principaux seigneurs du parti, sont saisis, enchaînés, traînés en prison. Le prévôt, Tanneguy Duchâtel, courant à l'hôtel du dauphin, prend le jeune prince dans ses bras et l'emporte à la Bastille, où se réfugient maints seigneurs armagnacs. De là, ils se retirèrent avec le prince à Melun, d'où ils firent bientôt une tentative inutile pour reprendre Paris par surprise.

Le parti bourguignon triomphait donc de nouveau. Jamais réaction ne fut plus atroce. Le 12 juin (1418) les plus épouvantables scènes eurent lieu dans la capitale. Le peuple se livre à la rage la plus barbare. Il massacre sans pitié des femmes, des vieillards, des enfants. Des bandes de forcenés, courant aux prisons et enfonçant les portes, égorgèrent tous ceux qu'on y avait renfermés. Au nombre de ces victimes, se trouvaient, outre le connétable d'Armagnac et le chancelier, les évêques de Bayeux, de Coutances, d'Evreux, de Saintes, de Senlis, l'abbé de Saint-Corneille de Compiègne, et quantité de seigneurs, magistrats, financiers, capitaines ou notables bourgeois. Il y eut aussi des massacres dans les rues et dans les maisons désignées comme appartenant aux Armagnacs. Il suffisait de crier sur un passant « Voilà un Armagnac ! » pour qu'il fût mis à mort à l'instant sans autre information. Plus de trois mille cinq cents personnes, dit-on, perdirent la vie dans cet horrible massacre. Le 14 juillet suivant, Jean sans Peur, cédant aux instances des officiers et magistrats bourguignons, effrayés eux-mêmes, vint à Paris, et y fit son entrée avec la reine Isabeau, au milieu des cris de joie et d'enthousiasme des Parisiens. Mais, les premiers moments de cet enthousiasme passés, les espérances illusoires d'un prompt retour à l'ordre s'évanouirent devant la triste réalité. La désolation régna de nouveau dans la ville, où survint à cette époque une horrible famine, bientôt suivie, comme il arrive d'ordinaire, de maladies contagieuses et surtout d'une cruelle épidémie, qui emporta plus de cinquante mille personnes. Le peuple, qu'exaspérait le manque de vivres, accusant les Armagnacs de cette disette, se répandait par les rues, demandant avec fureur de nouvelles victimes. Le 21 août 1418 vit d'autres bandes de forcenés se porter aux grand et petit Châtelet, et y faire main basse sur tous les prisonniers qu'ils renfermaient. Le chef des égorgeurs était cette fois le bourreau de Paris, Capeluche. Ce monstre marche à leur tête à cheval, et les conduit de prison en prison, poussant avec eux d'horribles clameurs et des hurlements de bêtes fauves. Du petit Châtelet ils se précipitent vers la Bastille, demandant à grands cris quelques Armagnacs qu'on y retenait. Le duc de Bourgogne arrive au milieu de cette foule, seul et sans troupes; jaloux de sa popularité, il s'efforce, par de bonnes raisons, de la détourner de son dessein. Il la conjure de se retirer, et prend même, en signe d'amitié et de confiance, la main de son chef le bourreau Capeluche. Vains efforts! Le prince est contraint de livrer les prisonniers que ces furieux réclament; et tout ce qu'il peut obtenir, c'est la promesse qu'ils seront conduits au Châtelet. A peine ces malheureux sont-ils au pouvoir de leurs ennemis, qu'ils sont massacrés sans pitié.

Jean sans Peur recule enfin lui-même devant de tels excès. Humilié, honteux du triste rôle qu'il vient de jouer en conférant avec le bourreau Capeluche, il puise dans le souvenir de cette humiliation une énergie toute nouvelle, et de concert avec les principaux bourgeois, il prend des mesures efficaces pour mettre un terme à tant de crimes et de sanglants désordres. Il envoie contre les Armagnacs, qui occupaient Montlhéry, une petite armée composée des plus turbulents des émeutiers, au nombre de

six mille hommes, avec ordre de s'emparer de cette place et d'ouvrir ainsi
la route aux blés de la Beauce. Trouvant ensuite que Capeluche et les
autres chefs de l'émeute devenaient menaçants pour son autorité, il les fait
saisir, juger sommairement et condamner à mort. Suivant les chroniqueurs du temps, Capeluche, dont l'échafaud était dressé aux Halles,
dirigea lui-même les apprêts de son supplice. Son valet, devenant son
successeur, s'apprêtait à lui trancher la tête. C'était son coup d'essai :
Capeluche lui donna froidement une leçon sur les mesures à prendre pour
ne pas le manquer. Il se mit ensuite à genoux et reçut le coup mortel
sans avoir montré la plus légère émotion.

Le prince bourguignon avait comme épuisé son activité et son énergie :
il semblait désormais devenu aussi incapable de conduire la guerre que
de conclure une paix. Cependant les Anglais, empressés de profiter de nos
sanglants désastres, avaient fait une invasion nouvelle dans le royaume.
Leur monarque, Henri V, venait de s'emparer de Rouen, malgré l'héroïque résistance de ses citoyens, et prenait déjà le titre de roi de France.
Il avait ensuite emporté d'assaut Pontoise, dont les habitants furent massacrés (1419). La même année, le dauphin Charles, afin de repousser
les ennemis étrangers, propose une réconciliation au duc de Bourgogne.
On convient d'une entrevue; elle a lieu dans une longue et tortueuse
galerie de bois disposée par les gens du dauphin sur le pont de Montereau-
Faut-Yonne. Là, quelques reproches sont échangés entre les deux princes.
C'est alors que Tanneguy Duchâtel, compagnon du dauphin, déchargeant
un coup de sa hache d'armes sur la tête de Jean sans Peur, l'étend mort
à ses pieds (septembre 1419). Douze ans auparavant, le duc d'Orléans
était tombé lui-même sous le poignard des assassins apostés par le duc de
Bourgogne.

Ce meurtre de Jean sans Peur n'améliora nullement la situation du
dauphin et mit le comble aux maux de la France. Isabeau de Bavière,
étouffant dans son cœur tous les sentiments de la nature et de l'honneur,
ne rougit pas de s'allier contre son propre fils, avec Philippe le Bon, successeur de Jean, et avec les Anglais, pour venger le duc de Bourgogne.
Le roi Charles VI, gouverné par la reine, donna une déclaration portant ordre à tous ses sujets de se retirer du service de son fils Charles.

L'indigne marâtre consentit à reconnaître Henri V pour régent et héritier
de Charles VI, à la seule condition d'épouser Catherine, une de ses filles.
Alors fut conclu à Troyes cet ignominieux traité qui livrait la France aux
Anglais et anéantissait les droits du dauphin (20 mai 1420). Jamais traité
plus indigne n'a été écrit dans les fastes d'une nation. Le roi d'Angleterre,
fier de son triomphe, poursuivit sa marche, s'empara de vive force de
Sens, de Melun, de Montereau, et fit enfin une entrée magnifique dans la
capitale avec Charles VI, le premier dimanche de l'Avent (1ᵉʳ décembre).
Il fut reçu comme roi légitime par la populace vendue aux Bourguignons.
Les états généraux, soit avilissement, soit terreur, reconnurent ses droits
au trône de France.

Cependant le jeune dauphin, loin de désespérer du salut de la monarchie, avait entrepris de lutter encore. La vie et l'honneur de la France,
personnifiée dans une petite armée de seigneurs et de partisans fidèles,
avaient fui pour un temps l'antique cité de Clovis, de Philippe Auguste,
de saint Louis. Réfugiée dans le camp du dauphin, la patrie en deuil
vivait encore avec lui au delà de la Loire. La vieille capitale du Poitou
recueillait bientôt dans son sein les plus nobles enfants de la France.
Mais le jeune prince héritier du trône n'était point de taille à le reconquérir. L'amour des plaisirs arrêtait l'essor de ses belles qualités. A ce
fils déshérité qui cherche à reprendre, à relever sa couronne avilie, il ne
suffit plus de l'épée des Lahire, des Dunois, des Xaintrailles et de leurs
compagnons d'armes; il lui faut encore, tant le péril est grand, un secours divin. Le Ciel le lui enverra, le Ciel aura pitié enfin des infortunes
de la France, il la sauvera par le bras d'une jeune bergère... Saluons,
pleins d'espérance, la bannière de Jeanne d'Arc !

CHAPITRE XII

Domination anglaise. — Paris sous Charles VII. — (1420-1461)

Paris, durant les seize années de la domination anglaise, gémit sous une oppression tyrannique. Des mesures fiscales vinrent aggraver la misère générale et les cruelles souffrances de la population, pendant que les ravages et la désolation régnaient dans les campagnes voisines. Lors des séjours fréquents qu'il fit à Paris, le roi d'Angleterre s'établit au Louvre, au milieu du faste et du luxe; il y exerçait toutes les fonctions de la royauté. Durant ce temps, l'infortuné Charles VI restait seul, confiné au fond de son hôtel Saint-Paul, n'ayant pas même toujours le nécessaire, et visité de loin en loin par quelques rares amis demeurés fidèles au malheur. Pour comble de maux, l'hiver de 1421 fut excessivement rigoureux, le froid et la faim produisirent une détresse générale. Au rapport d'un chroniqueur, les pauvres suivaient dans les rues les tueurs de chiens, et dévoraient tout, derrière eux, chairs et entrailles. On trouvait, gisant sur des tas de fumier, des groupes de vingt, trente pauvres petits enfants, criant d'une voix lamentable : « J'ai froid, je meurs de faim.... » La capitale, maintenue par la tyrannie et la terreur sous un gouvernement anglo-bourguignon, soupirait après sa délivrance et demandait au Ciel des temps meilleurs. Du sein de cette population désolée s'élevaient souvent des voix éloquentes et pathétiques pour confirmer les bons dans la foi ou y ramener les hommes égarés. Un cordelier, le frère Richard, se

fit surtout remarquer parmi ces apôtres consolateurs. Sa puissance sur
toutes les classes de la population parisienne devint telle, que l'autorité
anglaise en prit ombrage et signifia au bon frère lui-même l'ordre de
quitter la ville. Ses adieux aux Parisiens, qu'il avait fortifiés et consolés,
furent touchants et remplis de larmes.

Le roi d'Angleterre mourut à Vincennes le 31 août (1422). Moins de
deux mois après (21 octobre), le malheureux Charles VI le suivit dans

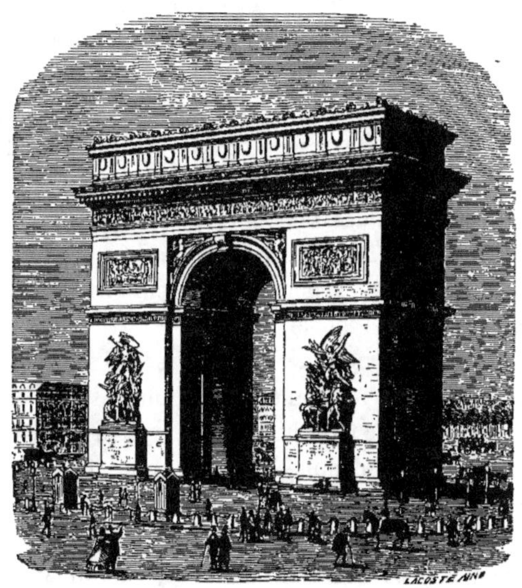
L'Arc de triomphe de l'Etoile.

la tombe, ayant assisté, sans les comprendre, aux calamités et à la ruine
de son royaume. Le peuple versa des larmes sur sa mort; avec tout le
clergé, il accompagna pieusement ses restes au dernier asile de ses pères,
à Saint-Denis, tandis que la dépouille mortelle du superbe monarque anglais était portée à Londres avec une pompe extraordinaire. Au moment
où furent accomplies les funérailles de l'infortuné Charles VI, un héraut
d'armes cria : « Le roi est mort : vive Henri de Lancastre, roi de France
et d'Angleterre! » Les Anglais accueillirent cette proclamation avec transport; et le duc de Bedford, frère de Henri V, oncle du jeune Henri VI,

fit porter devant lui l'épée royale, comme régent du royaume. Les seigneurs bourguignons et les magistrats vendus à l'étranger s'en réjouirent, mais le peuple en murmura. Une autre scène se passait presque en même temps dans un coin de la France, à Espally en Velay, où se trouvait le dauphin lorsqu'il apprit la mort de son père. « Proclamé roi par le petit nombre de fidèles qui l'environnaient, il s'habille de noir et entend la messe dans la chapelle du château; puis on déploie la bannière aux fleurs de lis d'or. Une douzaine de serviteurs crient *Noël !* Et voilà un roi de France. » (CHATEAUBRIAND : *Hist. de France.*) Ainsi deux rois héritaient en même temps de la couronne de saint Louis : d'un côté, Charles VII, possédant encore quelques provinces méridionales, le Berri, et diverses places dispersées çà et là; de l'autre, Henri VI, maître de la capitale et des plus belles provinces du Nord au Midi, sous la régence du duc de Bedford, avec l'appui des ducs de Bourgogne et de Bretagne. La lutte était inégale : Richemond, Dunois, Xaintrailles, Lahire soutinrent l'honneur français, sans pouvoir arracher la France à l'étranger : Jeanne d'Arc allait remplir cette sainte et noble mission.

Le régent Bedford, vivement désireux d'assurer sa conquête, se hâte de convoquer à Paris (29 novembre 1422) une assemblée de tous les corps constitués, afin de leur faire jurer l'observation du traité de Troyes. Aveuglés par la passion ou dominés par la terreur, tous prêtent serment au prince étranger. Bedford, capitaine expérimenté, habile politique, n'oubliait rien pour se concilier l'esprit de la population parisienne qui avait aussi reconnu son pouvoir : il diminuait, supprimait quelques impôts. Mais le prince anglais s'aperçut bientôt que la ville, revenue à ses vrais sentiments, ne lui était pas favorable, et que presque tous ses habitants tournaient leurs cœurs avec leurs espérances vers le souverain légitime Charles VII. Afin de paralyser les mauvais vouloirs et de réduire la sourde opposition des Parisiens, le duc faisait les plus grands efforts pour obtenir de rapides progrès dans les provinces. S'étant mis lui-même en campagne, il poussait la guerre à outrance. De son côté l'armée royale s'efforçait d'arrêter et de refouler loin de nos places l'invasion étrangère. Mais les désastreuses défaites de Crévant et de Verneuil avaient vu périr les meilleures troupes du roi. Les places restées jusqu'alors fidèles à sa cause tombaient au pouvoir des armées de Henri VI : toute la bravoure de Dunois, Lahire, la Trémouille, Xaintrailles et autres vaillants capitaines ne faisait que retarder la chute de trône. Jeanne d'Arc, par la levée merveilleuse du siége d'Orléans, vint ramener l'espoir dans le cœur des Français fidèles (1429). On connaît la suite de l'histoire de la jeune héroïne. Contemplons, après le sacre de Charles VII à Reims, l'armée royale conduite par son roi légitime et par Jeanne d'Arc s'avançant vers la capitale comme à une promenade militaire et sans trouver presque aucun obstacle : partout devant elle les voies s'aplanissent, les villes ouvrent leurs portes. Ces succès merveilleux, joints au prestige attaché alors au sacre des rois, marque d'une consécration divine, répandaient la joie dans les cœurs de tous les vrais Français. Les Parisiens n'étaient point les derniers à saluer l'approche de leur délivrance du joug de l'étranger. Il ne fut point toutefois donné à Jeanne d'être l'heureuse libératrice de la grande cité.

Bedford, connaissant l'esprit de la capitale, avait concentré autour de ses murs de nombreuses forces; il avait pris toutes les précautions, les mesures nécessaires pour éviter une surprise. Par ses ordres, les habitants, notables et bourgeois, avaient été forcés de prêter un nouveau serment au roi d'Angleterre. Sortant lui-même à la tête de vaillantes troupes, il vint observer Charles VII, qui marchait droit vers la capitale. La Pucelle, qui l'accompagnait, lui conseillait de s'arrêter à Saint-Denis, l'attaque de Paris lui paraissant alors imprudente. « Une telle ville, disait-elle, ne s'emporte point par un coup de main, c'est par la famine qu'il faudrait la réduire. Or les Anglais, occupant la haute et basse Seine avec des forces considérables, restent maîtres de tous les arrivages... » Ces conseils pleins de sagesse ne furent point écoutés; l'armée royale étant arrivée tout à coup sous les murs de la partie nord de Paris, les ducs de Bourbon et d'Alençon, ses commandants, ordonnèrent un assaut général près d'un lieu appelé *le Marché aux Pourceaux*[1]. C'était le 8 septembre (1429). La Pucelle, après avoir passé la nuit au village de la Chapelle, venait de rejoindre les assaillants; elle prit place au premier rang de l'attaque. L'armée royale emporta un boulevard extérieur, après

[1] A la butte Saint-Roch ou des Moulins, entre les portes Saint-Denis et Saint-Honoré.

avoir rejeté les Anglais dans la ville. Mais là se trouvaient les remparts et le mur d'enceinte, protégés par un double fossé. Jeanne d'Arc et bon nombre de seigneurs passèrent le premier aisément. Le second, rempli d'eau, et d'une grande profondeur, présentait plus de difficultés. Or, la Pucelle, toujours intrépide, s'en allait la lance à la main, sondant chaque passage, et demandant à grands cris, malgré les flèches et projectiles qui pleuvaient en cet endroit, des fagots et des fascines pour combler le fossé. Presque seule, en butte à tous les traits, elle s'obstinait à ne point reculer, criant aux Parisiens de rendre la ville au roi, lorsque, atteinte à la cuisse par une flèche ennemie, elle chancelle un instant. Dominant sa douleur, elle demeure ferme encore pour encourager les soldats à combler le fossé et à donner l'assaut. A la fin cependant, voyant son sang couler, et sentant ses forces l'abandonner par degrés, elle se retire à l'abri derrière une petite éminence, où elle reste jusqu'au soir, continuant toujours d'exhorter les soldats à ne point perdre courage. C'est alors seulement que le duc d'Alençon, venant lui-même la chercher, la décide enfin, par ses prières, à le suivre au quartier des Français, à la Chapelle-Saint-Denis.

Cette attaque infructueuse, qui avait duré une grande partie du jour, et coûté aux assaillants quinze cents hommes, tués ou blessés, était le premier échec qu'eut encore éprouvé Jeanne d'Arc. La nuit étant venue, on donna l'ordre de cesser l'attaque et de retourner vers Saint-Denis. Jeanne, y étant rentrée avec l'armée française, vint déposer humblement son épée et son armure à l'une des colonnes de la basilique du monastère, devant la châsse de l'apôtre de Gaules. Se jetant alors aux pieds du roi, elle lui demanda de nouveau la permission de se retirer vers ses parents, sa mission étant accomplie, disait-elle. Il ne fut point accordé à la jeune fille de rentrer sous le toit paternel; on sait comment, bientôt prisonnière et mise cruellement à mort, elle entra dans les cieux, ceinte de la triple couronne de la virginité, de la gloire et du martyre!

Le duc de Bedford, de retour dans Paris quelques jours après, envoya aussitôt des troupes reprendre Saint-Denis : tous les habitants de cette petite ville furent condamnés à de fortes amendes. Cependant chaque jour voyait croître à Paris le nombre des mécontents et des partisans secrets ou avoués du roi légitime. On découvrit un vaste complot organisé

pour secouer le joug de la domination anglaise et rendre à Charles VII
sa capitale. Plus de cent cinquante conjurés ayant été saisis, les uns furent
exécutés aux halles, d'autres moururent dans les tortures, un certain
nombre enfin put se racheter à prix d'or. Le duc régent, inquiet des
tendances de l'opinion publique, voulut éblouir l'imagination des Parisiens
par la pompeuse cérémonie d'un sacre, et leur donner une haute idée
de la puissance anglaise. Le 2 décembre (1431) Paris voyait entrer solennellement dans ses ses murs le jeune roi Henri VI, suivi d'un cortége
presque tout anglais. Lorsqu'il passa devant l'hôtel Saint-Paul, on dit
que la reine Isabeau de Bavière parut aux fenêtres, et que l'enfant l'ayant
saluée, elle s'inclina et se détourna en pleurant. Etait-ce de joie ou de douleur?... Henri VI fut conduit à l'hôtel des Tournelles, non loin de l'hôtel
Saint-Paul, qu'occupait alors le duc de Bedford. Quinze jours après (17
désembre), les portes de la basilique de Notre-Dame s'ouvraient pour
une fête que les habitants de Paris accueillaient d'un regard triste et mécontent. Le cardinal Winchester, après avoir officié pontificalement, selon
les rites anglais, prenait lui-même la couronne de France et la mettait
sur la tête d'un enfant étranger, à genoux devant lui. Cet enfant-roi ne
devait point grandir dans la cité de Philippe Auguste et de saint Louis.
Peu de jours après, Henri VI repartait pour Rouen, et de là pour l'Angleterre.

La domination anglaise n'ayant point de racines dans le sein de notre
pays, ne pouvait y être d'une longue durée. Le duc de Bourgogne, pressé
depuis longtemps par le connétable de Richemond de se détacher du parti
des Anglais, accepta des conférences. Elles s'ouvrirent le 6 août (1435),
dans le monastère de Saint-Waast d'Arras, en présence de la plus auguste
assemblée qu'on eût vue depuis longtemps. On ne put rien conclure avec
les plénipotentiaires anglais; mais on traita avec le duc de Bourgogne,
qui, moyennant de larges concessions, se réconcilia avec Charles VII. Par
suite, les autres puissants suzerains se trouvèrent unis entre eux et avec
le roi pour le rétablissement de la tranquillité publique et la guérison des
plaies du royaume. La paix d'Arras fut consacrée par un traité solennel
(22 septembre 1435), dont les conditions auraient été humiliantes en
d'autres temps. Dans l'état déplorable où se trouvait la France, jamais

souverain ne signa un traité plus utile. A quelques jours de là (30 septembre), la reine Isabeau, mère du roi, mourait à Paris, à l'hôtel Saint-Paul, détestée des Français et méprisée des Anglais. Son corps fut porté par eau pour éviter les frais, à Saint-Denis, où elle n'eut, dit-on, que quatre personnes et quatre cierges à ses funérailles.

Cependant les Parisiens, réduits aux dernières extrémités de la misère, appelaient eux-mêmes les royalistes[1]. La cruelle tyrannie et les mesures oppressives, qui avaient redoublé encore depuis la réconciliation des princes, hâtèrent la délivrance de la cité. On négocia secrètement avec Charles VII. Quelques bourgeois courageux entreprirent, au péril même de leur vie, de livrer la ville au roi, demandant comme unique récompense une amnistie générale pour leurs compatriotes. L'histoire a conservé leurs noms ; ce sont : Michel Lallier, Jean de la Fontaine, Pierre de Lancras, Thomas Bigache, Nicolas de Louviers et Jacques de Bergières. Le connétable et le comte de Dunois, après divers avantages remportés sur les Anglais, s'étaient avancés vers la capitale. Le vendredi après Pâques (13 avril 1436), jour convenu d'avance, tout était prêt ; à la pointe du jour, les troupes royales sont introduites dans la ville par la porte Saint-Jacques, sans éprouver de résistance, et se précipitent dans les rues, aux cris de « Vive le roi!... La paix! la paix! » Le maréchal de l'Ile Adam, montant sur la muraille, arbore la bannière de France, en criant : *Ville gagnée !* Le connétable, traversant la rue Saint-Jacques avec toute sa suite, marche droit au pont Notre-Dame, puis à la Grève, et, revenant sur ses pas, il entre dans la cathédrale, où il entend la messe tout armé. Les Anglais courent aux armes, commandés par lord Willebi ; mais ils sont partout repoussés ainsi que leurs partisans. C'est en vain que les chefs s'efforcent de rallier des défenseurs, en criant à tue-tête : « Saint Georges, traîtres de Français! vous êtes tous morts! » Nulle part ils ne trouvent un appui ; partout ils voient surgir sur leurs pas des ennemis nouveaux. On tend les grosses chaînes des rues sur leur passage ;

---

[1] Les auteurs du temps retracent ici d'horribles tableaux des souffrances de Paris désolé par la famine et les maladies contagieuses. Les loups affamés sortaient le soir dans la ville par nombreuses bandes, cherchant leur pâture. L'hiver de 1434 fut excessivement rigoureux. La neige tomba constamment à Paris pendant quarante jours et quarante nuits. On trouva dans le tronc d'un arbre plus de cent quarante petits oiseaux morts de froid.

du haut des maisons et des toits on lance sur eux des pierres, des éclats
de bois et tout ce qui peut donner la mort. A la porte Saint-Denis, Willebi
et les siens sont accueillis par une terrible décharge d'artillerie qui les
force de se replier vers la rue Saint-Antoine ; les débris des colonnes an-
glaises dispersées se voient contraints de se renfermer dans la Bastille,
au nombre de mille à douze cents hommes.

La Bastille.

La victoire avait été si prompte, que le connétable et ses gens d'armes
n'eurent pas même le temps de prendre part au combat. Ainsi les Parisiens s'étaient délivrés eux-mêmes du joug de l'étranger. Ils reçurent les
troupes royales avec des cris et des transports de joie, comme au plus
beau jour de triomphe. Cette restauration, après seize ans de domination
étrangère, ne fut point achetée au prix du sang français : cette fois du
moins la douceur et la clémence suivirent la victoire ; toute violence fut
sévèrement interdite aux soldats. Le connétable fit observer fidèlement

l'amnistie accordée par le roi. Après le combat, il n'y eut plus d'ennemis, plus de suspects. Les Anglais eux-mêmes qui s'étaient enfermés dans la Bastille obtinrent leur liberté, et ils se retirèrent à Rouen. Des jours meilleurs semblaient luire pour la capitale avec le retour de l'autorité légitime; à la disette, à l'inquiétude, à la terreur, succédèrent la joie et la confiance.

Le clergé et l'université de Paris célébrèrent avec la plus grande solennité, par deux processions générales, l'expulsion des Anglais et la délivrance de la ville. Les membres de l'université, au nombre d'environ quatre mille, y assistaient ayant chacun un cierge à la main. On s'occupa ensuite de réorganiser l'administration : Michel Lallier fut nommé prévôt des marchands; et pour complaire au duc de Bourgogne, on nomma prévôt royal le sire de Ternaut, un de ses capitaines.

L'année suivante, Charles VII, qui venait de signaler son courage contre les routiers dans le Nord, et contre les Anglais à Montereau, fit à son tour son entrée solennelle dans sa capitale (12 novembre 1437). Le peuple l'y reçut avec enthousiasme, et l'accompagna jusqu'au parvis Notre-Dame, où le roi, harangué par le recteur de l'université, en présence de plusieurs prélats, fit serment, entre les mains de l'évêque de Paris et sur le livre des Evangiles, *qu'il tiendroit loyalement et bonnement tout ce que bon roi faire devoit*. Charles VII entra ensuite dans la cathédrale, fit ses prières au grand autel, et remontant à cheval, alla souper au palais. La nuit tout entière se passa en feux de joie, en fêtes et en divertissements. Parmi les divers spectacles en plein vent, on vit sur plusieurs estrades, *les sept péchés capitaux combattant les trois vertus théologales et les quatre vertus cardinales*. Allusion peut-être à la défaite des Anglais.

Le retour du roi fut suivi de quelques règlements d'administration. Mais l'aspect désolé de la grande cité produisant sur son esprit une impression pénible, il se détermina à aller guerroyer de nouveau contre les Anglais, et n'y reparut depuis qu'à diverses reprises. Occupé de combattre sur divers points, il remporta de grands avantages sur les ennemis de la France. Une trève fut conclue à Tours avec l'Angleterre (1444); il profita de ce temps de repos pour repeupler les campagnes, faire revivre le

commerce et raffermir l'autorité royale. A la reprise des hostilités (1449),
il poursuivit son œuvre glorieuse de l'expulsion des Anglais. La Normandie, la Guyenne, l'Aquitaine rentrèrent en son pouvoir, et les ennemis
chassés partout ne conservèrent plus en France que la ville de Calais.
C'est ainsi que Charles VII obtint le surnom de *Victorieux*. Il aurait pu
y joindre celui d'heureux, s'il eût eu une autre mère et un autre fils.

Les histrions, jongleurs, bateleurs ou poëtes du moyen âge, qui exécu-
taient leurs farces et pantomimes, ou récitaient leurs pièces de vers en plein
vent, étaient à Paris sous la surveillance du prévôt royal : défense leur était
faite de rien représenter qui pût causer du scandale, sous peine de deux
mois de prison au pain et à l'eau. Vers l'an 1398, les jeux scèniques et les
spectacles dramatiques étant devenus moins grossiers, une troupe d'acteurs
s'établit au monastère de Saint-Maur-des-Fossés et représenta sur la scène
la Passion de Notre-Seigneur. Charles VI, leur ayant permis de jouer leurs
pièces à Paris (1402), ils vinrent s'établir dans une grande salle de l'hôpital
de la Trinité, rue Grénétat, et prirent le nom de *Confrères de la Passion
et Résurrection de Notre-Seigneur*. Leurs pièces, appelées *Mystères* ou
Moralités, étaient des compositions dramatiques, dépourvues de règle, de
méthode, offrant une suite de scènes sans goût, tirées des Ecritures saintes,
et écrites dans un mauvais français, rimé avec nombre d'expressions grossières et ridicules. Les Parisiens accouraient en foule aux représentations
des mystères, comme maintenant ils accourent aux mélodrames des boulevards. Là, on voyait les personnages les plus sacrés, Jésus-Christ, la
sainte Vierge, les saints, représentés avec une familiarité bien éloignée de
nos idées actuelles. Ce n'était pas profanation de la religion : tout était
spectacle et enseignement pour un peuple simple et grossier encore, avide
uniquement de voir et d'entendre. Aussi le clergé lui-même se montrait-il
favorable à ces amusements qui plaisait tant au peuple et où l'on représentait des sujets pieux. Les jours où on les donnait, les curés de Paris,
pour ne pas en priver leurs paroissiens, avançaient l'heure des vêpres
dans leurs églises [1].

---

[1] Une série d'estrades superposées et nommées *établis* remplissait le fond du théâtre. Le paradis
occupait le plus élevé des établis. On y voyait le Père éternel assis et entouré d'anges ou de saints.
On sait que le *paradis* désigne aujourd'ui encore la partie la plus élevée de nos théâtres.

Il faut aussi rapporter au règne de Charles VI l'organisation des trois confréries des arbalétriers, des archers et des arquebusiers de la ville de Paris, toutes trois fort anciennes et qui jouent un rôle important dans ses annales. Elles étaient composées d'un roi, d'un connétable et d'un certain nombre de membres. Celle des archers avait été mise par Charles VI, sous l'invocation de saint Sébastien. Ce même règne vit l'établissement de plusieurs colléges et la fondation du célèbre hôtel des Tournelles. Le règne de Charles VII et le temps de la domination anglaise ne présentent sous ce rapport aucun souvenir remarquable. Quand il s'agissait de sauvegarder une cité désolée, ou de la reconquérir sur l'ennemi, pouvait-on songer à l'embellir de nouvelles fondations?

CHAPITRE XIII

Paris sous Louis XI, Charles VIII et Louis XII
(1461 - 1515)

Paris avait enfin recouvré un peu de calme et de sécurité. Durant une période de plus d'un siècle, on le voit désormais jouir d'une tranquillité relative. Son histoire particulière le montre une fois seulement prenant une part active à la guerre dite *Ligue du bien public* : mais c'est pour y jouer un rôle honorable.

Louis XI, ayant appris dans le Brabant, où il vivait retiré, la mort de son père Charles VII (1461), courut aussitôt à Reims pour s'y faire sacrer, et se hâta de se rendre à Paris, où son entrée fut l'une des plus splendides qu'on eût vues jusqu'alors. En montant sur le trône, il fit au peuple de belles promesses qu'il ne tarda pas à violer, en augmentant les impôts et effrayant par d'excessives rigueurs les villes où l'on osa témoigner du mécontentement. Il éloigna en même temps des hauts emplois les hommes de la plus illustre naissance, et donna toute sa confiance à des gens obscurs tirés de la classe infime. Ce fut alors que les grands vassaux de la couronne, prenant ombrage des progrès toujours croissants de la puissance royale, formèrent une ligue contre le nouveau monarque : le prétexte mis en avant fut le soulagement des peuples, d'où elle prit le nom de *Guerre* ou *Ligue du bien public*. Les principaux confédérés étaient le comte de Charolais, plus connu sous le nom de Charles le

Téméraire, fils du duc de Bourgogne; les ducs de Bretagne, de Bourbon, de Nemours, d'Alençon, et les comtes d'Armagnac, de Dunois, de Saint-Pol et d'Albret. Le comte de Charolais marcha sur Paris (1465). Charles de Melun, alors son gouverneur, arrêta, de concert avec les habitants, les meilleures mesures pour la défense de la place.

Les bourgeois prirent les armes; on mura la plupart des portes de la ville, on prépara les grosses chaînes des rues, et l'on prit les autres dispositions ordinaires des siéges. Le comte de Charolais, à la tête d'une belle et forte armée, se porta vers Saint-Denis, où les confédérés avaient fixé le rendez-vous général, et fit de ce point quelques démonstrations insignifiantes sur Paris. Cependant les alliés n'arrivaient point; et d'autre part, le prince bourguignon apprenait par des avis secrets, que l'armée royale, avec le roi lui-même, accourait en toute hâte du Midi, pour sauver à tout prix la capitale. Charles traverse la Seine à la hauteur de Saint-Cloud, marche à la rencontre de ses trop lents alliés, laissant à peine quelques troupes devant Paris, et, sans les chercher, il rencontre à l'improviste le roi et son armée dans la plaine de Longjumeau. Alors se livra cette bataille sanglante de Montlhéry (16 juillet 1465), où de part et d'autre on montra tant de bravoure, et où chacune des deux armées, après une perte à peu près égale, s'attribua la victoire. Le roi quittant Monthléry, et se portant sur Corbeil, gagna sa capitale, pendant que le prince bourguignon faisait sa jonction avec les ducs de Berry, de Bretagne et les autres alliés.

Peu de jours après, le comte de Charolais, réuni aux princes confédérés, reparut sous les murs de Paris avec une très-forte armée. Louis XI avait su, par la confirmation des priviléges de la ville, par la diminution de quelques impôts, fortifier l'attachement des Parisiens pour son gouvernement et sa personne. Ils ne tardèrent pas à lui en donner des marques. C'est en vain que les princes ligués, profitant de l'absence momentanée du roi, alors en Normandie, avaient essayé de nouer des conférences avec des députés de la ville, ne voulant, disaient-ils, que la convocation des états généraux, afin de remédier aux maux publics, et demandant, en attendant, de rentrer librement dans Paris. La prompte arrivée du roi mit fin à ces dangereuses intelligences. Des sorties furent faites avec succès

contre les confédérés : Louis était rentré dans Paris avec une si grande
quantité de vivres, et toutes les mesures furent si bien prises, que pendant un siége ou blocus de trois mois, la ville n'eut rien à souffrir. Les
assiégeants , au contraire, souffrant de la disette, tentèrent plusieurs fois
vainement de traverser la Seine pour s'emparer de l'autre rive ; leur
armée s'affaiblissait, se consumait chaque jour dans des efforts inutiles.

Les Catacombes.

Le roi, malgré ses succès, avait hâte de voir terminer cette guerre.
Rouen, Pontoise, Péronne venaient d'être livrés par trahison aux princes
confédérés. A Paris même, au milieu d'une nuit obscure, une subite alarme
ayant fait croire que la Bastille allait être livrée aux ennemis, on courut
sur les remparts, on tendit les chaînes, on alluma des feux dans les rues,
et bientôt, en effet, on trouva la porte Saint-Antoine ouverte et les canons
encloués. Louis, voyant que la trahison était partout, se rendit lui-même

auprès du comte de Charolais, et après quelques courts débats, il conclut avec lui le traité dit *de Conflans* (5 octobre 1465). Ce traité, avec celui de Saint-Maur (29 octobre), mit fin à la guerre du bien public. Le roi avait apaisé les grands vassaux à force de concessions et de promesses. Mais peu lui importait de signer un traité honteux; il se réservait de le violer selon l'occurrence. Au reste, quand on en vint de part et d'autre aux stipulations, il se trouva qu'aucun des seigneurs révoltés ne s'occupa de soulager le peuple : l'ambition personnelle avait dirigé tous les actes. Les communes, comprenant la leçon, se rattachèrent naturellement au parti du roi, et la Ligue, changeant de nom, fut appelée, non sans raison, *Ligue du mal public*. Paris, si souvent jusqu'alors rebelle à ses princes, venait de donner des preuves de fidélité à un souverain bien moins digne de les recevoir que la plupart de ses prédécesseurs. Louis XI remercia la bourgeoisie et profita de cette occasion pour accorder de nouvelles prérogatives à la ville. En même temps il donna d'importants emplois à bon nombre de bourgeois dont il venait d'éprouver les talents et le dévouement. C'est ainsi que, malgré la dureté de son gouvernement, terrible aux grands, mais débonnaire aux petits, il sut acquérir une sorte de popularité dont plus d'un excellent prince pourrait être tenté de se montrer jaloux.

Louis XI, « ce personnage unique dans nos annales, dit Châteaubriand, et qui ne semble point appartenir à la série des rois français; tyran justicier aux mœurs basses, chéri et méprisé de la populace, » Louis XI cependant ne manqua ni de grandeur ni de sagesse; il s'occupa toujours d'améliorer le bien-être matériel de la France, au milieu de ses constants efforts pour constituer la monarchie absolue sur les ruines de la monarchie féodale, pour abaisser la haute aristocratie et centraliser le pouvoir. Paris, durant son règne, vit peu d'événements importants se passer dans son sein. Louis XI lui-même n'y fit plus par la suite et de loin en loin que de courts séjours. Ce prince, par une ordonnance, distribua toute la population de la capitale sous soixante-et-une bannières, formant autant de corps de métiers, en même temps que des compagnies de garde ou de milice nationale. Ces compagnies se choisissaient elles-mêmes leurs officiers dans des assemblées annuelles tenues à la Saint-Jean. Cette milice bourgeoise s'élevait, suivant le vieil historien Jean de Troyes, à plus de soixante mille hommes de seize à soixante ans, ce qui a fait évaluer la population totale de la ville à près de trois cent mille habitants. L'importance de la possession de Paris était telle, aux yeux du roi, durant la ligue du bien public, qu'on l'entendit plus d'une fois depuis dire à Philippe de Comines : « Si j'eusse trouvé Paris révolté, le meilleur qui me pouvoit advenir, c'étoit fuir hors du royaume. »

Louis XI protégeait les lettres, les arts et les découvertes. C'est sous ce règne, trente ans après l'invention de l'imprimerie par Jean Guttenberg de Mayence, que cet art admirable fut introduit en France (1470). Paris, entre toutes les villes du royaume, posséda la première une imprimerie. Quelques docteurs de Sorbonne y appelèrent trois imprimeurs d'Allemagne[1], qui établirent leurs presses à la Sorbonne même. Ces premiers imprimeurs se virent poursuivis comme sorciers par le peuple de Paris. On rendit même contre eux un jugement qui confisquait leurs livres; mais Louis XI, comprenant déjà la portée de cette grande découverte, protégea ces prétendus sorciers contre le peuple, l'université et le parlement : il devint ainsi le premier tuteur d'un art qui devait verser sur le monde civilisé tant d'insignes faveurs, comme aussi, hélas! y propager rapidement tant d'erreurs et de mensonges. L'imprimerie, ce puissant agent de la liberté, fait remarquer Chateaubriand, fut élevée en France par un tyran.

Vers le même temps, Louis XI attachait son nom à une belle institution : l'établissement des postes aux lettres. L'université de Paris en avait eu la première idée : elle employait déjà la voie des postes pour l'avantage de ces milliers d'étudiants accourus de tous les points de l'Europe : mais Louis XI, en généralisant cette invention, la rendit universellement utile.

Paris, témoin, à cette époque, de deux exemples terribles de haute justice, apprit que désormais, en France, ni les plus illustres alliances ni les plus grandes dignités n'exempteraient du châtiment dû au crime et surtout à la trahison. Le connétable comte de Saint-Pol, chef de la grande famille de Luxembourg, oncle de la reine d'Angleterre, beau-frère du roi et parent de tous les souverains de l'Europe, eut la tête tranchée sur la

---

[1] Ulric Gering, Martin Krantz et Michel Friburger.

place de l'hôtel de ville (19 décembre 1475). Un peu plus tard (4 août 1477), Jacques d'Armagnac, duc de Nemours et comte de la Marche, fut décapité aux Halles, par arrêt du parlement, comme coupable de lèse-majesté. Par un raffinement de cruauté, le roi avait ordonné de placer ses deux fils, encore en bas âge, sous l'échafaud, afin de recevoir sur leur tête le sang de leur infortuné père. Détournons nos regards de cet horrible spectacle, pour les reposer sur un illustre nom et sur un beau souvenir de cette époque.

Jean de la Vaquerie, devenu premier président au parlement de Paris (1481), se faisait remarquer par son intrépidité à soutenir les intérêts du peuple, sous un roi qui regardait comme un crime toute résistance à ses volontés. Un trait consigné dans l'histoire a rendu sa mémoire immortelle. Louis XI, ayant envoyé au parlement, pour y être vérifiés, des édits onéreux qui augmentaient outre mesure les charges publiques, Jean de la Vaquerie, malgré le cruel sort que lui présageait un refus, n'hésite pas un instant : il se rend au palais, à la tête de la cour en robes rouges, et dit au monarque : « Sire, nous venons remettre nos charges entre vos mains, et souffrir tout ce qu'il vous plaira, plutôt que d'offenser nos consciences. » Cette démarche, contre l'attente générale, eut un heureux succès. Louis XI révoqua ses édits en présence des intrépides magistrats, qu'ils renvoya avec honneur, en les priant de continuer à bien rendre la justice. On voit, un siècle plus tard, Achille de Harlay, tenir un pareil langage devant Henri IV; mais il fallait plus de courage, un plus entier dévouement pour s'exprimer avec cette hardiesse devant Louis XI. La Vaquerie, après la mort de ce prince, sous la régence d'Anne de Beaujeu, continua de soutenir les intérêts du peuple et l'honneur de la magistrature; il remplit, durant seize années, les fonctions de premier président et termina sa carrière vers la fin du XVe siècle (1497). « Il mourut enfin, dit un vieil historien, plus riche d'honneur et de réputation que de biens de fortune; car, ayant délaissé trois filles, héritières seules de ses vertus, le roi, son maître, par reconnaissance des services qu'il luy avoit rendus, prit le soing de les marier, selon leur condition, de ses propres deniers. » Un hommage éclatant a été rendu de nos jours à la mémoire de ce grand magistrat. Parmi les douze personnages dont les portraits ornent la galerie restaurée du palais de justice, qui conduit à la chambre de saint Louis, on aime à retrouver le premier président, Jean de la Vaquerie, à côté de Matthieu Molé, de Daguesseau, de Talon, de Séguier, et quelques autres des vénérables figures que nous offre le tableau de la magistrature française.

Louis XI, surnommé *le restaurateur de la monarchie*, porta le premier entre nos monarques le titre de *roi très-chrétien*. Ce prince mourut au château de Plessis-lez-Tours (1483), en chargeant de la tutelle de son fils Charles VIII, et du gouvernement de l'Etat, sa fille aînée, Anne de France, dame de Beaujeu. Douée des plus hauts talents, cette princesse, par l'énergie de son caractère et sa politique vigoureuse, sut tenir tête à la réaction des princes et seigneurs, et gouverner l'Etat avec autant de prudence que de fermeté. Durant son administration, et au milieu des menées du duc d'Orléans et des grands pour s'emparer du pouvoir, Paris ne cessa pas un instant de témoigner sa fidélité à Charles VIII et à la régente. Sous le règne du jeune prince qui, à des vues utiles et à des idées sages, mêla trop souvent des projets imprudents et aventureux, « gentil prince, doux, gracieux et accointable, et si bon qu'il n'est point possible de voir meilleure créature, » l'université et le parlement jouirent des faveurs royales, la faculté de théologie s'attacha avec un nouveau zèle à la poursuite des erreurs, les études littéraires se développèrent sous l'influence du roi et de son conseil, et quelques établissements religieux se formèrent : tels furent la communauté des Filles pénitentes ou repenties (religieuses de Saint-Magloire, l'an 1492), et le couvent des Bons-Hommes de l'ordre des Minimes de Saint-François-de-Paul, fondé à Chaillot (l'an 1493), dans une vieille tour appelée Château de Nigeon, qu'avait cédée Jean de Morhier, chambellan de Charles VIII. .

Les historiens de Paris indiquent à cette époque, dans différents quartiers, un certain nombre de recluses. On appelait ainsi certaines filles qui, par esprit de pénitence ou de piété, se condamnaient volontairement à une réclusion perpétuelle. Sur leur demande, l'évêque les enfermait dans de petites cellules, attenant le plus souvent à une église ou à une chapelle, et qu'on murait ensuite, n'y laissant de communication au dehors que par une ouverture destinée à faire parvenir les choses nécessaires à la vie. La première recluse qu'on ait vue à Paris date de l'an 1443. Ce genre

de pénitence, qui semble si étrange de nos jours, n'était point rare dans
le xve siècle et les suivants. Les recluses jouent un rôle assez important
dans l'histoire de Paris. On allait les consulter parfois et s'édifier de leurs
discours. Il y en avait une fort célèbre au cimetière des Saints-Innocents.
Ce fut par la cellule d'une recluse que commença l'ermitage du Mont-
Valérien, où s'établirent plus tard de pieuses congrégations de prêtres...

Charles VIII étant mort sans laisser aucun fils (1498), Louis, duc d'Orléans, dont les révoltes avaient troublé les premières années du règne du
jeune monarque, plaça sans contestation la couronne sur sa tête, en vertu
de la loi salique. Louis XII, dont la turbulente jeunesse s'était passée dans
des guerres civiles ou au service des réactions féodales, consacra son âge
mûr au bonheur de la France. « Le roi de France, disait-il, ne doit pas
venger les injures du duc d'Orléans. » Après avoir noblement inauguré
son règne en amnistiant tous ceux qui, sous le gouvernement d'Anne de
Beaujeu, l'avaient combattu ou emprisonné, Louis XII diminua les charges
publiques, rétablit la discipline militaire et prit un soin particulier d'améliorer l'administration de la justice. Par sa bonté, sa clémence, sa justice
et ses autres vertus, il mérita enfin de voir s'attacher à son nom ce titre,
que tous les rois devraient lui envier, et que répétaient plus tard, dans
les rues de Paris, les crieurs publics sonnant leurs clochettes, et annonçant le trépas du prince par ces mots simples et touchants : « Le bon roi
Louis, *père du peuple*, est mort! »

Au milieu des réformes importantes, des changements et améliorations
opérés à Paris pendant son règne, Louis XII fut merveilleusement secondé
par l'un de ces dignes ministres et conseillers que Dieu envoie de temps à
autre aux excellents princes dont le cœur cherche réellement le bonheur
de leurs peuples. On a nommé le cardinal Georges d'Amboise. Chose bien
digne de remarque! malgré tant de guerres que vit le règne de Louis XII,
la France ne cessa de jouir du plus grand repos, et les impôts diminués à
l'avènement de ce prince ne furent jamais augmentés depuis. C'est là, sans
contredit, un des plus beaux titres de gloire de son sage ministre.

Les bienfaits du gouvernement de Louis XII donnèrent une impulsion
nouvelle à l'industrie et au commerce de Paris. « On ne bâtit plus de maison sur rue, dit un écrivain de l'époque, qui n'eût boutique pour mar-

chandise ou pour art mécanique. Pour un gros marchand qu'on trouvait
à Paris du temps de Louis XI, on en trouva cinquante sous Louis XII, et
ils faisaient moins difficulté d'aller à Rome, à Naples, à Londres et
ailleurs, au delà de la mer, qu'ils n'en faisaient autrefois d'aller à Lyon
et à Gênes. » Déjà, depuis plusieurs siècles, mais surtout depuis le règne
de Charles V, le haut commerce parisien se trouvait divisé entre six

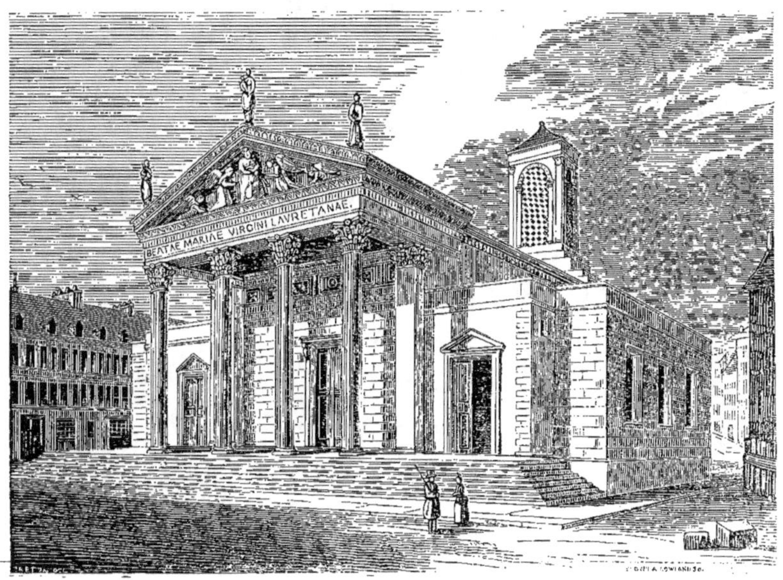

Notre-Dame de Lorette.

professions principales, qu'on appelait *les six corps de marchands*[1].
Chacun était gouverné par six maîtres et gardes, choisis parmi les plus
probes et les plus intelligents entre tous les membres du corps. Ces trente-
six maîtres ou gardes s'assemblaient sur la convocation du grand-garde
de la draperie, qui présidait la réunion comme chef du premier corps. Ces
maîtres jouissaient d'insignes honneurs et distinctions. On choisissait ordi-

---

[1] 1º les drapiers; 2º les épiciers et apothicaires; 3º les pelletiers; 4º les merciers; 5º les chan-
geurs, remplacés au XVIᵉ siècle par les bonnetiers; 6º enfin les orfèvres.

nairement parmi eux les échevins et le prévôt des marchands, formant le bureau de la ville. En maintes occasions, ils étaient admis à complimenter officiellement le roi, comme les grands corps de l'Etat. Ils portaient le dais sur la tête des rois et des reines aux entrées solennelles des souverains dans Paris. Ces six corps de marchands formaient entre eux une grande association étroitement unie, qui avait pour devise un Hercule assis et s'efforçant en vain de rompre un faisceau de six baguettes, avec cette légende au-dessous : *Vincit concordia fratrum*. L'organisation de ces six corps, sauf quelques modifications peu importantes, est restée la même jusqu'à 1776 ; elle ne disparaît dans son ensemble qu'à la révolution de 1789. Jusqu'alors elle a sa vie propre et joue un rôle éminent dans les annales parisiennes.

Sous le règne de Louis XII, Paris vit l'accroissement incessant de sa population donner une grande impulsion à la construction de maisons nouvelles. Toutefois, à l'exception du pont Notre-Dame et de l'hôtel de Cluny, on n'éleva dans son sein aucun monument public.

CHAPITRE XIV

Paris sous les princes de la branche de Valois-Orléans
(1515-1589)

A la mort de Louis XII, *le père du peuple* (1515), le plus proche héritier de la couronne était François, comte d'Angoulême, arrière-petit-fils de Louis duc d'Orléans, qu'avait fait assassiner le duc de Bourgogne. Beau jeune homme de vingt et un ans, avide de gloire militaire et de toute sorte de renommée, François Ier monta sans conteste sur le trône. Il inaugura le nouveau règne par la victoire de Marignan, que le vieux maréchal de Trivulce, après avoir assisté à dix-huit batailles rangées, appelait *un combat de géants*. La conquête du Milanais et le concordat du pape Léon X avec la France furent les résultats de cette victoire. A partir de François Ier, le pouvoir royal centralisa à Paris tous les intérêts généraux et la vie intellectuelle de la France. Après cent années de repos, la capitale, troublée par le protestantisme naissant, vit rouvrir pour elle et dans son propre sein l'ère des révolutions. Alors, comme aujourd'hui, elle devint le théâtre des événements les plus importants de notre histoire.

Après la défaite des troupes françaises à Rebec et à Romagnano, que n'avait pu prévenir tout le dévouement et le courage de Bayard, *le chevalier sans peur et sans reproche*, l'empereur Charles Quint, encouragé par ces succès, tenta d'envahir la France. Les Anglais et les Flamands pénétrèrent par la Picardie jusqu'aux bords de l'Oise, à quelques lieues de Paris. Le duc de Vendôme, envoyé par le roi, qui se trouvait alors dans le midi de la France, fit aussitôt mettre la capitale en bon état de défense. On répara les anciennes fortifications et on en éleva de nouvelles qui furent garnies d'artillerie; une levée de deux mille hommes fut opérée dans la ville par ordre du parlement. A l'annonce faite par Philippe de Chabot, seigneur de Brion, de l'arrivée de la reine et de ses enfants, qui, pour donner aux Parisiens une preuve de la confiance royale, venaient s'établir au milieu d'eux, le parlement avait répondu par des protestations de dévouement. Les Anglais ne poursuivirent pas leur marche, dans la crainte d'être repoussés ; mais le danger ne tarda pas à reparaître, plus pressant encore, lorsque la funeste et sanglante bataille de Pavie (1525) fit craindre de nouveau de voir les ennemis au cœur du royaume.

Toutes les portes de Paris furent alors murées, à l'exception de cinq, conservées libres pour les approvisionnements, sous la garde spéciale et constante des magistrats et de notables bourgeois. Deux présidents du parlement, Jean de Selle et de Vist, donnèrent l'exemple en montant la garde aux portes de Saint-Victor et de Saint-Antoine. On barra la Seine par des chaînes tendues au dessus et au dessous de la ville, et l'on prit toutes les mesures de précaution et de défense. Le traité de Madrid (1526) ayant rendu son roi à la France, le monarque, délivré de prison, revint à Paris, où il fit son entrée aux acclamations de tous les habitants (14 avril 1527).

C'est sous le règne de François Ier que l'hérésie de Luther et de ses partisans commença à s'introduire en France. Les actes des nouveaux sectaires dans la capitale vinrent, après leurs écrits, révéler l'esprit qui les animait. Une nuit (l'an 1528), les luthériens iconoclastes commirent un attentat sacrilége qui révolta la foi vive des Parisiens et remplit la ville d'indignation et de rumeur. Une expiation solennelle de cette profanation eut lieu le 11 juin, fête du Saint-Sacrement, dans l'église de la Culture-Sainte-Catherine. L'évêque y célébra la messe, à laquelle assistèrent, avec tout le clergé des paroisses, les religieux des différents ordres, le parlement, le corps de ville, les ambassadeurs, les prélats, les grands officiers de la couronne, les princes du sang, et enfin le roi lui-même.

Moins de deux ans plus tard, Paris fut affligé par une autre profanation des images saintes, que l'on expia aussi par une procession solennelle. François Ier devint plus sévère dès lors envers les propagateurs des doctrines nouvelles. L'un d'eux, Louis Berquin, subit sur la place de Grève (22 avril 1529) la terrible peine portée par une loi encore en vigueur contre les hérétiques opiniâtres, le supplice du feu. Six autres hérétiques furent plus tard condamnés à la même peine pour avoir affiché des placards impies contre l'Eucharistie (1533).

Vers la même époque où l'hérésie de Luther et Calvin commençait ses ravages dans la capitale, le vénérable sanctuaire de la Reine des martyrs sur la colline de Montmartre devenait le berceau de la société célèbre qui, après avoir été le plus ferme marteau de l'hérésie nouvelle, fut toujours depuis l'avant-garde de l'Eglise, sa lance et son bouclier. L'Espagnol Ignace de Loyola, après s'être préparé à son œuvre par sept années d'un travail opiniâtre dans les écoles de l'université de Paris, s'adjoignit cinq compagnons [1], et le jour de l'Assomption (l'an 1534), montant avec eux à Notre-Dame de Montmartre, il y réalisa le pieux dessein qu'il avait conçu. Ce petit groupe d'écoliers espagnols vint s'agenouiller dans une chapelle souterraine, au tombeau des saints martyrs, apôtres des Gaules, et aux pieds de leur Reine. Un jeune prêtre savoyard, Pierre Lefèvre, qui s'était joint à eux, célébra le saint sacrifice. Puis, au moment de la communion, ils firent tous, devant le corps du divin Sauveur, le serment solennel de consacrer leur vie au salut des âmes, en ajoutant aux trois vœux ordinaires de chasteté, de pauvreté et d'obéissance, le vœu formel de se rendre partout où il plairait au Pape de les envoyer. Telle fut l'origine de cette illustre Compagnie de Jésus, dont l'action a été depuis si puissante sur le monde entier. Au milieu des idées anarchiques et du bouleversement moral du xvie siècle, quand l'esprit d'indépendance et du libre examen venait saper toutes les autorités, susciter partout le désordre et la révolte, la Société des Jésuites parut à son heure propice pour répandre et faire prévaloir l'esprit d'obéissance et de conservation au sein du monde catholique. On sait quels innombrables combats cette nouvelle milice sut livrer à l'erreur sur tous les points et dans toutes les circonstances. Les travaux immenses qu'elle accomplit

---

[1] François Xavier, Salméron, Lainez, Rodriguez et Bobadilla.

B

soit dans le champ des lettres et des sciences, soit dans l'éducation de la jeunesse, soit enfin dans l'apostolat des peuples infidèles, sont consignés dans sa mémorable histoire, dont la première page, ouverte sur la colline de Montmartre, est un des beaux souvenirs de la cité parisienne.

Le traité de Cambrai (1529) n'avait pu terminer la guerre entre François Ier et Charles Quint; les hostilités reprirent peu après. Puis une trêve de dix ans, conclue à Nice (1537), par la médiation du pape Paul III, sembla avoir réconcilié les deux monarques. Ils se virent à Aiguesmortes (du 14 au 17 juillet), et se « caressèrent, dit un historien, comme s'ils n'avaient jamais eu de guerre ensemble. » Ce fut durant cette trêve et pendant que François Ier s'occupait du soin d'améliorer sa capitale, que Charles Quint lui fit demander le libre passage par son royaume pour aller châtier les Gantois révoltés (1540). François Ier, se piquant d'une vertu toute chevaleresque, non-seulement lui octroya sa demande, mais encore reçut son hôte impérial à Paris avec la plus pompeuse magnificence. Charles Quint y fit son entrée (le 1er janvier 1540) par la porte Saint-Antoine, où le prévôt des marchands, accompagné des échevins, vint le haranguer et lui présenter les clefs de la ville. Un nombreux et brillant cortége précéda la marche de l'Empereur, au bruit du canon de la Bastille, à travers les rues, ornées de riches tapisseries, jusqu'à Notre-Dame, où il fit sa prière et assista au *Te Deum*.

De là, Charles Quint se rendit au Palais. Le roi le reçut au bas de l'escalier, et le conduisit dans la grande salle, où l'attendait un magnifique festin qui fut servi par les plus hauts seigneurs. La ville lui fit présent d'un Hercule d'argent dont le roi avait donné le dessin. L'empereur séjourna huit jours à Paris, pendant lesquels les tournois, les fêtes de tous genres se succédèrent, et les deux princes se montrèrent constamment plus occupés de plaisirs que d'affaires politiques. Sur la demande de l'Empereur, on mit en liberté tous les prisonniers de la ville. Au milieu de toutes ces fêtes, Charles n'était pas sans crainte. François pouvait profiter de l'occasion pour se rendre maître de sa personne et obtenir l'annulation du traité de Madrid. Bon nombre de gens peu scrupuleux sur les moyens de parvenir à un but lui conseillaient d'agir ainsi. Mais François Ier avait donné sa parole royale, il s'honora en repoussant ces lâches insinuations.

Médiocre politique et intrépide chevalier, François Ier reçut de ses contemporains le surnom de *Père des lettres*. Il fut le digne émule de Léon X, qui attacha son nom à son siècle, et s'entoura de savants et d'artistes, les comblant de dignités, de largesses, et encourageant leurs travaux par son exemple et sa magnificence.

Paris eut une large part dans le mouvement littéraire et artistique de cette époque. François Ier y fonda l'imprimerie royale et le collége de France (1529), où l'on enseignait les langues savantes : il enrichit la bibliothèque de livres précieux.

De grands travaux furent exécutés par ses ordres sur tous les points de la capitale. On restaura les églises de Saint-Merry, de Saint-Germain-l'Auxerrois, de Saint-Gervais : on bâtit la belle tour de Saint-Jacques-de-la-Boucherie, qui, déblayée aujourd'hui et entourée d'un gracieux square, brille d'un merveilleux éclat. Le Louvre, déjà vieux, fut démoli pour être construit sur un nouveau plan. L'abbaye de Saint-Victor

L'Observatoire.

fut également reconstruite, et l'on posa la première pierre de l'hôtel de ville (1533). C'était le temps où Primatice, Germain Pilon, Jean Cousin, Jean Goujon, Philibert Delorme, et d'autres artistes accueillis avec honneur à la cour de France, embellissaient les palais et les châteaux royaux, et décoraient les églises de la capitale. C'était enfin cette époque dite *de la renaissance*, époque remarquable sans doute, mais qu'on a trop vantée. Ce fut en effet la renaissance de l'art païen, de l'art grec, s'attachant aux plaisirs de l'imagination, à la séduction des sens, et qui n'a point connu la sainte mission dévolue aux artistes. Cet art, trop souvent corrupteur, flattait les instincts d'une cour voluptueuse et dissolue, en offrant à ses regards des Dianes, des Psychés, des Vénus, des sujets tirés de l'histoire grecque et romaine ; au lieu de ces *Nativités*, de ces *Madones*, de ces *Saintes Familles* que le génie tendre et sublime du christianisme avait révélées aux Pérugin, aux Francia, aux Vinci, aux Raphaël.

Sous Henri II, fils de François Ier (1547-1559), l'importance de Paris fut tellement considérable, il y vint surtout une telle affluence d'habitants, que l'on crut devoir arrêter l'élan des constructions nouvelles. Le roi, par un édit (novembre 1549), défendit d'élever aucun édifice nouveau dans les faubourgs. Cet édit est le premier règlement qui ait fixé des bornes à la ville de Paris, mais il ne fut pas longtemps en vigueur. Le faubourg Saint-Jacques obtint bientôt la liberté de s'agrandir, en attendant que Charles IX vint donner à la ville une étendue plus spacieuse par une nouvelle enceinte.

Le règne de Henri II vit l'hérésie protestante s'établir, se propager en France et dans sa capitale, malgré la répulsion générale des habitants pour les doctrines nouvelles, et la punition rigoureuse infligée à plusieurs hérétiques. Ces funestes doctrines gagnèrent bon nombre de personnages de distinction et de gens de cour. Les édits rigoureux du roi contre les protestants ne les empêchaient pas de se multiplier. Les novateurs purent impunément, durant l'été de 1558, se réunir en grand nombre, les soirs, au Pré-aux-Clercs, et là chanter ensemble les Psaumes mis en vers français par Marot. Vers la fin de mai 1559, la secte osa tenir son premier synode à Paris. On y dressa une profession de foi avec un corps de discipline. Les efforts du roi pour arrêter les progrès de l'hérésie devenaient impuissants. Déjà les calvinistes formaient un parti redoutable dans l'Etat ; ils tenaient des assemblées, non plus en secret, mais à ciel ouvert. Ils s'organisaient partout pour la guerre civile. On touchait à ces temps malheureux où la France de Clovis et de saint Louis, attaquée dans sa foi, allait être livrée, à l'occasion de l'hérésie, aux misères qu'avait amassées dans son sein plus d'un siècle auparavant la fatale rivalité des Bourguignons et des Armagnacs.

Sur ces entrefaites, un déplorable accident vint abréger les jours du monarque. Après la paix de Cateau-Cambrésis (1559), des fêtes splendides eurent lieu à Paris pour la célébration des mariages d'Isabelle, fille du roi, avec Philippe II, et de sa sœur Marguerite, avec le duc de Savoie.

On donnait un grand tournoi devant l'hôtel des Tournelles, à l'extrémité de la rue Saint-Antoine. Henri II, qui venait de signaler sa vigueur et son adresse dans plusieurs assauts, voulut, avant de sortir de la lice, rompre encore une lance avec le comte de Montgommery, son capitaine des gardes. Cette lutte lui fut fatale; le comte ayant heurté le casque du roi du tronçon de sa lance, lui porta à l'œil une grave blessure des suites de laquelle le prince mourut le onzième jour, à l'âge de quarante ans (1559).

Durant le règne si court de François II, fils aîné de Henri II, les querelles religieuses s'envenimèrent encore, et Paris, cité alors fondamentalement catholique, lutta avec force contre une minorité protestante qui, se regardant déjà maîtresse de l'avenir, osait profaner tous les objets de la vénération publique. Le pouvoir royal, attaqué dans son existence même, se tenait en garde, et prenait à Paris les mesures les plus rigoureuses contre les protestants, que l'on commençait à désigner sous le nom de *huguenots*. Le conseiller Anne Dubourg, s'étant déclaré ouvertement dans une assemblée du parlement en faveur du calvinisme, et ayant parlé au roi avec une grande hardiesse, fut aussitôt arrêté, conduit à la Bastille, puis pendu et brûlé en place de Grève (1559).

Plusieurs partis se disputaient alors le pouvoir : mais l'influence principale appartenait aux princes lorrains, le duc et le cardinal de Guise, oncles de la reine Marie Stuart, femme de François II. C'étaient les appuis et les défenseurs du parti catholique, contre les princes de Bourbon (Antoine roi de Navarre et Louis de Condé). Ces deux princes, associés aux protestants et à l'amiral de Coligny, chef de la secte, invoquèrent en outre l'alliance de l'Angleterre. Ainsi, dès le principe, les catholiques apparaissent comme le seul parti national, s'appuyant en France sur les convictions religieuses du peuple, tandis que le roi de Navarre, le prince de Condé, Coligny et les calvinistes pouvaient être appelés justement la faction de l'étranger. Ce fait important a sa large part dans l'histoire de nos guerres religieuses. Cependant les Guises faisaient exécuter à la rigueur les édits publiés contre la réforme, tandis que les calvinistes, rêvant l'établissement d'une république féodale, conspiraient pour s'emparer de la cour et mettre à mort les Guises. La conjuration d'Amboise, dirigée secrètement par le prince de Condé, éclata (1560); mais elle n'eut d'autre résultat que d'affermir le pouvoir et l'influence des princes lorrains. Le duc prit en mains les rênes du gouvernement, et, sous le titre de lieutenant général du royaume, il exerça sur le roi et sur le peuple une autorité presque absolue. Le cardinal de Guise entreprit d'établir en France le tribunal redouté de l'Inquisition; mais le chancelier de l'Hôpital arrêta l'exécution de ce plan, et fit rédiger l'édit de Romorantin, par lequel les évêques furent investis de la connaissance du crime d'hérésie. Les états généraux furent convoqués à Orléans, de l'assentiment des deux partis; le roi de Navarre et le prince de Condé s'y rendirent comme dans un champ clos où ils pourront combattre la puissance de la maison de Lorraine. Mais les Guises, prévenant leur dessein, les firent arrêter et mettre en prison; le prince de Condé, accusé comme chef de conspiration, fut condamné à la peine capitale. La mort de François II, le délivra du supplice. Sous Charles IX, frère du jeune monarque, la guerre civile en se développant devait plonger la France dans d'horribles malheurs (1560).

Catherine de Médicis, profitant de la jeunesse de son fils, s'était emparée de l'autorité. En se plaçant entre la faction des Guises et celle des protestants, elle essayait de ménager tous les partis, afin de se servir des uns contre les autres. Réconciliée avec le roi de Navarre, elle fit mettre en liberté le prince de Condé, qui devint dès lors redoutable et le chef naturel des réformés. Guise, de son côté, se voyant écarté du pouvoir et n'écoutant que les dangers de la foi, se réunit au vieux connétable de Montmorency et au maréchal de Saint-André, et forma avec eux une sorte de triumvirat, dont il était le chef le plus ardent. Antoine de Bourbon, roi de Navarre, avait été nommé lieutenant général du royaume. Les haines et les espérances fermentaient de part et d'autre. La guerre civile était imminente : il ne fallait qu'un signal pour courir aux armes, qu'une étincelle pour allumer l'incendie. Une collision inattendue à Vassy, petite ville de Champagne, vint donner naissance aux guerres de religion.

Il n'entre point dans notre plan de retracer le tableau de ces affreuses guerres, durant lesquelles vingt mille églises furent détruites; d'innombrables villes ou villages, brûlés; ces scènes d'horreur souillèrent les triomphes des réformés. Il y eut d'affreuses représailles sans doute :

mais ceux qui les provoquèrent en levant l'étendard de la révolte contre l'antique foi de saint Louis, en associant l'étranger à nos querelles, et en foulant aux pieds l'honneur et les intérêts de la France, furent les premiers, les plus grands coupables? Le prince de Condé, qui commandait les calvinistes, s'approcha de Paris, devenu la capitale et la place d'armes du parti catholique. Outre sa garnison de troupes réglées, Paris comptait plus de vingt-quatre mille hommes de milices bourgeoises en belle et martiale tenue. Le maréchal de Brissac, lieutenant général du roi, et l'un des plus grands hommes de guerre de son temps, avait pris toutes les mesures nécessaires pour mettre la Cité en état de défense, pendant que l'armée des triumvirs en sortait sous les ordres du duc de Guise, pour aller combattre les protestants, déjà maîtres d'Orléans, et victorieux dans les provinces méridionales. Condé, qui avait reçu un renfort de luthériens allemands, tenta une attaque contre le faubourg Saint-Marceau et déploya son armée dans la plaine de Montrouge. Mais n'ayant pu surprendre la capitale, il se replia sur Dreux, où l'armée royale, commandée par le duc de Guise, ne tarda pas à lui présenter la bataille et à remporter une éclatante victoire (1562).

La suite de la guerre civile nous montre le duc François de Guise, tombant assassiné sous les murs d'Orléans et couronnant dignement sa vie héroïque en pardonnant à son meurtrier (23 février 1563). Les batailles de Saint-Denis (1567), de Jarnac, de Moncontour (1569), comme celle de Dreux, sont gagnées par les catholiques. Le vieux connétable de Montmorency périt dans la première ; Condé, ayant péri à son tour, à celle de Jarnac, le jeune prince de Béarn, depuis Henri IV, est reconnu à sa place chef du parti protestant. Enfin une troisième paix, dite *la paix boîteuse et malassise*, est conclue à Saint-Germain-en-Laye (15 août 1570). D'horribles événements vinrent bientôt la rompre, et Paris en fut le théâtre principal.

Tandis que la chrétienté célébrait dans une vive allégresse son glorieux triomphe à la journée de Lépante, en France les discordes civiles et religieuses poursuivaient leurs cours. Deux massacres nocturnes, dits *Michelades*, furent commis par les calvinistes, à Nîmes; d'autres, à la Roche-Abeille, à Navarreins, à Pau, à Orthez. Ces crimes ne justifient point, mais servent à expliquer l'horrible journée de la Saint-Barthelemy. Lorsque, en se reportant à ces temps de divisions, de haines rivales, on songe à quel degré d'exaspération les guerres civiles, les massacres, les sacriléges et les fréquents appels faits à l'étranger, avaient dû porter les catholiques, on s'étonne moins qu'une reine artificieuse ayant conçu la détestable idée de rendre meurtre pour meurtre, trahison pour trahison, ait pu trouver autour d'elle tant de complices et de bourreaux.

Catherine de Médicis, qui depuis douze années avait vainement essayé d'abattre les protestants, résolut de recourir donc au meurtre, afin de détruire un parti qui menaçait la couronne de son fils, et livrait continuellement le royaume à l'Angleterre, à l'Allemagne, à la Navarre. Par la paix conclue à Saint-Germain, elle venait d'endormir les défiances des protestants en feignant de leur accorder quelques-unes de leurs prétentions. Elle fit épouser à l'un des chefs calvinistes (Henri de Béarn), Marguerite de Valois, sœur de Charles IX, et convoqua l'autre (Coligny) aux splendides fêtes qui furent données à cette occasion. Les calvinistes y vinrent en foule, et fiers de la protection apparente de la cour, ils triomphèrent insolemment, sans songer que l'astucieuse politique des Médicis avait ouvert un abîme sous leurs pas. Or cependant la reine se hâte d'accomplir son œuvre. Accourant auprès de son fils, elle lui rappelle les anciens dangers qu'elle a courus, lui peint ceux qui le menacent encore, et par ses importunités elle lui arrache l'ordre de mettre à mort les huguenots dans tout le royaume. Après avoir signé, Charles IX, irrésolu plutôt que méchant, veut révoquer la cruelle sentence, mais il est trop tard. Le massacre avait commencé sur tous les points de Paris, vers le milieu de la nuit qui précéda le 24 août. Une bande de fanatiques, poussés par Catherine ou dirigés par le jeune duc de Guise, fait de toutes parts main basse sur les calvinistes. Coligny est égorgé le premier dans son hôtel, et son corps précipité dans la rue; une foule de gentilshommes protestants sont massacrés sans défense. Le nombre des calvinistes mis à mort s'élève à plus de quatre mille (24 août 1572). Les jours suivants, de pareilles scènes se renouvellent sur plusieurs points du royaume, en vertu des ordres du roi... Mais l'on sait à quels nobles refus et protestations donnèrent lieu ces ordres sanguinaires. L'histoire, en rappelant ces faits odieux, n'a point oublié de consigner dans ses fastes, pour l'honneur de l'humanité, les noms des gouverneurs de province qui refusèrent d'obéir aux messagers de Charles IX. »

« La Saint-Barthélemy, répéterons-nous avec un sage historien, fut un crime politique dont nous ne chercherons point à atténuer la honte. L'Eglise réprouve de telles vengeances; et bien que le calvinisme fût une conspiration permanente contre la foi, la royauté et la patrie, il n'appartenait à personne de servir une cause sainte par la perfidie et l'extermination. La religion catholique n'a donc pas besoin d'être justifiée d'un attentat auquel elle demeura étrangère; ce fut l'œuvre d'une femme artificieuse et d'une cour corrompue, qui mirent en jeu l'assassinat, et, pour dissimuler à leurs propres yeux leur crime, se placèrent sous l'abri d'intérêts sacrés qui n'ont rien à démêler avec le meurtre. On exalta des craintes vraies au fond; on irrita, on dénatura l'instinct religieux pour en faire un instrument politique. Qui osera imputer à

Saint-Vincent-de-Paul.

l'Eglise une exécution désavouée par elle? Faudra-t-il proscrire l'amour de la patrie, parce qu'on lui a fait produire les Vêpres siciliennes? anéantir la liberté, parce qu'elle a enfanté, dans un moment de délire, les abominables scènes de septembre? Il vaut mieux condamner les assassins sous toutes les bannières, et s'écrier avec le chancelier de l'Hospital, que la Saint-Barthélemy fit mourir de douleur : Périsse ce jour funeste, *Excidat illa dies œvo!* » (A. GABOURD : *Hist. de France.*)

Les massacres de la Saint-Barthélemy, loin d'abattre le parti protestant, lui donnèrent une nouvelle énergie : le désespoir décupla ses forces. Il le prouva l'année suivante au siége de la Rochelle, qui retint sept mois entiers au pied des murailles de cette ville, le duc d'Anjou, frère du roi, le vainqueur de Jarnac et de Moncontour (1573). Elu roi de Pologne, le

même prince partit bientôt pour ses nouveaux Etats. Mais il ne tarda pas
à rentrer en France, pour remplacer sur le trône le jeune Charles IX, qui
venait de mourir tourmenté de remords (1574). Cette mort parut l'effet
de la vengeance divine.

Sous le règne de Charles IX, Philibert Delorme bâtit le château des
Tuileries, par les ordres de Catherine de Médicis. Nous parlerons ailleurs
de ce palais de nos monarques. Ce même règne vit construire l'hôtel de
Soissons, qui devint la résidence royale, l'église de Saint-Jacques-du-Pas,
le séminaire de Saint-Magloire, les colléges des Grassins et de Clermont,
et enfin l'arsenal. On doit encore à cette époque l'utile création de la juridiction des juges consuls, œuvre du chancelier Michel de l'Hôpital, remplacée aujourd'hui par le tribunal de commerce.

Henri III, roi de France, n'était plus le vaillant capitaine de Jarnac et de
Moncontour, que l'éclat de son mérite militaire avait fait monter sur le
trône des Jagellons : homme efféminé, sans énergie et sans vertu, entouré
de favoris perdus de vices, qu'il appelait ses mignons, il abandonnait le soin
des affaires à Catherine de Médicis. Le gouvernement avili aux mains du
fils était détesté dans celles de la mère. Le duc d'Alençon, frère du roi de
France, Henri roi de Navarre, et le prince de Condé, fils du rebelle de
ce nom, tué à Jarnac, formèrent alors une sorte de confédération contre
Henri III. Ce parti, dit des *Malcontents*, composé d'ambitieux et de huguenots, accrut ses forces par des troupes appelées d'Allemagne. Henri duc
de Guise marcha contre les malcontents, et les tailla en pièces, près de
Château-Thierry, dans une bataille où il reçut la blessure qui lui fit donner le surnom de *Balafré.* D'un autre côté, des renforts venus d'Allemagne aux chefs calvinistes les rendirent plus redoutables que jamais ;
Catherine de Médicis sollicita la paix, et l'obtint en échange d'un nouvel
édit de pacification (c'était le cinquième) rendu à Blois en faveur des protestants : cet édit leur accordait les plus grands avantages (1576) ; la mémoire
de Coligny fut réhabilitée par arrêt judiciaire, et l'on reconnut pour bons
et loyaux sujets les chefs de la confédération.

On s'était promis de ramener la paix par ces larges concessions : l'effet
ne répondit point à l'attente. Les catholiques se montrèrent mécontents
à leur tour. Un sentiment énergique de patriotisme et de foi donna

naissance à cette confédération célèbre, connue sous le nom de *Ligue ;*
puissance déréglée sans doute comme les circonstances qui les produisirent,
mais expression d'un attachement indomptable à la religion de saint Louis.
Après plus de deux siècles et demi, il est temps de mieux juger cet élan
religieux et national, qui, sous le nom de *Sainte Ligue*, accomplit des
prodiges pour racheter la France de l'hérésie, de l'étranger, et même de
son roi ? Pourquoi n'envisager, comme font en général les historiens, que
les excès, les crimes des ligueurs, et ne pas donner quelque sympathie à
une cause si chrétienne dans son principe et sa pensée première, si juste
dans le fond ? Quels que soient les écarts où l'ardeur de son zèle ait pu
l'entraîner, la Ligue n'en a pas moins maintenu intactes la foi et la nationalité de la France ; c'est à elle que nous devons d'être restés libres et
catholiques. Qu'on juge donc désormais la Ligue par ses grands résultats
et non par l'ambition de ses chefs et les incidents déplorables de sa mémorable lutte. « Quand on conserve à un peuple sa foi, a dit un célèbre
orateur chrétien, quand on sauve sa nationalité, toutes les fautes se perdent dans la gloire. » (LE R. P. LACORDAIRE.)

Péronne en Picardie, l'une des places fortes de sûreté cédées par l'édit
de Blois aux calvinistes et qui refusa de les recevoir, vit la première se
former cette union, dans le but de sauver de l'abandon du trône et des
envahissements de l'étranger le territoire et la religion de la France. Ses
membres s'engagèrent à protéger la foi catholique contre les ennemis du
dedans et du dehors, sans en excepter le roi lui-même. Un grand nombre
d'autres villes ayant suivi l'exemple de Péronne, la Ligue s'accrut rapidement et parut bientôt une puissance formidable. Paris devint le centre
des ligueurs. Henri de Guise en fut le chef et le plus énergique soutien
(1576).

Le duc d'Alençon ou d'Anjou, frère de Henri III, venait de mourir
(1584). Avec lui devait s'éteindre la branche des Valois. Henri III n'ayant
point d'héritier, le plus proche prince du sang était dès lors Henri de Bourbon, roi de Navarre, principal chef du parti protestant. Jamais les catholiques n'auraient consenti à subir l'élévation au trône d'un partisan, d'un
soldat de Calvin. Aussi le parti national, plus fort et plus audacieux,
se prononça-t-il avec énergie contre l'avènement du roi de Navarre. La

Ligue, qui jusqu'alors avait agi dans l'ombre, leva sa tête menaçante et se montra au grand jour. Les Guises secondaient de tout leur pouvoir ces dispositions de l'esprit public qui favorisaient leurs prétentions personnelles et leurs projets ambitieux. Guise le Balafré n'aspirait à rien moins qu'au pouvoir royal. Dans ce but, revendiquant un antique droit, il faisait proclamer qu'à la vacance du trône, c'était aux princes de la maison de Lorraine, de préférence à la maison de Bourbon, que la couronne devait appartenir. Il entraîna la Ligue dans son parti, ainsi que Philippe II, roi d'Espagne, et leva des troupes à l'étranger pour soutenir ses droits prétendus. De son côté, Henri III, intimidé par les progrès des ligueurs, s'unit à eux par un traité signé à Nemours (7 juillet 1585). Se plaçant donc à la tête de la Ligue pour la contenir, s'il est possible, il joignit ses forces à celle de Guise contre le roi de Navarre, et donna un édit pour révoquer tous les priviléges des protestants. Le feu de la guerre fut alors allumé dans toutes les provinces.

Dans la capitale, venait de se former, au sein de la Ligue, une faction particulière dite *des Seize* (1586)[1]. C'était une association des ligueurs les plus ardents, réunis dans le but de faire une guerre plus active aux protestants, et de maintenir par tous les moyens possibles l'exclusion d'un prince hérétique du trône de France. Cette faction fit en peu de temps de grands progrès. En 1587, elle forma une entreprise pour enlever au roi la couronne et la liberté. La guerre dite *des trois Henri* poursuivait son cours : le roi de Navarre était vainqueur, à Courtrai, de l'armée de Joyeuse, l'un des favoris de Henri III, et Guise remportait deux victoires, à Vimory et à Auneau, sur une armée allemande qui traversait la France pour secourir les calvinistes. Henri III, s'étant mis en campagne, obtint lui-même quelques avantages. Mais sa rentrée solennelle dans la capitale, après sa victoire près de la Charité, ne fut qu'un apparent triomphe, dû aux efforts tentés par quelques amis de la paix pour relever sa puissance avilie. Le parti national se donnait tout entier aux Guises. Pressé par les Seize de se rendre sans retard à Paris, Guise le Balafré y vint à son tour contre la défense formelle du roi. Une foule enthousiaste l'entoure d'acclamations; on sème des fleurs sous ses pas, on veut baiser ses habits, et l'on fait re-

---

[1] Des seize quartiers de la ville de Paris.

tentir les airs des cris : « Vive le duc de Guise ! vive le défenseur de la foi ! » Comparant les victoires du roi à celles de l'audacieux sujet, le peuple répétait ces paroles des Livres saints : « Saül en a tué mille, et David dix mille. » Le duc se rend à l'hôtel de Soissons, où était la reine-mère, et vient ensuite avec elle au Louvre. Aux paroles sévères du roi, il répond par des protestations nouvelles, mais d'un ton embarrassé qui trahit ses craintes. Il peut cependant se retirer sain et sauf, grâce à la reine-mère, et toujours escorté par la foule du peuple, il regagne son hôtel de la rue du Chaume. La faction des Seize triomphait, elle avait avili le souverain.

Ce n'est point assez : enhardie par le succès qui couronne son audace, elle organise un mouvement dans Paris même. Son but est de changer l'ordre de succession sans attendre même la mort de Henri III. Guise lui-même était dépassé par ses fougueux partisans. Alors eut lieu cette fameuse et triste *journée des barricades*, qui donna le spectacle d'un roi de France chassé de son palais et de sa capitale par un peuple rebelle, pendant qu'un prince lorrain, devenu l'idole de ce même peuple, était reçu en triomphe comme le sauveur du pays (12 mai 1588). En vain le roi, au bruit de l'orage qui gronde, a-t-il fait entrer dans Paris quatre mille Suisses qu'il range en bataille autour du Louvre et qui s'emparent de quelques postes importants : la capitale se couvre de barricades, derrière lesquelles veillent cent mille hommes prêts à détruire les troupes demeurées fidèles au roi. Devant cette attitude menaçante du peuple, toute résistance devenait inutile. Le parlement, effrayé, se disperse, laissant l'autorité royale aux prises avec l'insurrection. De son côté, Henri III, dans ce moment suprême, plein de trouble et d'irrésolution, demeurait immobile dans sa torpeur, laissant le flot populaire poursuivre son cours. Les troupes dispersées dans la ville, ne recevant aucun ordre, restaient partout l'arme au pied ; l'émeute était maîtresse partout ; Guise, qui en dirigeait les mouvements, pouvait désormais prétendre à tout. Mais il hésite devant sa propre puissance ; son ambition recule à l'aspect du trône qu'il entrevoit ; au moment d'agir, il consent à parlementer avec la reine-mère, qui, dans le but de gagner du temps pour faciliter la fuite du roi, semble débattre avec beaucoup d'ardeur les conditions proposées par le duc. Durant cet entretien , Henri III s'échappe du Louvre et sort de Paris. Arrivé aux Tuileries, où étaient les écuries, « il monta à cheval avec ceux de sa suite qui eurent moyen d'y monter; il se retourna vers la ville et jura de n'y rentrer que par la brèche. » Il se retira à Chartres : il ne vit plus désormais Paris que des hauteurs de Saint-Cloud et n'y rentra jamais.

Henri de Guise, resté seul maître de Paris, après la journée des barricades, s'efforça d'y faire disparaître toutes les traces de révolte et d'y rétablir l'ordre matériel. Il distribua les fonctions et les emplois à ses créatures. Pour colorer ses usurpations d'une apparence de justice, il voulut gagner à sa cause le parlement : mais il rencontra dans ce corps des magistrats fidèles au malheur et à leur serment. Il se rendit, avec quelques-uns des siens, chez le premier président, Achille de Harlay. « Il le trouva, dit un vieil historien, qui se pourmenoit dans son jardin, lequel s'étonna si peu de leur venue, qu'il ne daigna pas seulement tourner la tête ni discontinuer sa promenade commencée; laquelle achevée qu'elle fut, et étant au bout de son allée, il retourna, et en retournant il vit le duc de Guise qui venoit à lui. Alors ce grave magistrat, haussant la voix, lui dit : « C'est grand'pitié quand le valet chasse le maître : au reste, mon âme est à Dieu, mon cœur est à mon roi; mon corps est entre les mains des méchants; qu'on en fasse ce qu'on voudra! » Répondant directement aux propositions du duc qui le pressait de faire rendre la justice comme par le passé, « Quand la majesté du prince est violée, dit Harlay d'un air sévère, le magistrat n'a plus d'autorité. »

Les factieux le menacent du dernier supplice. « Je n'ai ni tête ni vie, leur dit-il, que je préfère à l'amour que je dois à Dieu, au service que je dois au roi, et au bien que je dois à ma patrie. »

Cependant les Parisiens, soit repentir, soit crainte, ne songèrent plus qu'à fléchir le roi. L'effervescence populaire s'étant calmée et l'intérêt privé ayant repris sa place au foyer domestique, on s'alarme de l'absence du souverain; les bourgeois de Paris y virent un grand préjudice porté au commerce. « Il n'y avoit si désespéré d'entre eux, dit un historien contemporain, qui ne reconnût que l'éloignement de la cour alloit nuire à sa marmite, à sa boutique, à son négoce. » C'est alors que, pour rap-

peler le roi à Paris, on lui députa à Chartres son ancien favori, Ange de
Joyeuse, à la tête d'un long cortége de pénitents ; singulière ambassade,
dont un historien témoin oculaire nous a laissé une exacte description.
(De Thou). Le roi ne pouvait que pardonner. Bientôt, par les soins de
Catherine, parut *l'édit d'union* (11 juillet 1588), qui rétablissait la paix

Saint-Sulpice.

en accordant à la Ligue d'immenses avantages, et en déclarant qu'avenant
la mort du roi sans enfants mâles, on ne lui donnera pour successeur
aucun prince hérétique ou fauteur d'hérésie. Guise fut créé généralissime
des armées du royaume, et les états généraux se réunirent à Blois pour
sanctionner *l'édit d'union* qu'Henri III avait signé en pleurant.

On sait quel sanglant épisode signala ces états de Blois. Le 23 décembre 1588, au moment où le duc de Guise se rendait au conseil, les quarante-cinq gentilshommes ordinaires de la garde du roi le massacrèrent à coups de poignards. Le lendemain, son frère, le cardinal de Guise, fut également assassiné. Leurs corps furent brûlés, et les cendres jetées au vent. La nouvelle de ce double et lâche assassinat transporta les Parisiens d'une indignation et d'une fureur qui ne connurent plus de bornes.

Le duc de Mayenne, frère de Henri de Guise, étant accouru à Paris, releva le courage des ligueurs et souffla dans tous les cœurs le feu de la vengeance. Le tableau de Paris, durant ces derniers jours du règne des Valois, est l'un des plus tristes qu'offre son histoire. Ce peuple parisien, qui, par sa révolte, avait forcé le roi de s'éloigner de sa capitale, et qui, presque aussitôt touché de repentir, avait député jusqu'à deux fois vers lui pour le supplier de revenir, reprend alors ses premiers sentiments. Henri III, regardé comme un parjure, un tyran, un assassin, un ennemi de la Religion et de l'Etat, est voué à l'exécration générale. La haine contre lui s'exhale par des discours, des pamphlets, des libelles, par les sermons de certains prédicateurs dans les églises tendues de noir ; on appelait la vindicte publique sur le prince, qu'on surnommait *le vilain Hérodes*, anagramme de son nom *Henri de Valois*. De nombreux docteurs, assemblés en Sorbonne, déclarent Henri III déchu du trône, et ses sujets déliés du serment de fidélité. Le faction des Seize, dirigée par Bussy-Leclerc, gouverneur de la Bastillle, somme le parlement de rendre à son tour une sentence de déchéance contre Henri III. Sur leur refus les magistrats sont conduits prisonniers à la Bastille, Achille de Harlay, le premier président, à leur tête. D'autres magistrats plus complaisants les remplacent et rendent l'ordonnance requise par Bussy. Le nom du roi était devenu si odieux, qu'il eût été dangereux de le prononcer en public. On n'appelait plus le prince que Henri de Valois, on lui prodiguait les épithètes les plus injurieuses et les plus cyniques. Au milieu de cet orage, Henri III, entouré d'ennemis, presque sans armée, écrivait à Mayenne pour le prier d'oublier l'assassinat de son frère, et demandait à Rome l'absolution des censures qu'il avait encourues par la mort du cardinal de Guise. Enfin, trahi, abandonné de toutes parts, il ne vit plus qu'une seule ressource : tendre les bras au roi de Navarre, chef des protestants, et solliciter son alliance contre leurs ennemis communs.

Henri de Bourbon, brave et généreux, touché de la misère du roi, consentit à réunir ses forces à celles de Henri III. Les deux princes, s'étant joints au Plessis-les-Tours (30 avril 1589), et se trouvant à la tête de trente mille hommes, marchèrent en toute hâte vers Paris pour enlever cette place aux ligueurs. Leurs premiers succès furent rapides : dix mille Suisses amenés par Sancy vinrent accroître leur armée. Arrivés devant la capitale, ils établirent leur quartier général à Saint-Cloud. Mayenne, qui commandait dans Paris, fit en vain d'actives dispositions de défense. La ville, privée de soldats aguerris, devait succomber, et la Ligue touchait à son terme, lorsqu'une catastrophe imprévue vint changer de nouveau le cours des événements.

Un jeune fanatique, nommé Jacques Clément, de l'ordre des Dominicains, séduit par les sophismes de certains prédicateurs qui proclamaient hautement la doctrine du *tyrannicide*, conçoit l'odieux projet d'ôter la vie à Henri III, comme au plus dangereux des tyrans et des ennemis publics. S'étant rendu à Saint-Cloud, muni de lettres pour le roi, il est introduit en sa présence. Henri prend les lettres que le moine lui présente, puis, pendant qu'il les lit avec attention, Clément tirant un couteau le lui enfonce dans le bas-ventre (1er août 1589). Aux cris du prince assassiné, quelques gardes accourent, et se jetant sur le meurtrier, ils le massacrent aux pieds de sa victime. L'infortuné monarque mourut le lendemain, dans de grands sentiments de pénitence, en pardonnant à ses ennemis, en conjurant le roi de Navarre de rentrer dans le sein de l'Eglise catholique et en le faisant reconnaître pour son légitime successeur.

Tandis que la douleur régnait à Saint-Cloud, l'assassinat de Henri III était célébré à Paris par des réjouissances extraordinaires. Il y eut des feux de joie et des fêtes. Des prédicateurs canonisèrent Jacques Clément. On fit à ce misérable régicide l'honneur de l'invoquer comme un martyr; sa vieille mère reçut une pension. Un peu plus tard, dès que les avenues de Paris furent libres, le pèlerinage de Saint-Cloud devint à la mode. Un jour, bon nombre de ligueurs y étant allé en caravane, le bateau qui les portait sombra au retour, et il ne s'en sauva pas un. « Jugement de

Dieu grand et remarquable sur ces nouveaux idolâtres, s'écrie l'Estoile; car de faire un saint d'un martyr à double potence, c'est proprement faire du ciel une hôtellerie de tyrans! » O délire des passions humaines, qui peut pervertir ainsi les notions de la justice et de la vérité!

Le crime de Jacques Clément donna une nouvelle impulsion à la Ligue. Les plus timorés parmi les catholiques ne craignirent plus de s'associer aux ligueurs, alors qu'un huguenot venait revendiquer la couronne très-chrétienne de saint Louis... Mais la Providence veillait sur cette couronne : elle ne permit point qu'elle fût posée sur un front entaché d'hérésie.

Le règne de Henri III, qui termine l'ère des Valois, avait vu instituer à Paris l'ordre du Saint-Esprit. Sous ce monarque, on construisit la maison professe et l'église des Jésuites de la rue Saint-Antoine, aujourd'hui la paroisse Saint-Paul-Saint-Louis. Deux célèbres couvents datent aussi de cette époque : celui des Feuillants, situé sur un emplacement occupé aujourd'hui par une partie de la rue de Rivoli, près des jardins des Tuileries, du côté de la place Vendôme. Le club des Feuillants joue un rôle mémorable dans les fastes de la révolution de 1789 : l'autre couvent est celui des Capucins, de la rue Saint-Honoré, près des Feuillants. Il y avait là un collége renommé par ses fortes études, et d'où sont sortis plusieurs hommes distingués.

CHAPITRE XV

Branche des Bourbons. — Siége de Paris. — Henri IV.
Louis XIII — (1589 - 1643)

Henri de Bourbon, roi de Navarre, descendant de Robert de Clermont, cinquième fils de saint Louis, était, en vertu de la loi salique, l'héritier de la couronne de France. Mais une autre loi, plus sainte, plus antique et profondément gravée dans le cœur des Français, interdisait à un prince hérétique de régner sur le peuple très-chrétien. La France catholique répondait donc par une juste répugnance aux prétentions et aux droits du prince béarnais. Henri IV, abandonné de la plus grande partie de son armée, et contraint de lever le siége de Paris, se replia sur la Normandie. Mayenne, chef des armées de la Ligue, l'y suivit de près. Pendant cette campagne, les ligueurs, ayant élu pour roi le cardinal de Bourbon, vieillard du sang royal, le proclamèrent sous le nom de Charles X. Mais bientôt, le vainqueur d'Arques et d'Ivry, plus fort par ces victoires, reparut sous les murs de la capitale. Le vieux cardinal de Bourbon venait de mourir prisonnier à Fontenay (1590). Les catholiques ne se découragèrent point. La Sorbonne, par un arrêt solennel, déclara Henri hérétique, fauteur d'hérésie, et comme tel incapable de succéder au trône. Le parlement institué par les ligueurs confirma cette sentence et défendit, sous peine de mort, de proposer un accommodement avec le roi de Navarre. Cependant le Béarnais ayant bloqué la ville et emporté les faubourgs, les habitants furent bientôt réduits à une horrible famine. Etroitement pressés par une armée victorieuse, ils n'en étaient pas moins préparés à subir toutes les extrémités de la misère plutôt qu'à renier leur vieille foi. Jamais peut-être un plus grand spectacle ne s'était offert dans notre histoire.

« Ce siége mémorable, dit un sage historien, fit éclater tout ce que le prince avait au fond du cœur de magnanimité et de courage, et en même temps tout ce qu'une conviction religieuse forte et sincère peut donner à l'homme d'énergie et de constance! Le peuple de Paris se montra admirable de dévouement. C'est en vain que l'histoire écrite jusqu'à ce jour par les philosophes, les protestants ou les panégyristes trop exclusifs d'une idée monarchique, a voulu déverser le ridicule ou l'opprobre sur cette sublime résistance; le temps de la justice doit enfin venir pour des hommes qui surent se sacrifier jusqu'à la famine et jusqu'à la mort pour demeurer fidèles à leur culte. Sans doute des excès furent commis; des moines et des religieux se laissèrent emporter par l'ignorance de leurs passions jusqu'à des manifestations opposées à leur saint caractère; le fanatisme étouffa la miséricorde chez les uns, la voix de la nature chez les autres; mais ces déplorables exceptions, qu'il est nécessaire de condamner, ne furent que des malheurs occasionnés par la guerre et qui n'ôtent rien à nos pères de ce que leur courage eut d'héroïque.... L'histoire dira que si, dans une vaste population de trois à quatre cent mille âmes, il se trouva des fanatiques coupables, des mères dénaturées, l'immense majorité des Parisiens fut pure de leurs excès et supporta avec une courageuse fermeté les misères et les dangers du siége. Les moines, le crucifix à la main, encourageaient les milices; les femmes exhortaient leurs époux et leur donnaient quelquefois l'exemple; tous ensemble endurèrent la faim la plus affreuse, redoutant moins ses extrémités que le malheur d'obéir à un roi huguenot. » (A. GABOURD : *Hist. de France.*)

Pour suppléer au manque de farines, après avoir épuisé d'horribles ressources, on déterra les os du cimetière des Innocents, on les pila et on en fit du pain. Mais ce funeste aliment, loin de conserver la vie, donna la mort à plusieurs milliers d'habitants. De misérables affamés allaient à la chasse des hommes, et il y en eut plusieurs de dévorés. Enfin on vit des mères, comme au siége de Jérusalem, se nourrir de la chair de leurs propres enfants. Trente mille personnes, dit-on, périrent de faim et de misère. Cependant le roi, touché de compassion, gémissait sur le sort des malheureux Parisiens. Campé sur les hauteurs de Montmartre, il s'écriait, les larmes aux yeux : « Faudra-t-il donc que ce soit moi qui les nourrisse? je ne veux pas régner sur des morts. » On lui entendit un jour prononcer ces belles paroles : « Je ressemble à la vraie mère de Salomon; j'aimerais mieux n'avoir point de Paris que de l'avoir en lambeaux. » En

Halle au blé.

attendant il avait permis que les bouches inutiles sortissent de la ville; et il reçut dans son camp plusieurs milliers de ces infortunés, qu'il nourrit lui-même. Animés par l'exemple du prince, les officiers et soldats faisaient passer par-dessus les murailles des vivres et des rafraîchissements pour leurs anciens amis. Un jour qu'on menait pendre deux paysans qui avaient voulu introduire un convoi de vivres, Henri IV leur fit grâce et leur remit tout l'argent qu'il avait sur lui, en leur disant : « Allez en paix; le Béarnais est pauvre : s'il en avait davantage, il vous le donnerait. » Plus de rigueur aurait peut-être terminé la guerre; mais, comme dit avec raison un historien, « la Providence, attentive aux intérêts de la vraie religion, ôtait à Henri tantôt la pensée, tantôt les moyens d'abattre ses ennemis; et il entrait dans les desseins du Ciel de n'affermir la couronne sur la tête de ce prince que quand il serait revenu à la foi de Clovis, de Charlemagne et de saint Louis. »

Cependant l'horrible situation où la ville était réduite, fait tenter quelques voies de négociations. Députés vers le roi, le cardinal de Gondi, évêque de Paris, et l'archevêque de Lyon, viennent à l'abbaye Saint-Antoine et s'abouchent avec le prince; mais ils ne peuvent rien conclure. Les assiégés se déterminent alors à se défendre jusqu'à la dernière extrémité. Ils sont soutenus d'ailleurs par l'espoir qu'une armée espagnole s'approche pour les secourir. Le 14 mai 1590, eut lieu dans Paris la fameuse procession de la Ligue, composée de prêtres, de religieux et d'écoliers, au nombre de treize cents, tous armés de sabres et d'arquebuses, ayant à leur tête l'évêque de Senlis, le prieur des chartreux et le curé de Saint-Côme.

Enfin, une armée vint secourir la capitale : elle était commandée par le duc de Parme, lieutenant de Philippe II, et regardé comme le plus habile général de son temps. Henri IV lève le siége pour aller à sa rencontre (30 août 1590), et vient camper à Bondy, puis à Chelles. Le peuple parisien, trouvant un matin les faubourgs évacués, semble sortir du tombeau et fait retentir les airs de ses transports d'allégresse. Son premier acte est de suivre le légat et les autres chefs à Notre-Dame, pour y célébrer avec la plus grande pompe un *Te Deum* solennel. La ville est ensuite ravitaillée. Des convois de blé y arrivent du pays chartrain, et bientôt l'abondance y règne comme avant le siége.

Au mois de janvier de l'année suivante (1591), Henri IV, voulant essayer de surprendre Paris, envoie devant lui soixante officiers déguisés en paysans et menant avec eux des charrettes chargées de farine. Mais, découverts à la porte de Saint-Honoré, ils sont contraints de se retirer. On appela ce coup manqué *la journée des farines;* il fut ordonné qu'on en célébrerait l'anniversaire par des réjouissances. Cependant Paris était en proie aux factions. *Les Seize* s'en étaient constitués en quelque sorte les tyrans : forts de l'appui des Espagnols, qu'ils étaient parvenus à faire introduire dans ses murs, et accusant Mayenne de faiblesse et de lenteur, ils commettaient d'horribles violences. C'est ainsi qu'arrêtés par leurs ordres, et jugés sommairement, trois magistrats, dont la conscience se refusait à l'accomplissement de leurs desseins, furent pendus dans la prison même du petit Châtelet[1]. Ces atrocités engagèrent tous les gens de bien à se séparer des Seize. Le grand conseil de la Ligue ne voulut point s'associer à leurs fureurs; Mayenne, entrant dans Paris avec des troupes, convoque le parlement, dont il rétablit l'autorité, et cherche à briser la faction qui avait usurpé le pouvoir. Un matin, par ses ordres, l'un de ses officiers court enlever, de leurs maisons, quatre membres du conseil des Seize, tous reconnus coupables du meurtre des trois magistrats, et les amène au Louvre, où le bourreau, qui les attendait, les pend à l'instant à une grosse poutre de la salle basse. Cinquante membres du conseil des Seize n'échappent que par la fuite au même sort. Ce coup vigoureux abattit le pouvoir tyrannique des Seize dans Paris (1592).

L'année suivante (1593), Paris voit se réunir, dans la grande salle du Louvre, l'assemblée des états de la Ligue, convoquée par Mayenne, pour l'élection d'un roi. L'ambassadeur de Philippe IV ose y proposer d'abolir la loi salique, et de déclarer reine de France l'infante d'Espagne, Isabelle, petite-fille, par sa mère Elisabeth, du roi Henri II. Mais la Ligue, fidèle à Dieu et à son pays, rejeta ces propositions, et le parlement, placé sous son influence, rendit un arrêt pour le maintien des lois fondamentales de la France, et pour empêcher que, « sous prétexte de religion, la couronne ne passât en des mains étrangères. »

Cependant le moment marqué par la Providence était arrivé. Dieu, qui tient dans ses mains le cœur des rois, changea celui de Henri de Bourbon. Ce prince, qui s'était fait secrètement instruire dans la foi catholique, manifesta l'intention d'abandonner l'hérésie. A la suite de conférences tenues en sa présence entre les ministres des deux religions, le roi ouvrit les yeux à la vérité. Le 25 juillet 1593, il abjura solennellement le protestantisme dans la vieille basilique de Saint-Denis, et réconcilié avec Dieu et avec son peuple, il vit s'ouvrir dès lors un plus libre accès au trône. Déjà une foule de Parisiens, accourus à Saint-Denis, le saluaient de leurs acclamations.

---

[1] Le président Brisson, Claude Larcher et Jean Tardif.

Quelques chefs de la Ligue, à l'instigation de Mayenne, résistaient encore, et le roi assiégeait de nouveau Paris, mais cette fois sans lui imposer de cruelles souffrances. Enfin, grâce aux efforts du comte de Brissac, du prévôt des marchands Luillier, des échevins Langlois et Néret, et de quelques autres magistrats d'intelligence avec le prince, tous les obstacles furent levés. Le 22 mars 1594, les portes Saint-Denis et Saint-Honoré furent livrées à Henri IV. Au point du jour, et pendant que la population dormait encore, le monarque entra comme par surprise dans la cité, sans éprouver de résistance.

Aussitôt la garnison espagnole capitula, et Paris, saluant le terme de ses longues épreuves, accueillit dans ses murs le chef de la maison de Bourbon. Les cris de *Vive le roi* éclatent sur son passage. Henri va droit à Notre-Dame pour assister à un *Te Deum* d'actions de grâces. Sa marche est un pacifique triomphe bien plus que l'entrée d'un souverain victorieux : c'est un père de retour au milieu de ses enfants. Emu de ces démonstrations et de cet accueil chaleureux, il disait à ceux qui l'accompagnaient : « On voit bien que ce pauvre peuple a été tyrannisé. » Pressé de tous côtés par la foule des Parisiens, « Laissez-les, criait-il à ceux qui voulaient les écarter, laissez-les ; ils sont affamés de voir un roi. »

Paris touchait enfin à des jours meilleurs. Cependant l'abjuration de Henri IV, dont beaucoup de personnes contestaient la sincérité, ne réussit pas à désarmer sur-le-champ tous les partis. La Ligue et les Espagnols firent encore quelques efforts pour arracher la couronne au valeureux prince qui par tant de fatigues et de combats s'était frayé la voie au trône. De fanatiques ligueurs, recourant à la détestable ressource des factions vaincues, attentèrent souvent à ses jours. Chose étrange et digne de remarque ! le plus populaire de nos rois, celui qui méritait d'être appelé *le bon Henri* aussi bien que *Henri le Grand*, a été plus qu'aucun autre en butte au poignard des régicides. Depuis Barrière jusqu'à Ravaillac, on a compté dix-sept tentatives d'assassinat contre ce prince, outre plusieurs grandes conspirations. Triste et mémorable exemple de la vitalité opiniâtre de la haine dans les âmes que le fanatisme captive sous son joug odieux !

Paris, sous le règne de Henri IV (1594-1610), nous apparaît respirant enfin après quarante ans de guerre civile, et jouissant d'un bien-être

presque universel, grâce à la sollicitude et à la magnanimité de son roi.
Le traité de paix de Vervins, conclu entre la France et l'Espagne par la
médiation du pape Clément VIII (1598), avait achevé de rétablir la tranquillité du royaume. Henri IV, délivré du souci des armes, tourna alors
toutes ses pensées vers les améliorations intérieures. La capitale profita
plus qu'aucune autre ville des bienfaisantes vues du monarque. Aidé de
François Miron, lieutenant civil et prévôt des marchands, Henri IV la
fit sortir de l'état déplorable dans lequel il l'avait trouvée. Après avoir
établi l'ordre en réorganisant la police, la garde bourgeoise et le guet
royal, et confié la grande voirie à la vigilance de Sully, le célèbre surintendant des finances, l'un des premiers soins du monarque fut de donner
un nouveau lustre à sa capitale par d'importantes constructions. Le Louvre
et les Tuileries furent restaurés, agrandis et reliés entre eux par la galerie du bord de l'eau. La place Royale fut commencée; on termina l'Hôtel
de ville et le pont Neuf, avec la place Dauphine et la rue du même nom.
Sur le pont Neuf s'éleva la Samaritaine, machine hydraulique qui fit
longtemps l'admiration de tous. Paris doit à François Miron une partie
de ses embellissements de cette époque, quais, portes, places, fontaines,
etc., mais surtout la façade de l'Hôtel de ville, que le désintéressé prévôt
fit construire en y consacrant les émoluments de sa charge. Henri IV
établit à Chaillot la manufacture des tapis de la Savonnerie, aujourd'hui
réunie aux Gobelins. Son règne vit bâtir les quartiers du Marais sur des
terrains mis en culture. Paris eut alors pour la première fois des rues
droites, larges, appropriées aux besoins de ses habitants. Enfin l'arsenal,
où demeurait Sully, fut agrandi. C'est en sortant de ce palais que Henri IV
mourut, assassiné par Ravaillac, dans la rue de la Ferronnerie (10 mai
1610).

Parmi plusieurs autres établissements dus au règne de Henri IV, on peut
citer les hôpitaux de Saint-Louis, de la Charité et de Sainte-Anne; les
couvents de Picpus, qu'habita le P. Helyot; des Récollets, aujourd'hui
hospice d'incurables, dans le faubourg Saint-Martin; des Petits-Augustins,
ex-voto de Marguerite de Valois, échappée d'un imminent danger en Auvergne; enfin le couvent des Capucines, rebâti plus tard à grands frais
par Louis XIV, et dont l'église renfermait les sépultures de plusieurs per-

sonnages. Quelques-uns de ces pieux souvenirs du règne du bon Henri subsistent encore. Les autres revivent à peine dans des noms de rues ou de boulevards qui vont chaque jour s'effaçant sous des dénominations modernes.

Henri IV rappela à Paris (en 1602) un ordre célèbre qu'un injuste arrêt de parlement avait banni du royaume quelques années auparavant, à l'occasion de l'attentat de Chatel. L'âme du grand Henri avait compris qu'il trouverait dans l'ordre des Jésuites un puissant instrument pour l'aider dans la restauration générale de la France; il les rappela donc et leur rendit l'enseignement en concurrence avec l'université. L'attente du monarque ne fut point trompée, et si le xviiᵉ siècle fut grand par les lettres et par la religion, on sait qu'une part de sa gloire revient à ces hommes vénérables dont Henri IV s'honorait d'être l'ami et le protecteur.

Le règne du fils de Henri IV vit Paris s'accroître encore, devenir une ville moderne, et de plus la capitale scientifique et littéraire du royaume, par la création de l'Académie française, de l'Imprimerie royale et du Jardin des plantes. Ce règne est célèbre à d'autres titres dans notre histoire. C'est celui où l'on vit surtout se multiplier à Paris les divers asiles de la piété, du dévouement, de la religion et de la charité.

C'était l'époque où la France, après tant de misères, venait de voir apparaître cet apôtre de la charité, que la Providence avait envoyé comme pour essuyer les pleurs de tous les infortunés. Vincent de Paul, fils d'un pâtre des Landes, fut cet homme admirable dont on ne prononce aujourd'hui le nom qu'avec un religieux respect. Après avoir été curé de Clichy, près Paris, il vint habiter la capitale (vers l'an 1613), en qualité de précepteur des enfants de Philibert-Emmanuel de Gondy, comte de Joigny, général des galères de France. Le fameux coadjuteur, cardinal de Retz, fut l'un de ses élèves. Vincent de Paul demeura douze ans dans cette maison. Ce fut là qu'il commença dans Paris les fondations religieuses ou charitables dont chaque jour encore la grande cité et avec elle d'innombrables villes ou bourgades recueillent les bienfaits. On connaît l'histoire de ces fondations. En 1625, fut instituée la congrégation des prêtres de la Mission, destinée à instruire les peuples des campagnes et à préparer les aspirants au sacerdoce. Du collège des Bons-Enfants, son premier

asile, la communauté naissante passa dans la maison seigneuriale de Saint-
Lazare, ancienne léproserie, qui devint dès lors la maison sainte d'où la
France vit sortir bientôt tant d'hommes éminents par les œuvres et par la
parole : Adrien Bourdoise, Claude Bernard dit *le pauvre prêtre*, Jean-
Jacques Olier, fondateur de Saint-Sulpice, et Bossuet, l'illustre évêque de
Meaux. Vincent de Paul fonda ensuite l'admirable institut des Sœurs de

Palais de justice.

la Charité, pour le service des pauvres malades. Un premier établissement
de Dames de Charité avait été formé, l'an 1629, par les soins du saint
prêtre, secondé par le zèle et le dévouement d'une noble dame (Louise
de Marillac, Mme Legras), dont le nom, associé au sien, conservera toujours un parfum de vénération et de sainteté. Quelques années plus tard
(1634), Vincent de Paul, perfectionnant son œuvre, institua une communauté ou congrégation de Filles de la Charité, servantes des hôpitaux et

entièrement dévouées au service des pauvres. Le nombre de ces filles admirables, véritables anges de paix et de miséricorde, n'a cessé depuis de se multiplier rapidement; aujourd'hui cette sainte milice forme une armée de plus de quinze mille héroïnes dispersées sur tous les points du globe pour y secourir tous les genres de misères. Lorsqu'on songe à cette fécondité merveilleuse, comment ne pas bénir la cité qui fut le berceau de cette œuvre divine, avec l'homme de Dieu choisi du Ciel pour en être l'instrument?

Paris doit aussi à Vincent de Paul l'établissement des asiles pour les enfants trouvés, dont le sort fut définitivement fixé après le discours éloquent qui électrisa toute une assemblée et détermina les plus grands sacrifices (1648). La charité du saint prêtre lui fit fonder également l'hospice du Nom de Jésus pour quatre-vingts vieillards (1653), et bientôt après l'hôpital général des pauvres de la capitale à la Salpétrière (1655). Vincent de Paul, après avoir *passé en faisant le bien*, comme son divin Maître, s'endormit du sommeil des justes dans sa maison de Saint-Lazare (27 septembre 1660); depuis lors, son nom, son souvenir, ses conseils, ses exemples ont toujours eu la plus grande part dans toutes les œuvres de bienfaisance que Paris a vu fonder ou se continuer dans son sein.

Vers cette même époque fleurissait dans le jardin de l'Eglise, un autre illustre saint, ami de Vincent de Paul, et qui a laissé, lui aussi, à Paris quelques souvenirs : c'est le bienheureux François de Sales. L'éclat de son rare mérite était déjà connu, apprécié sous le règne précédent : Henri IV avait voulu l'élever sur le siége de Paris; mais le saint pontife avait toujours préféré son modeste évêché d'Annecy. François de Sales fit plusieurs voyages dans notre capitale, où plus d'une église entendit sa parole si pénétrante, si persuasive; il prêcha le carême de l'an 1602 à la chapelle du Louvre, n'étant encore que coadjuteur : ses sermons traitant souvent des matières de controverse ébranlèrent les calvinistes venus en grand nombre dans son auditoire; plusieurs complétèrent dans des entretiens particuliers ce qu'avait commencé la première impression de la grâce. Les conversions se multiplièrent : une vertu céleste semblait attachée à ses discours. Le célèbre cardinal Duperron disait : « Je suis sûr de pouvoir convaincre les calvinistes; mais pour les convertir il faut

les renvoyer au coadjuteur de Genève. » Députée à Paris par François de
Sales pour y fonder un monastère de la Visitation, la mère Jeanne de
Chantal « y travailla avec tant de zèle et de prudence, dit le vieil historien
du saint, que nonobstant toutes les oppositions, contradictions et persécutions qui lui furent faites, les murs de cette petite Jérusalem et de cette
demeure de paix s'élevèrent avec un favorable succès. » C'est en 1619
que les premières religieuses de cet ordre furent instituées à Paris[1], et
François de Sales, entre tant d'autres ecclésiastiques savants, vertueux,
et plus âgés, choisit Vincent de Paul pour premier père spirituel et supérieur de cette chère congrégation naissante. L'amitié de ces deux illustres
saints du xviie siècle, cimentée dans notre capitale, au milieu des travaux
communs de leur zèle et de leur charité, offre le plus touchant tableau.

L'an 1611 vit fonder à Paris, par Pierre de Bérulle, la vénérable congrégation des Prêtres de l'Oratoire. Le cardinal Pierre de Bérulle (1575-
1629), l'ami des deux grands saints dont nous venons de parler, est aussi
encore l'un des personnages les plus éminents de cette époque si féconde.
Aumônier de Henri IV, il avait déjà, en cette qualité, doté la France et
sa capitale d'un bienfait de grand prix, de concert avec une pieuse femme,
qui, échangeant plus tard ses vêtements de veuve contre le manteau des
filles du Carmel, donna dans le cloître l'exemple de toutes les vertus
et, sous le nom de *la Bienheureuse Marie de l'Incarnation*, est honorée
aujourd'hui d'un culte solennel dans l'une des grandes paroisses de la
capitale (Saint-Merry). Mais le cardinal de Bérulle est surtout célèbre
par la fondation de la congrégation de l'Oratoire, qu'il institua à peu près
sur le modèle de l'Oratoire de Rome, érigé par saint Philippe de Néri.
Bérulle fut le premier général de la congrégation dont le chef-lieu était
à Paris dans l'église nommée encore aujourd'hui *l'Oratoire*[2] et qui dès
lors jusqu'à la fin du dernier siècle n'a cessé de produire un grand nombre
d'hommes illustres par la science et par les vertus. Nommer Mallebranche,
Mascaron, Massillon, Bourgoing, Lami, Lejeune, Lelong, Condren, Se-
nault, Sainte-Marthe, Latour, Le Cointe, etc., c'est rappeler des noms
vénérables dont s'honorent toujours les sciences et les lettres autant que

[1] Leur église, rue Saint-Antoine, fut appelée *Notre-Dame-des-Anges*. C'est aujourd'hui un
temple protestant.   [2] Aujourd'hui temple protestant.

la religion. La congrégation de l'Oratoire, rétablie de nos jours à Paris, par le vénérable abbé Petétot, brille déjà d'un éclat qui n'a presque rien à envier à sa sœur aînée.

Durant cette première moitié du XVIIe siècle, Paris vit également s'établir dans ses murs les Carmes déchaussés, de la rue de Vaugirard (1611), dont la belle église, plus heureuse que celle de l'Oratoire, appartint jusqu'à nos jours aux Carmélites, puis aux pieux enfants de Saint-Dominique ; les Minimes de la place Royale (1611) ; le couvent des Jacobins de la rue Saint-Honoré (1613) avec celui de la place Saint-Thomas d'Aquin, fondé sous le titre de *Noviciat général de l'Ordre de Saint-Dominique en France* (1632), et transformé aujourd'hui en musée d'artillerie. La congrégation de la Doctrine chrétienne, fondée par César de Bus, gentilhomme avignonais, à la fin du XVIe siècle, fut introduite à Paris, vers la même époque (1626), par l'archevêque François de Gondy, dans une maison de la rue des Fossés-Saint-Victor, dite aujourd'hui encore *Maison de Saint-Charles*. En 1628, les Augustins déchaussés ou Petits-Pères s'établirent à l'angle de la rue Notre-Dame-des-Victoires ; le roi Louis XIII, protecteur du couvent, posa lui-même, l'année suivante, la première pierre de cette église, qui, sous sa vieille invocation de *Notre-Dame-des-Victoires*, devait acquérir de nos jours une si haute et si touchante célébrité. Vers la même époque, se fondèrent à Paris l'abbaye de Port-Royal (1625), les Filles de Saint-Thomas d'Aquin (1630), les Ursulines, protégées par Anne d'Autriche, qui posa en 1620, la première pierre de l'église de leur couvent, les Annonciades célestes ou Filles-bleues (1621) ; les Capucins de la rue Saint-Jacques (1613), ceux du Marais (1622), et beaucoup d'autres maisons religieuses. Adrien Bourdoise fondait, rue Saint-Victor, le séminaire de Saint-Nicolas-du-Chardonnet (1620) ; et Claude Bernard dit *le pauvre prêtre*, celui des Trente-trois (en l'honneur des trente-trois années de Jésus-Christ), rue de la Montagne-Sainte-Geneviève (1633). Les hospices de la Pitié (1612), des Incurables, rue de Sèvres (1634), des Convalescents, rue du Bac (1631), datent aussi du règne de Louis XIII.

Pendant que Paris voyait éclore cette nouvelle floraison d'instituts religieux ou s'élever tant d'asiles charitables, la reine Marie de Médicis construisait le palais du Luxembourg (de 1612 à 1620). Par les ordres de Richelieu, Jacques Lemercier, architecte du roi, élevait le Palais-Royal (1629); deux médecins de Louis XIII, Bouvard et Guy de Labrosse, fondaient le Jardin des plantes (1633); l'imprimerie royale (aujourd'hui impériale), dont on fait remonter l'origine à François Ier, était constituée par le duc de Luynes (1620), et complétée un peu plus tard par Richelieu, qui créait vers la même époque l'Académie française (1635). Pour la première fois, Paris voyait ses places publiques décorées de statues : celle de Henri IV orna le terre-plein du Pont-Neuf (1614); et celle de Louis XIII, la place Royale (1639). Les seigneurs affluant à Paris y faisaient bâtir de magnifiques hôtels. Déjà, sous Henri IV, on avait vu s'élever les opulents hôtels de Soubise, de Carnavalet, d'O, d'Angoulême, de Mayenne, de Montmorency, etc... Sous Louis XIII, on bâtit ceux de Condé, de Longueville, de Bouillon, de Nivernais, de Toulouse, et une partie des grandes habitations des rues voisines du Palais-Cardinal (Palais-Royal), comme aussi des rues de Grenelle, de Saint-Dominique, de l'Université, etc., dans le faubourg Saint-Germain. La plus célèbre de ces maisons du XVIIe siècle était l'hôtel Rambouillet, rue Saint-Thomas du Louvre, ce rendez-vous des beaux esprits, où, comme a dit trop légèrement peut-être Tallemant des Réaux, « naquit cet art de la conversation, qui a été pendant plus de deux siècles l'une des gloires de la France, et qui donna à Paris le sceptre incontesté du goût, de l'esprit et de la civilisation. »

L'accroissement de la population et des constructions en tout genre rendant insuffisante la vieille enceinte de Paris, on bâtit l'an 1626, autour de la partie septentrionale de la ville, une nouvelle muraille suivant la ligne actuelle des boulevards, depuis la porte Saint-Denis jusqu'à la porte Saint-Honoré. Tandis que d'un côté le faubourg Saint-Honoré allait se rejoindre aux villages du Roule et de la Ville-l'Evêque, de l'autre la franche maîtrise dont jouissaient les ouvriers établis dans la censive de l'abbaye de Saint-Antoine, favorisait la construction de la grande rue de ce faubourg et des rues adjacentes, qui venaient se réunir aux villages de Popincourt et de Reuilly. Quant à la partie méridionale de Paris, tout en conservant encore l'ancien mur, elle n'en faisait pas moins des progrès très-sensibles, les prairies et les jardins du Pré-aux-Clercs ayant fait place sur cette rive gauche à de nouvelles constructions. Ainsi Paris se développait, s'étendait, se couvrait peu à peu de monuments, et marchait vers ce haut degré de grandeur et de puissance où il est parvenu aujourd'hui. Le vieux Paris existait cependant encore à côté des bâtiments nouveaux élevés de toutes parts. Le mélange de l'ancien et du moderne donnait à l'ensemble de la ville cet aspect bizarre mais pittoresque, qu'il perd de plus en plus, les constructions modernes absorbant, faisant disparaître ou défigurant chaque jour les vieux monuments des temps de Philippe Auguste, de saint Louis et des autres siècles du moyen âge.

L'histoire d'une grande cité n'est point seulement dans les faits principaux dont elle a été le théâtre; elle est encore dans sa formation et dans ses monuments, expression de sa foi, de son génie, de sa charité, de son dévouement. Sous ce rapport, le xviie siècle fut grand et glorieux pour notre capitale. Quant à ses annales, durant les trente années du règne de Louis XIII, elles se confondent avec celles de l'histoire de France. C'est d'abord la régente, Marie de Médicis, suivant aveuglément les conseils de l'Italien Concini et de sa femme, la célèbre Léonora Galigai, dont le haut crédit entraîna la perte. Concini, devenu maréchal d'Ancre, arrêté à la porte du Louvre, par Vitry, capitaine des gardes, reçut le coup de la mort en voulant se défendre (1617). Peu de temps après, sa veuve Léonora, traduite devant le parlement, était reconnue coupable de magie et de lèse-majesté divine et humaine, et comme telle condamnée à être décapitée en place de Grève. Marie de Médicis fut elle-même exilée.

Quelques années auparavant (1614), Paris avait vu se réunir les derniers états généraux tenus en France avant 1789. On y compta cent quarante membres du clergé, qui choisirent pour orateur l'évêque de Luçon, Richelieu, depuis si célèbre; cent trente-deux gentilshommes, présidés par le marquis de Beaufremont, et cent quatre-vingt-deux députés du tiers état, ayant à leur tête Robert Miron, prévôt des marchands de Paris. L'assemblée, après avoir présenté en vain des cahiers de doléances, se sépara sans avoir rien fait. L'impuissance des représentants de la nation, dans ces états de 1614, eut pour conséquence immédiate l'établissement de la monarchie absolue. Plus tard, la session de 1789, par une cause toute contraire, inaugurait la monarchie républicaine et la plus formidable révolution des temps modernes.

Le règne de Louis XIII, durant les vingt dernières années, fut à
proprement parler celui de Richelieu. Paris, pendant cette période,
acheva paisiblement ce demi-siècle de calme et de repos qu'offre son
histoire entre la Ligue et la Fronde. Richelieu, maintenu au pouvoir
malgré tous les obstacles, sut accomplir les vastes desseins conçus par
son génie. On sait que trois grandes entreprises furent le but constant
de sa vie : détruire la puissance du protestantisme en France, abattre
l'orgueil et l'esprit factieux des grands, et abaisser la maison d'Au-

Fontaine Louvois.

triche... Ce grand ministre, étant tombé gravement malade à Narbonne,
se fit ramener à Paris, auprès du roi, et mourut dans la capitale, en
déclarant pardonner de tout son cœur à ses ennemis. « Je n'en ai point
eu d'autres que ceux de l'État, ajouta-t-il d'une voix ferme, et je n'ai
jamais eu en vue que le bien de la Religion et de la France. » Richelieu, outre les fondations dont nous avons parlé, fit rebâtir la Sorbonne
avec une magnificence royale : il choisit cette demeure pour sa sépulture.
Le mausolée qui décore la chapelle est le chef-d'œuvre du célèbre
Girardon.

Louis XIII suivit cinq mois après son ministre dans la tombe (1643).

Après une union de plus de vingt années, Louis XIII et Anne d'Autriche n'avaient point encore d'héritiers. Or cependant la pieuse reine priait, faisait prier et semblait espérer contre toute espérance. Il y avait alors à Paris, un religieux augustin, frère Fiacre, en grand renom de sainteté. Il priait à son tour aux intentions de l'auguste reine, et il lui prédit formellement la naissance d'un fils. Enfin les vœux de toute la nation furent exaucés, et la France saluait déjà le prochain avènement d'un héritier du trône. Le roi, voulant témoigner à Dieu sa profonde gratitude, fit paraître un édit (10 février 1638), par lequel, plaçant sa personne et ses États sous la protection de la très-sainte Vierge, il ordonnait qu'il serait fait tous les ans une procession solennelle à Notre-Dame de Paris ainsi que dans toutes les églises du royaume. Le vœu du pieux monarque, dit communément *le vœu de Louis XIII,* s'est perpétué jusqu'à nous et s'accomplit chaque année encore au jour de l'Assomption. La reine Anne d'Autriche voulut elle-même consacrer sa reconnaissance envers le Ciel par de pieux monuments. Elle fonda en actions de grâces, le monastère des Annonciades de Meulan. L'auguste reine, qu'on avait vue (le 26 septembre 1638), vingt jours après sa délivrance, se rendre à Notre-Dame, et là, pendant l'offertoire de la messe, faire solennellement à Dieu hommage du dauphin, son fils premier-né, posa, l'année suivante, la première pierre du Val-de-Grâce. On y lut cette inscription : « Pour la grâce longtemps désirée de l'heureuse naissance d'un dauphin (5 septembre 1639). » La naissance du dauphin, qui fut Louis XIV, avait comblé les vœux du roi, de la reine et de toute la nation. Paris surtout témoigna la plus vive allégresse; la population entière prit part aux grandes réjouissances qui suivirent cet heureux événement. Le lendemain de cette naissance, Notre-Dame ouvrit ses portes à tous les corps de l'État et de la ville, venant assister en grande pompe à un *Te Deum* solennel. Le jour suivant eut lieu une procession générale, où l'on vit figurer le peuple de Paris presque tout entier. On semblait pressentir dès lors que le règne de ce prince, si longtemps attendu, désiré, serait grand et glorieux dans notre histoire.

CHAPITRE XVI

Suite de l'histoire de Paris sous les rois de la maison
de Bourbon (1643 - 1792)

Louis XIV était à peine âgé de cinq ans lorsque la mort de son père le
laissa héritier du trône. Le premier trait sous lequel nous apparaît ce roi
enfant est auguste et touchant. Conduit par la régente sa mère, il vint
poser lui-même solennellement la première pierre de l'église du Val-de-
Grâce (1er avril 1645), qui fut alors reconstruite ainsi que le monastère. Ce
pieux monument, *ex voto* de la reconnaissance d'une illustre reine devenue
mère d'un fils, s'éleva avec une somptuosité remarquable au milieu des
nouveaux troubles qui agitèrent la France à l'aurore du nouveau règne.
Les brillantes victoires de Rocroi, de Fribourg, de Nordlingue et de Lens,
qui amenèrent le traité de Westphalie (1648), par lequel fut terminée la
guerre de trente-ans et consommée l'œuvre politique de Richelieu, jetèrent
un vif éclat sur les premières années du règne de Louis le Grand. Cet éclat
fut bientôt assombri par la guerre de la Fronde.

Depuis longtemps déjà la faveur insigne dont Mazarin était l'objet, le
désordre des finances, la création de plusieurs impôts vexatoires, avaient
irrité soit les grands, soit le peuple, et excité maintes collisions avec la
cour. En 1648 la guerre éclata ouvertement. Le parlement venait de
rendre un arrêt célèbre, *l'arrêt d'union*, qui avait pour résultat de le
constituer en corps politique. Mazarin fit déclarer cet arrêt attentatoire

aux droits de la royauté; et sur la résistance du parlement, il ordonna l'arrestation de deux membres des plus influents, le président Blancménil et le conseiller Broussel. Ce fut le signal d'une émeute considérable. Le peuple se souleva, et peu d'heures après, Paris était hérissé de barricades. Le lendemain, le premier président, Matthieu Molé, à la tête de tout le parlement en robes rouges, marche vers le Palais-Royal, se présente devant la reine et réclame au nom de la justice et du peuple la mise en liberté des deux prisonniers. Anne d'Autriche cède malgré elle, et quittant Paris, se retire à Saint-Germain, pour ne point assister au triomphe de ses adversaires. Cette échauffourée porte dans l'histoire le nom de *journée des barricades* (26 août 1648) : elle commença la guerre de la Fronde.

Paris soulevé voit dès lors le parlement organiser une armée. Un homme chargé par son état de veiller au maintien de la paix attise lui-même le feu de la discorde; il équipe un régiment à ses frais : c'était le coadjuteur Paul de Gondy, depuis cardinal de Retz. Avec lui les chefs de la Fronde étaient le prince de Conti, frère de Condé, le maréchal de Turenne égaré un moment, les ducs de Beaufort et de la Rochefoncauld. Condé, qui s'était déclaré pour la reine, avant de prêter lui-même plus tard à la Fronde l'appui de son nom, fit durant plusieurs mois le blocus de Paris et s'empara de vive force de Charenton; mais les troupes dont il disposait ne lui permirent point d'enlever la capitale. Le régiment de Gondy ayant été mis en déroute dans une sortie, on appela cet échec *la première aux Corinthiens*, par allusion au diocèse de Corinthe, dont le coadjuteur était archevêque titulaire. Cette épigramme donne une idée du genre de cette guerre. Cependant, après plusieurs escarmouches et quelques avantages remportés sur les frondeurs, la paix se conclut à Ruel (11 mars 1649), entre la cour et le parlement. Les magistrats conservaient le droit de s'assembler, et la reine gardait son ministre. Mais bientôt Condé, l'intermédiaire de cette paix, mécontent de la cour, se brouille avec elle et se joint aux frondeurs. Mazarin le fait arrêter avec Conti son frère et Longueville, et enfermer à Vincennes (18 janvier 1650). Paris n'ose murmurer : mais l'orage éclate dans le reste de la France, où les partisans du prince courent aux armes. Gaston d'Orléans, frère du dernier roi, se met à la tête des mécontents : l'insurrection gagne les provinces et devient

si redoutable que la reine, contrainte de céder, rend la liberté aux princes
et sacrifie Mazarin. Banni à perpétuité par un arrêt du parlement, le cardinal sort de la France et se retire à Cologne (1651); mais du fond même
de son exil lointain, il ne cesse de gouverner la reine et l'Etat. « Il ne me
reste plus, écrivait-il au roi, un asile dans un royaume dont j'ai reculé
toutes les frontières. » L'exil de Mazarin ne fut pas de longue durée. La
discorde s'étant mise entre les chefs des frondeurs, Gondy et Condé, Anne
d'Autriche profita de ce moment pour rétablir son autorité et rappeler
son ministre (1651). La guerre civile recommença contre Paris et em-
brassa plusieurs points de la France. Disposant à leur gré d'une multitude
turbulente, les frondeurs cherchèrent à s'assurer de la capitale : chaque
jour les presses parisiennes vomissaient contre Mazarin des pamphlets ou
chansons burlesques, qui se débitaient dans les rues, surtout sur le pont
Neuf. On compte par milliers ces *Mazarinades*, qui sont un monument
curieux de l'esprit et des passions de l'époque. La cour quitta une
seconde fois Paris. Condé, proscrit par le parlement, s'éloigna lui-même
pour aller soulever la Guyenne et le Poitou. Turenne, au contraire,
rentré dans le devoir, offrit ses services à la cour, dont il devint dès
lors le plus ferme appui.

Le 2 juillet 1652, le faubourg Saint-Antoine à Paris vit un combat
meurtrier s'engager entre deux armées commandées par les deux plus
grands généraux de la France. Turenne, déjà vainqueur à Gien, avait
poussé son rival jusque sous les murs de Paris et l'avait contraint d'accepter le combat. Il attaque vivement l'armée des frondeurs. Après une
résistance opiniâtre, Condé allait être vaincu, lorsque Mlle de Montpensier,
fille de Gaston, fait ouvrir les portes de la ville aux troupes de la Fronde,
qui commencent aussitôt leur retraite; puis, pour la protéger, elle court
à la Bastille et fait tirer le canon sur l'armée royale. Cet obstacle
imprévu paralyse les efforts de Turenne et sauve Condé. Cependant le
désordre était à son comble dans Paris. L'anarchie avait suivi la révolte.
Mazarin, pour conjurer l'orage et ôter à la rebellion une cause ou un
prétexte, sortit de nouveau du royaume. Condé, ayant rencontré chez les
magistrats de la ville une résistance inattendue, souleva le peuple, qui
se ruant contre l'Hôtel de ville, où se tenait une assemblée générale, mit

le feu aux portes après un combat sanglant où périrent quelques échevins.

Cet événement, jetant la consternation dans Paris, fit enfin détester la Fronde par tous les gens honnêtes : ces horribles violences lui donnèrent le coup mortel. D'un autre côté, ainsi qu'il arrive toujours en temps de révolte, le pain était devenu très-cher, les ouvriers manquaient de travail, et les princes rebelles n'avaient plus d'argent à leur distribuer. Le peuple s'attroupait sur les places, demandant à grands cris du pain et le retour du roi. On était généralement las de la guerre. On avait vu une partie du parlement, ayant à sa tête son premier président, Matthieu Molé, homme inaccessible à la crainte, sortir de Paris et se retirer près du roi à Pontoise. Les parlementaires, divisés entre eux, s'accommodaient plus mal encore avec les princes. Le peuple n'aimait plus ni les frondeurs d'épée ni ceux de robe. Condé, sentant son isolement et son impuissance, se retira une fois encore dans les rangs des Espagnols. Le roi, rappelé à Paris, y rentra avec la reine-mère (22 octobre 1652). Une amnistie signala son entrée solennelle : les chefs de la Fronde en furent seuls exceptés. Gaston fut relégué à Blois, Condé enfermé à Vincennes. Quant au prince de Condé, on lui fit son procès. Un arrêt de mort par contumace vint frapper le héros qui devait plus tard, rendu à sa patrie par le traité des Pyrénées (1659), réparer ses écarts par la conquête de la Franche-Comté, ses exploits dans la guerre de Hollande et la célèbre victoire de Senef. Cet arrêt fut le signal du retour de Mazarin. Mazarin rentra enfin dans Paris comme en triomphe (3 février 1653). Le roi, alors majeur, alla au-devant de lui; les princes, les grands, le parlement vinrent le complimenter : une magnifique fête lui fut donnée à l'Hôtel de ville, au milieu des acclamations générales. Les temps d'orage étaient passés; chacun respectait dans le ministre une fortune que tant de traverses n'avaient pu détruire.

La suite du règne de Louis le Grand ouvrit pour Paris une ère de calme, de prospérité, de splendeur, qu'on vit prolonger à travers les règnes de Louis XV et de Louis XVI jusqu'en 1789. Le temps des révoltes et des séditions était passé. Mais si les annales parisiennes, durant plus d'un siècle, n'offrent pas d'exemples de ces grandes commotions qui troublent l'existence d'une cité, elles offrent en retour le tableau d'un magnifique développement des arts, des lettres, de l'industrie. Paris vit éclore ou briller dans son sein cette pléiade de génies de tous genres dont les œuvres immortelles valurent à la France l'honneur de léguer à la postérité le souvenir d'une grande époque avec le nom de l'un de ses rois. Le siècle de Louis XIV, grand dans l'histoire des lettres et des arts, comme ceux de Périclès, d'Auguste et de Léon X, projeta principalement les rayons de sa gloire sur notre belle capitale.

Parmi tant d'autres noms illustres, il en est un inséparable de celui de

Conservatoire des arts et métiers.

Louis XIV; c'est Colbert, dont le génie plane sur toutes les nobles et utiles institutions fondées sous le grand règne. « Je vous dois tout, sire, avait dit Mazarin en mourant à Louis XIV; mais je crois m'acquitter envers Votre Majesté en vous donnant Colbert. » La confiance du ministre expirant ne fut point trompée. Colbert réalisa une grande partie des merveilles du siècle de Louis XIV, et si ce monarque a mérité le nom de *Grand*, c'est surtout à Colbert qu'il en est redevable.

Tandis que Paris, calme et prospère, s'apercevait seulement de la guerre par l'arrivée des trophées que les victoires de Turenne, de Condé, de Luxembourg, de Catinat, de Villars, faisaient suspendre aux voûtes de Notre-

Dame, la ville elle-même, rendue plus sûre par une bonne police, se peuplait de magnifiques monuments. Sa vieille enceinte de fossés, de tours et de sombres murailles, cédait la place à des quais spacieux, à d'élégants et gracieux boulevards. Le jardin des Tuileries, dessiné par le Notre, la splendide colonnade du Louvre, chef-d'œuvre de Claude Perrault, les arcs de triomphe des portes Saint-Denis et Saint-Martin, l'hôtel royal des Invalides (1671), les places Vendôme, des Victoires et du Carrousel, la promenade des Champs-Elysées, le Pont-Royal, le collége Mazarin ou des Quatre-Nations, la manufacture des Gobelins, l'Observatoire (1667), de riches hôtels et plus de vingt fontaines venaient embellir la vaste cité. Le monarque et son ministre voulaient qu'elle devînt de plus en plus digne d'être la capitale d'un royaume agrandi par la réunion de l'Alsace, et dont le glorieux traité de Nimègue allait bientôt reculer encore les frontières. En même temps Colbert, ami et protecteur des artistes et des savants, fondait l'Académie des inscriptions et belles lettres (1663), l'Académie des sciences (1666) et celle d'architecture (1671). Tandis qu'il fondait également l'Académie de France à Rome, il enrichissait le musée du Louvre, augmentait le Jardin des plantes, et la Bibliothèque royale. Cassini et Huygens, attirés par ses bienfaits, venaient faire leurs savantes découvertes à l'Observatoire de Paris. « Votre Majesté, disait le grand ministre au roi pendant la construction des superbes bâtiments de Versailles, sait qu'à défaut des actions éclatantes, rien ne marque davantage la grandeur et l'esprit des princes que les bâtiments; et toujours la postérité les mesure à l'aune de ces superbes machines qu'ils ont élevées pendant leur vie. »

Des monuments d'un autre genre datent aussi du règne de Louis XIV. Henriette de France, fille de Henri IV et veuve de Charles Ier roi d'Angleterre, fonda, l'an 1651, un couvent de l'ordre de la Visitation à Chaillot. « C'est là, dit Bossuet, que cette princesse bénissait Dieu de deux choses : de l'avoir fait naître chrétienne et de l'avoir rendue reine malheureuse. » En 1663, le beau séminaire des Missions étrangères fut fondé rue du Bac, par Bernard de Sainte-Thérèse, évêque de Babylone, dont la rue voisine a retenu le nom. Paris vit le vénérable Jean-Baptiste de la Salle ouvrir, rue Princesse, une école de ces chers frères des Ecoles chrétiennes, qui sont aujourd'hui dans tous les quartiers de la capitale, comme en France et à l'étranger, les meilleurs amis de l'enfance et de l'ouvrier. Avant cette époque, Paris avait abrité dans son sein un homme vénérable à son tour, dont le nom et les bienfaits doivent être rappeler ici. C'est M. Olier, curé de Saint-Sulpice, fondateur du séminaire et de la congrégation de ce nom. On lui doit aussi la fondation de la belle église de Saint-Sulpice, dont la reine Anne d'Autriche posa la première pierre (en 1646), et qui fut terminée au siècle suivant par les soins du curé Languet, de sainte et charitable mémoire. Jean-Jacques Olier, né à Paris (en 1608), fut l'un de ces hommes de bien, dont le souvenir est resté partout en bénédiction. « Je ne connais rien de plus apostolique et de plus vénérable que Saint-Sulpice, » aimait à dire Fénelon, l'un des plus illustres élèves de cette sainte maison. Il aurait pu tenir le même langage à l'égard de son pieux fondateur. L'abbé Olier, disciple et ami de saint Vincent de Paul, fut par son desintéressement, son humilité, sa charité, et toutes les autres vertus, un vrai modèle des pasteurs. Il a fait plus encore. Par la sainte congrégation qu'il a fondée, et qu'il a su animer de son esprit, il a peuplé la France et d'autres contrées de dignes et vertueux prêtres formés par ses exemples et ses leçons. Avec Vincent de Paul, son contemporain, Olier est l'un des hommes dont le passage sur notre sol a été le plus fécond en bienfaits permanents. Si la paroisse de Saint-Sulpice tient aujourd'hui le premier rang entre toutes celles de Paris, par sa piété et ses institutions charitables, elle le doit à M. Olier, dont l'esprit subsiste encore dans son sein. Il y avait établi des associations de charité pour les pauvres et les malades, des écoles pour les enfants, des maisons pour les orphelins, pour l'instruction des ignorants, et le soulagement des malheureux. Il avait créé aussi une société de gentilshommes et de militaires, qui se consacraient aux œuvres de piété. On les vit tous un jour (1651) sous son inspiration, s'engager publiquement à ne jamais donner comme à n'accepter aucun défi pour des combats singuliers. Pendant les troubles de la minorité de Louis XIV, l'abbé Olier, enfin, sut maintenir ses paroissiens dans les sentiments d'obéissance et de fidélité au prince.

Tandis que Bossuet, Fénelon, précepteurs du dauphin ou d'un royal petit-fils, formaient à la vertu de jeunes princes sous les voûtes du palais où Bourdaloue, Mascaron, le P. de la Rue, Massillon faisaient entendre au grand roi d'austères et sublimes vérités, le *bon* Rollin dévouait ses travaux à la jeunesse; les PP. Jouvency et Porée, au collége Louis-le-Grand, enseignaient les lettres à cette autre jeunesse pour laquelle l'aimable P. Ducerceau composait ses charmantes comédies. Pendant que les deux Santeuil nous léguaient leurs belles hymnes sacrées, le philosophe et théologien Malebranche écrivait sa *Recherche de la vérité*; le physicien Amontons inventait le télégraphe, perfectionnait les baromètres et les thermomètres; Blaise Pascal devinait la géométrie; Jean Bernouilli et le marquis de l'Hopital imprimaient un nouvel essor aux sciences mathématiques. Les lettres, la poésie, l'art dramatique avaient leurs illustres représentants dans Corneille, Racine, Molière, la Fontaine, Boileau, J.-B. Rousseau, etc. D'autre part, les beaux-arts rivalisaient de merveilles par le génie des Lesueur, des Lebrun, des Jouvenet, des Puget, des Girardon, des Mignard, des Coysevox, des Le Nôtre, des Perrault; enfin des Brunant et des Mansard, dont les noms rappellent l'établissement de prédilection du grand roi, l'hôtel royal des Invalides, fondé pour les soldats et les officiers blessés ou infirmes (1671). Nous parlerons ailleurs encore de cet admirable monument.

Ainsi tous les arts, toutes les sciences semblaient s'être ralliés ou ranimés autour du trône de Louis XIV, pendant que l'épée des plus habiles capitaines maintenait ou accroissait sur vingt champs de bataille la gloire de la France. A part les victoires de nos armes, toute cette gloire pacifique du grand règne a eu Paris pour centre; de là sont partis les rayons lumineux qui ont rejailli sur tous les points du royaume, et l'ont rendu participant de l'éclat et de la grandeur de sa capitale.

Le règne de Louis XV (1715-1774), arrière petit-fils de Louis XIV, vit Paris s'enrichir encore de monuments nombreux qui vinrent lui donner une nouvelle splendeur. Les deux principaux sont l'école militaire (1751) et la nouvelle église de Sainte-Geneviève, dite depuis *Panthéon*, et qui a repris aujourd'hui son nom primitif. Le roi posa lui-même en grande pompe la première pierre de ce magnifique monument, qu'attendaient de si diverses destinées (6 septembre 1764). Parmi les autres édifices ou embellissements de cette époque, il faut citer le palais Bourbon (1722), l'Ecole de droit (1760), la Halle au blé (1763), le Garde-meuble (1763), l'Hôtel des monnaies (1771), et enfin cette place de la Concorde, devenue aujourd'hui, par ses embellissements, le centre du plus admirable panorama monumental qui soit dans le monde entier. *Place de la Concorde!* ce nom, qui parmi plusieurs autres, semble aujourd'hui le plus adopté, est-il bien choisi pour une place de si lugubre et si sanglante célébrité? A la statue colossale de Louis XV, chef-d'œuvre de Bouchardon et Pigale, remplacée depuis par la statue de la Liberté et par la guillotine en permanence, on a substitué de nos jours l'obélisque de Louqsor. Mais pourquoi la croix ne brille-t-elle pas du moins sur le faîte de l'antique géant égyptien? ce signe auguste d'expiation figurerait là dignement, comme sur les obélisques de Rome. Chateaubriand aurait voulu que cet endroit même du sol d'où le fils de saint Louis est monté au ciel, fût orné d'une fontaine dont l'eau coulerait toujours. « On sait ce que je veux laver, » ajoutait l'illustre écrivain.

Une nouvelle enceinte de Paris fut construite sous le règne de Louis XV (vers 1726). Commençant au jardin de l'Arsenal, elle suivait les boulevards actuels jusqu'à la porte Saint-Honoré; puis, à travers le boulevard des Invalides, les rues de Babylone, de Sèvres et quelques autres, elle se dirigeait vers l'abbaye de Port-Royal et les murs du Val-de-Grâce, d'où, descendant ensuite par les rues des Bourguignons, de Lourcine, Censier, elle aboutissait sur la rive gauche de la Seine, vis-à-vis du jardin de l'Arsenal. Le quartier Gallion, le faubourg Saint-Honoré et le faubourg Saint-Germain compris dans cette enceinte se décorèrent alors de somptueux hôtels, pendant que la statue équestre de Louis XV était élevée au milieu de la belle place de ce nom (1763). Mais tandis que le Paris de pierre accroissait son territoire, augmentait de splendeur, de magnificence, le Paris moral, chrétien, présentait à cette époque un triste spectacle, en opposition avec sa prospérité matérielle.

Nous traversons ce XVIIIᵉ siècle, qu'on a fastueusement décoré du nom de *siècle de la philosophie*, et qui fut à son déclin celui de la destruction et de la ruine; la Providence le permettant ainsi pour apprendre aux races futures que la philosophie humaine, impuissante à fonder quand elle se sépare de Dieu, est très-habile au contraire à tout détruire. Le règne de Louis XV, au point de vue de la foi et des mœurs, est l'époque la plus déplorable de notre histoire. La société entière se décomposa; une sorte d'anarchie générale des esprits, à Paris surtout, devint le pronostie d'une révolution prochaine. Cette époque, tristement inaugurée par la funeste période dite *de la Régence*, nous montre tout d'abord un prince encourageant par ses exemples à fouler aux pieds le double et salutaire frein de la morale et de la religion. Ces déplorables enseignements, descendant parmi toutes les classes de la société, ne les trouvèrent que trop dociles : la corruption s'afficha dans les palais et sur les places publiques. Cette époque de la Régence fut comme les sentines d'où découlèrent toutes les calamités qui ont affligé le xviii⁰ siècle. C'est alors que s'ouvrit cette longue série d'iniquités qui s'amoncelèrent sur la France, comme d'affreux nuages d'où sortit enfin une horrible tempête qui balaya le sol et le couvrit partout de ruines et de décombres.

Durant cette période de la minorité de Louis XV et de la régence de Philippe d'Orléans, on vit la soif de l'agiotage précipiter un moment presque toute la population parisienne vers la petite rue Quincampoix. Là se négociaient ces billets du fameux Law, aventurier écossais, dont le système financier renversa et éleva tant de fortunes en France et à Paris. La passion de s'enrichir avait produit dans le public un vertige universel qui amena un immense déplacement du numéraire. Le résultat de cette crise fut la ruine de la grande majorité des spéculateurs, au profit d'un petit nombre de plus habiles. Law s'enfuit du royaume, et l'Etat se libéra de toutes ses dettes au moyen d'une banqueroute générale (1720). Vers cette même époque, la sécurité de Paris était troublée par un étrange personnage dont le nom est resté comme populaire. C'est le célèbre voleur Cartouche. Fils d'un marchand de vins de la Courtille, Cartouche naquit à Paris vers la fin du xvii⁰ siècle. Après quelques études à Louis-le-Grand, d'où il se fit chasser, il devint soldat, puis chef d'une troupe de bandits qui commettaient journellement des vols et des assassinats dans la capitale. Il déjoua si longtemps, avec une telle adresse, toutes les recherches de la police, que sa tête fut mise à prix. La justice put s'emparer enfin de ce grand criminel, qui fut rompu vif en place de Grève (1721). Son histoire, reproduite sous mille formes, a été plusieurs fois mise sur la scène.

Louis XV devenu majeur prit les rênes du gouvernement (1723). Peu
de temps après, à seize ans seulement, il épousa Marie-Charlotte Lec-
zinska, fille de Stanislas, roi de Pologne. Cette princesse porta sur le
trône l'exemple de toutes les vertus. Sous l'administration du vieux cardinal de Fleury, ancien évêque de Fréjus et précepteur du jeune roi, la
France trouva dans une longue paix intérieure le temps de réparer ses
pertes (1726-1743) ; en quelques années la prospérité de l'Etat prit un vaste
développement. C'est vers cette époque du règne de Louis XV que la capitale

Halles centrales.

fut troublée quelque temps par les étrangers scènes des *convulsionnaires*.
On donnait ce nom à des fanatiques du parti janséniste, qui, après la mort
du diacre Pâris (1727), se rendaient sur le tombeau de ce prétendu saint,
au cimetière de Saint-Médard, où ils éprouvaient des convulsions, et se
livraient à mille contorsions que l'on prenait pour des miracles. Quelques-
uns d'entre eux, se croyant illuminés, se torturaient volontairement et
prétendaient trouver au milieu des souffrances les plus cruelles des ex-
tases délicieuses. Des femmes, des jeunes filles, abjurant toute pudeur,
venaient elles-mêmes, comme des sibylles délirantes, parader sur ce
théâtre. On fut contraint de défendre l'entrée du cimetière, pour mettre fin

à toutes ces scènes scandaleuses et ridicules. C'est à cette occasion qu'un mauvais plaisant (il s'en trouve toujours, même près des tombeaux) écrivit sur la porte ce distique :

De par le roi défense à Dieu
De faire miracle en ce lieu.

Cet épisode des *convulsionnaires* est un de ces tristes et nombreux tableaux de l'histoire, qui prouvent jusqu'à quel délire le fanatisme peut entraîner l'esprit humain. La vraie religion, étrangère à tous ces excès, à tous ces égarements, désavoue et condamne des actes, des abus coupables, auxquels l'on n'a pas craint de mêler son nom vénérable et sacré.

La première époque du règne de Louis XV, jusqu'au traité d'Aix-la-Chapelle (1748), qui termina la guerre de la succession d'Autriche, ne fut pas sans quelque gloire. Tandis que le vieux cardinal de Fleury diminuait les impôts, mettait de l'ordre dans les finances, et préparait par le traité de Vienne (1736) la réunion de la Lorraine à la France, le maréchal de Saxe soutenait dignement l'honneur de notre drapeau sur les champs de Fontenoy, de Rocoux et de Lanfeld (1745-46-47). Louis XV lui-même, guéri par les prières de son peuple de la maladie qui, à son passage à Metz, l'avait mis aux portes du tombeau, semblait mériter alors ce glorieux titre de *Bien-aimé*, dont l'avait couronné la populative parisienne lorsqu'un courrier apporta la nouvelle de sa convalescence (1744). C'etait ce prince qui, plus tard, le soir de la bataille de Fontenoy, parcourant avec le Dauphin le théâtre de cette action meurtrière, disait, en lui montrant le sol jonché de blessés et de cadavres mutilés : « Voyez, mon fils, et apprenez par ce spectacle ce que coûte une victoire. » Il aurait dû mourir alors, ou demeurer digne de ce glorieux titre de *Bien-aimé*. Louis XV vécut, mais ce fut, hélas! au détriment de sa gloire : l'affreuse licence de ses mœurs lui enleva le beau surnom que lui avait décerné son peuple. L'exemple du roi et de la cour achevant ainsi l'œuvre de démoralisation commencée sous les auspices du régent, Paris et la France virent la corruption se glisser dans les diverses classes de la société : la littérature, loin d'arrêter le mal, devint complice de la déchéance des mœurs publiques. Révolte contre Dieu et contre l'autorité, absence de tout frein et de tout principe, débauche de l'esprit et du cœur, voilà ce qu'on trouve au fond du mouvement moral, intellectuel et social durant la seconde période du règne de Louis XV. Ce mouvement, emportant la France vers sa ruine, préparait la sanglante hécatombe où, comme dans un abîme, elle aurait péri sans retour, si le sang d'un roi-martyr et de tant de milliers de victimes innocentes n'avait apaisé la justice divine et fait luire enfin, après une horrible tempête, des jours de grâce et de miséricorde.

C'était le temps du règne de Voltaire. Aux œuvres sérieuses et remarquables qui avaient signalé l'ère de Louis XIV, succédèrent des productions dans lesquels le double cynisme de l'impiété et de la corruption avait répandu un séduisant venin. Paris vit surgir alors une grande entreprise littéraire, sorte de citadelle, du haut de laquelle Diderot, d'Alembert, Voltaire et les autres *encyclopédistes* sapaient les fondements de la religion et de l'autorité. Mais l'indigeste répertoire, qui prétendait déterminer, dans les arts, les sciences, la philosophie, la religion, à quel degré d'élévation étaient parvenues les connaissances humaines, devint une tour de Babel, lorsque avec un système infernal on voulut l'employer à déverser les calomnies, les outrages contre tout ce qui tenait à la foi : histoire, dogme, tradition. Au point de vue de l'art, cette œuvre, empreinte de l'ardeur fébrile et de la rapidité de son exécution, semble frappée de stérilité. Ses auteurs eux-mêmes la condamnèrent dès sa naissance. Aujourd'hui *l'Encyclopédie du dix-huitième siècle*, cet ouvrage colossal des rois de la libre pensée, est un édifice vermoulu, délaissé. Les ouvriers ont travaillé en vain, sourds à la voix du Prophète royal, qui leur criait à travers près de trente siècles : « Si le Seigneur ne bâtit lui-même une maison, c'est en vain que travaillent ceux qui la construisent. » (Ps. cxxvi.)

Paris, dans cet âge comme dans l'âge précédent, fut constamment le point central qu'habitèrent les hommes les plus célèbres dans les lettres et dans les arts. Un grand nombre d'entre eux, comme Voltaire, Diderot, Helvétius, Fréret, Louis Racine, Laharpe, avaient reçu le jour dans la capitale. Voltaire exerçait alors, dans l'empire des lettres et de la philosophie, cette souveraine dictature qui a été si fatale à la France. Tout pliait sous son sceptre : malheur à qui aurait essayé de s'y soustraire !

C'était le temps où le marquis Lefranc de Pompignan, ayant voulu, dans
un discours en pleine académie française, prouver que *le philosophe vertueux et chrétien mérite seul le nom de philosophe,* était accueilli par un
déluge de plaisanteries, de sarcasmes et de calomnies (1760), et contraint
depuis, harcelé sans cesse par l'impiété, à quitter la capitale pour se retirer au fond de sa province. Ce trait seul fait juger des progrès effrayants
de l'impiété et de la tyrannie de l'esprit du mal à cette époque. On sait
comment Voltaire, le patriarche de la secte, stimulait ses adeptes à écra-
ser le christianisme, en multipliant au bas de ses lettres l'abominable formule : *Écrasez l'infâme.*

Vers ce même temps, Paris et la France virent disparaître, sous l'influence philosophique, la société de Jésus, devenue l'un des plus fermes
remparts de la foi et des mœurs contre les doctrines impies et dissolvantes
dont le venin s'infiltrait partout. Elle succomba devant le parlement, la
philosophie, le jansénisme, la cour, et un faible monarque, trop enseveli
dans les voluptés, pour résister à l'injustice qu'on réclamait de lui. La
société de Jésus, dont la mission était de combattre l'hérésie et le mal
sous toutes ses formes, avait tenu haut le drapeau du catholicisme et
livré bataille aux premiers rangs. Là ne s'était pas borné son rôle : elle
avait prêché l'Evangile sur les plages lointaines, civilisé des nations sauvages, et scellé tant de nobles conquêtes du sang de ses martyrs. Il fallait
abattre cette milice pour arriver, s'il était possible, à frapper jusqu'au
cœur de Rome; l'école encyclopédique avait disposé la haine du peuple
pour cette œuvre de destruction. Une magistrature vaniteuse, un ministre
avide et une courtisane méprisée [1] unirent leurs efforts pour la consommer (1762-1764). La chute des Jésuites fit présager les prochains malheurs
de la France. Quand on enlève au torrent l'une de ses principales digues,
il déborde au jour fatal : rien ne peut alors en arrêter le cours.

Le parlement, vainqueur des Jésuites, jouit peu de son triomphe.
Louis XV, irrité de l'opposition constante de cette compagnie, la cassa
(1774), par le conseil du chancelier Maupeou. On installa à sa place, sous
le nom de *conseil du roi,* un nouveau corps judiciaire auquel fut donné
par dérision le surnom de *parlement Maupeou.* Louis XVI, à son avéne-

---

[1] Le parlement, le ministre Choiseul et Mme de Pompadour.

ment au trône (1774), rétablit le parlement qui fut supprimé, avec tous les autres, par un décret de l'assemblée constituante (7 septembre 1790).

Au milieu du triste spectacle d'une société préludant par le désordre moral au désordre matériel, on aime à reposer sa vue sur un vénérable pontife, se livrant aux efforts du zèle le plus ardent pour arrêter le torrent prêt à tout submerger : ce pontife, c'est le vertueux Christophe de Beaumont, archevêque de Paris (1746-1781). Appelé par son rare mérite sur le siége de saint Denis, l'illustre prélat y porta cet admirable mélange de douceur et de fermeté, que d'autres après lui ont su faire revivre. S'opposer aux progrès alarmants de l'impiété, repousser les artifices d'une secte d'autant plus redoutable qu'elle s'opiniâtrait à rester en apparence dans le sein de l'Eglise pour la déchirer plus sûrement : tels furent ses constants efforts, dans un temps où la philosophie et le jansénisme semblaient se donner la main pour combattre ensemble dans le camp de ses ennemis. La conduite invariable de Christophe de Beaumont lui attira l'estime de ceux-là même auxquels il croyait devoir opposer toute la résistance d'un pontife chrétien. Il acheva de les gagner par la sérénité de son âme, dans les divers exils qui furent le prix de son zèle et de son courage, en face des volontés de la cour et des prétentions du parlement. C'était un beau spectacle que celui de ce pasteur, toujours sur la brèche, s'occupant à restaurer la discipline ecclésiastique, veillant constamment sur son nombreux troupeau, pour l'instruire et le détourner des fontaines empoisonnées vers lesquelles l'entraînaient de prétendus philosophes; combattant sans ménagement l'erreur et la foudroyant par les instructions les plus lumineuses comme par les plus vigoureuses censures. Les *Mandements* ou *Instructions pastorales* de Mgr de Beaumont sont pleins d'onction et de force : c'est un précieux arsenal où l'on trouve des armes puissantes contre les fausses doctrines qui dominaient alors, et que beaucoup d'esprits arriérés cherchent à raviver. La vérité revêt une forme éloquente dans ces écrits, parmi lesquels on distingue les Mandements contre l'*Emile* de J.-J. Rousseau, contre Voltaire, contre le *Bélisaire* de Marmontel, etc. Le citoyen de Genève, attaqué par l'illustre prélat, crut devoir lui répondre. Il publia comme défense de l'*Emile*, la *Réponse au Mandement de l'archevêque de Paris*, si connue sous le nom de *Lettre à Mgr de Beaumont*. Mais c'est en vain qu'il couvrit des prestiges de l'éloquence et des charmes du style la faiblesse de ses raisonnements. La vérité eut son triomphe, et tous les bons esprits applaudirent au zélé pontife, défendant les droits de Dieu et de la famille, outragés, méconnus dans un système d'éducation insensé autant qu'impie. Un si noble caractère, relevé par les plus hautes vertus, valut à Mgr de Beaumont l'estime et la vénération des souverains de l'Europe. Louis XV eut toujours pour lui un tendre et vif attachement. Les Anglais, malgré les préjugés religeux et nationaux, furent ses admirateurs ; et le roi de Prusse lui-même, bien que l'ami prétendu de Voltaire, aimait à dire : « M. de Beaumont est le plus grand homme de France ; lui du moins marche toujours sur la même ligne. »

CHAPITRE XVII

·Quarante années de l'histoire parisienne (1774-1814)

S'il est une période agitée, orageuse, sanglante dans l'histoire d'une nation et d'une cité, c'est à coup sûr celle des années qui s'offrent à nos regards durant le règne de l'infortuné Louis XVI.

Les temps étaient arrivés où devait éclater l'orage qu'avaient préparée de loin la licence de l'esprit et la décomposition de l'ancienne société française. Si des mœurs pures et simples, des vues droites, bienveillantes, humaines, et le désir ardent de procurer le bonheur de son peuple, avaient suffi pour opérer régulièrement les grandes réformes que réclamait la situation, Louis XVI aurait alors préservé la France des affreux malheurs prêts à fondre sur elle. Rien de plus touchant que le tableau des premières années de ce prince, doué des vertus de saint Louis, moins la fermeté, la prévoyance et la force! Ne semblait-il pas digne d'une belle destinée, ce petit-fils d'un roi qui, tombant à genoux avec la jeune reine Marie-Antoinette, devant la porte de la chambre même où le roi venait d'expirer, s'écriait en regardant le ciel : « Mon Dieu, qui nous appelez à régner si jeune, ayez pitié de nous! » Mais le flot révolutionnaire, poursuivant son cours, allait bientôt rompre ses digues... De vagues pressentiments faisaient craindre l'avenir : on se rappelait avec une sorte de terreur superstitieuse l'horrible accident survenu (l'an 1770) aux fêtes du mariage du dauphin, sur cette même place qui devait plus tard servir de théâtre à de cruelles catastrophes.

Louis XVI inaugura son règne par la suppression du droit de *joyeux avénement*, impôt onéreux qui pesait sur la France à chaque changement de souverain. En remettant ce droit à la nation, une ordonnance donna aux pauvres deux cent mille francs pris sur la cassette particulière du roi. Le peuple de Paris témoigna sa joie par des acclamations unanimes; mais ces joies furent éphémères. Le nouveau prince, assisté de Turgot et de Malesherbes, continuait cependant à mériter l'amour de ses peuples par des mesures utiles. Il établissait le Mont-de-piété et la Caisse d'escompte; il abolissait la torture, supprimait la corvée, assurait le paiement des rentes aux créanciers de l'Etat, effaçait dans les montagnes de la Franche-Comté un reste de servitude territoriale. Toutes ces innovations, ces pacifiques réformes, accueillies avec allégresse, en faisaient présager d'autres plus importantes encore.

Cependant les imaginations étaient impatientes; le vent était à une sorte de liberté dont on ne prévoyait ni les périls ni les excès; les événements d'ailleurs favorisaient merveilleusement cette tendance de l'esprit public. Le drapeau de l'indépendance américaine arboré à Boston venait d'être acclamé par la France. C'était le temps où le jeune marquis de Lafayette, armant un vaisseau à ses frais, précédait vers les rives de l'Amérique du Nord les flottes françaises, que Louis XVI, cédant aux sollicitations de Benjamin Franklin comme aux désirs de la noblesse et du peuple, allait envoyer pour alliées à Washington. La France, en épousant contre l'Angleterre la querelle des insurgés américains, et reconnaissant l'indépendance des colonies de l'Union, devait montrer à l'Europe que notre pavillon pouvait encore flotter avec gloire et puissance sur toutes les mers; mais en même temps elle favorisait et entraînait le mouvement des esprits dans son propre sein. La capitulation de Cornwallis (en 1781) ayant forcé l'Angleterre à reconnaître l'indépendance des Etats-Unis, une paix glorieuse pour la France fut signée à Paris (3 septembre 1783). Moins de six ans plus tard (le 5 mai 1789), pour la première fois depuis Louis XIII, les états généraux du royaume s'ouvraient à Versailles. Chacun, bercé de vagues espérances, se disait que notre vieille monarchie était entrée dans une phase nouvelle. L'assemblée des états, composée d'environ douze cents membres, avait à délibérer sur son avenir.

L'assemblée constituante commençait à accomplir son œuvre, et déjà le peuple traduisait sa pensée par des actes de révolte. Le 28 avril 1789, la maison du fabricant Réveillon fut attaquée par des bandes d'ouvriers du faubourg Saint-Antoine. Cette première émeute, bientôt réprimée, n'eut pas de suites; mais le peuple avait essayé ses forces : il venait de préluder au siége de la Bastille et à la destruction du trône.

Le 14 juillet (1789) la révolution franchit le pas décisif. Une émeute provoquée par le renvoi du ministre Necker avait eu lieu la veille; le

Place du Palais-Royal.

sang avait coulé dans sa répression : la population parisienne courut aux armes. Le lendemain la foule inondait les rues de la capitale, et le tumulte était à son comble dans le jardin du Palais-Royal. Aux cris de quelques-uns : *Attaquons la Bastille ! à la Bastille !* la multitude répond par ses clameurs et se rue vers le faubourg Saint-Antoine; chacun ayant placé à son chapeau des feuilles vertes en signe de ralliement. Quelques heures après, un combat avait lieu aux portes de la Bastille, et cette forteresse, défendue par un petit nombre d'invalides ou de Suisses, tombait au pouvoir du peuple qui souillait sa victoire par de honteux massacres. Delaunay, le gouverneur de la Bastille, et de Flesselles, prévôt des marchands, furent au nombre des victimes : on promena leurs têtes dans Paris au bout d'une pique.

Cependant, comme pour organiser l'insurrection, Bailly fut élu maire de Paris, et le général Lafayette, chef de toutes les milices bourgeoises de France, qu'on appela dès lors *gardes nationales.* Quelques jours après, les scènes sauvages se renouvelèrent. Les conseillers d'Etat Foulon et Berthier son gendre, signalés à la haine du peuple, étaient ramenés dans la capitale, et livrés aux mains d'une vile populace, qui, après avoir pendu l'un à une lanterne, massacré l'autre, promenait en triomphe dans les rues leurs têtes et leurs cœurs placés au bout de hautes piques.

Le char révolutionnaire une fois lancé ne s'arrêta plus dans sa marche. Moins de trois mois après, le 6 octobre, le roi et la reine, à peine échappés à la mort, se virent ramenés de Versailles à Paris par une multitude égarée. Quel sinistre spectacle offrait cette ovation dérisoire! Une foule innombrable, armée et menaçante, entourait la voiture de la famille royale, et portait jusque sous les yeux du roi les têtes coupées des généreux gardes du corps qui avaient péri en défendant l'appartement de la reine. Auprès de cette même voiture se tenait Lafayette. La marche était fermée par de nombreuses charrettes de grains et par des bandes armées de piques ou portant de hautes branches de peuplier qu'on appelait *l'arbre du peuple.* Sur tous les points de la route, retentissaient des chants et des cris avec des coups de fusil tirés en signes de réjouissance.

Le roi, conduit à l'Hôtel de ville, dit au maire Bailly, qui vint le recevoir sur le perron : « Je viens avec plaisir au milieu de ma bonne ville de Paris. — Et avec confiance, » ajouta la reine. Mot heureux, que l'avenir devait rendre triste et cruel. La harangue de Bailly fut suivie des cris de *Vive le roi!* dernier témoignage d'amour que Louis XVI reçut de son peuple! Contraint dès lors d'habiter l'ancien palais des Tuileries, veuf depuis cent quarante ans de ses hôtes augustes, il y vécut plutôt en prisonnier qu'en roi, et sa vie fut abreuvée d'amertume. Quelques jours après, l'Assemblée nationale, se transportant elle-même à Paris, venait tenir ses séances d'abord à l'archevêché, puis dans la salle du manége attenant au couvent des Feuillants et au jardin des Tuileries. Elle poursuivit là son œuvre, déjà dépassée par le trop célèbre club des *jacobins*, dont elle subissait la pression et le joug. Déjà dans son sein même se formait un parti républicain qui travaillait tête levée à la chute du trône. Robespierre était l'âme de cette violente minorité.

Le 14 juillet 1790, la fête de la Fédération fut célébrée au Champ de Mars, en mémoire du premier anniversaire de la prise de la Bastille. On y vit réunis au nombre de soixante mille, les députés des milices bourgeoises des quatre-vingt-trois départements récemment établis. L'enthousiasme y fut porté à son comble. La messe fut célébrée par Mgr Talleyrand, évêque d'Autun, au milieu de plus de trois cent mille spectateurs. On bénit ensuite les bannières des départements, et l'on chanta un *Te Deum*. Lafayette s'approcha de l'autel et jura, au nom de la garde nationale, fidélité à la nation, à la loi et au roi. C'est dans cette fête que la substitution du drapeau tricolore au drapeau blanc reçut sa consécration solennelle. Le peuple dans l'ivresse répétait ce serment par acclamation. On eût dit que le roi et la liberté avaient pour toujours désormais contracté alliance. Vaine illusion! ce grand spectacle ne fut qu'une des scènes du déplorable drame qui se jouait alors et dont le dénouement allait bientôt s'accomplir.

L'année suivante, Louis XVI essaya de se soustraire par la fuite au sort qui l'attendait. Dans la nuit du 21 juin, aidé de quelques amis fidèles, il partit avec la reine et sa famille : son voyage paraissait devoir s'effectuer sans obstacles, si un misérable, nommé Drouet, maître de poste, qui l'avait reconnu à Sainte-Menehould, n'avait pris tout aussitôt les devants et fait arrêter à Varennes les illustres fugitifs. Ramenés à Paris sous une escorte, ils rentrèrent dans la capitale, après un voyage de huit jours, durant lequel les humiliations et les outrages furent comme un prélude de leur triste destin.

L'Assemblée nationale avait rempli sa tâche. La constitution de 1791 enfin achevée et promulguée parut au jour. « C'était, comme dit M. Gabourg, l'œuvre informe de toutes les inexpériences aventureuses que la Constituante renfermait dans son sein, et la formule, aussi exacte que possible, des théories philosophiques et du Contrat social. L'avilissement de la royauté, l'établissement du schisme, la destruction de toutes les coutumes sanctionnées par le temps, le principe de l'élection appliqué à tous les services publics, et enfin l'omnipotence d'un corps unique appelé *Assemblée législative :* tel fut en résumé ce code, qui fut substitué en deux ans à la loi salique et à toutes les traditions et institutions de la monarchie. » (*Hist. de France.*)

Aux premiers jours d'avril 1791, Paris tout entier assistait aux funérailles du plus grand orateur de la révolution française, qui, jeune encore, venait de succomber aux fatigues de sa vie orageuse. Les restes de Mirabeau furent conduits en grande pompe au Panthéon, d'où la populace les exhuma deux ans plus tard pour les jeter au vent. Mirabeau, après s'être montré le plus audacieux réformateur, venait de se rapprocher de la cour. Sa mort fit perdre à Louis XVI le faible espoir de pouvoir restaurer l'autorité royale en lui donnant pour bases des institutions libres. Cet espoir fugitif disparaissait de plus en plus devant les décrets de l'Assemblée législative, dont l'activité redoutable multipliait les édits de proscription et de mort. Le vertueux monarque, bravant toutes les menaces, n'en sut pas moins apposer son *veto* aux iniques lois qui punissaient de la déportation les prêtres orthodoxes et prononçaient la peine de mort contre les émigrés. Un inviolable attachement à la foi catholique devint la cause prochaine de la déchéance et du fatal procès de Louis XVI. N'est-il pas juste dès lors de joindre au nom de l'infortuné prince le titre de *roi-martyr ?*

Comme préludes de ce martyre royal, les insultes, les outrages n'étaient point épargnées à l'auguste fils de saint Louis. Le 20 juin 1792, le tambour bat aux champs dans les rues de Paris : on voit se réunir et marcher une foule immense d'hommes à demi-nus, fiers de l'ignoble surnom de *sans-culottes,* et de femmes, ivres de débauche et de vin, tous armés de piques, de scies, de fourches, ou portant des bannières avec cette inscription : *A bas le veto !* Ces hordes, commandées par Santerre, arrivent devant le manége, où se tenait l'Assemblée nationale, qui admet à sa barre les délégués et les orateurs de cette populace soulevée. L'immense cortége, après avoir défilé dans la salle des séances, sous les yeux des députés, envahit le palais du roi, traînant à force de bras une pièce de canon, et brisant les portes à coups de hache. Louis XVI se voit alors exposé aux plus indignes outrages : la multitude, épargnant sa vie, se contente de placer sur sa tête le sinistre bonnet rouge, et le force à boire le vin que lui verse un homme des faubourgs. Louis XVI, au milieu des piques et des poignards, conserve sa dignité royale, et supporte cette épreuve avec le calme d'un sage et la patience d'un chrétien. La reine et le jeune dauphin avaient couru les plus grands dangers; ils étaent réservés à de nouvelles souffrances.

La journée du 20 juin, œuvre des Girondins, avait avili la royauté; celle du 10 août, plus funeste encore, décida la chûte du trône et compléta le triomphe du parti révolutionnaire. En ce jour de sanglante mémoire, deux armées se trouvaient en présence : une multitude de jacobins et de marseillais avait devant elle la garde suisse du roi, et quelques corps demeurés fidèles de la garde nationale de Paris : le champ de bataille était la cour des Tuileries et le Carrousel. Louis XVI, à six heures du matin, traversa les rangs de ces braves défenseurs de la royauté expirante, qui l'accueillirent par le cri antique de *Vive le roi !* Se plaçant à leur tête, et combattant avec eux, il pouvait remporter la victoire : vainqueur, il pouvait relever sa couronne ; tombant sur le seuil de son palais, il aurait épargné un grand crime à la France. Louis, dont le cœur ne connaissait que la clémence, ne pouvait comprendre que l'heure était venue de vaincre ou de périr : la nécessité de verser du sang pour sa cause répugnait à sa bonté. Il se retire avec la reine et sa famille dans la salle des séances de l'Assemblée législative, et il envoie aux Suisses l'ordre de cesser le feu. Fidèles à ce commandement, qui est pour eux un arrêt de mort, ces héroïques soldats, après s'être vus un instant maîtres du champ de bataille, renoncent à leur victoire et se résignent. Les brigands, rassurés, reviennent, pénètrent comme un torrent dans le château, qu'ils livrent au pillage : les braves défenseurs sont poursuivis partout, massacrés sans pitié. La foule triomphe sans obstacle. En ce moment les cris de victoire, poussés avec frénésie, retentissent de toutes parts. L'œuvre était consommée : l'Assemblée législative se hâte de la sanctionner par un solennel décret. Sur la proposition de Vergniaud, son président, elle décide que Louis XVI est provisoirement déchu de la royauté, et qu'une Convention nationale sera convoquée pour donner une nouvelle Constitution à la France. Trois jours après, le roi, la reine, Madame Elisabeth, sœur du roi, Madame Royale, âgée de treize ans, et le jeune dauphin, étaient renfermés dans la tour du Temple.

L'étranger qui parcourt aujourd'hui le quartier populeux du Temple, cherche en vain quelque trace du sombre donjon où, cinq mois durant, le Ciel contempla l'un des plus sublimes spectacles offerts à la terre, celui du juste aux prises avec l'infortune. Le donjon est abattu, détruit; tout le sol est transformé, et un gracieux *square* ou jardin, dans lequel s'ébattent de joyeux enfants, entre la verdure, un bassin, un rocher et des fleurs, a remplacé la royale prison où coulèrent tant de larmes. Naguère on voyait là un monastère de vierges. Pourquoi n'y a-t-il pas aujourd'hui encore du moins une chapelle, une simple croix? La croix expiatrice ne brillerait-elle pas dignement à cette place, comme au centre de celle où fut conduit d'ici le royal prisonnier pour ouïr ces paroles : « Fils de saint Louis, montez au ciel ! »

Les jours suivants, tous les insignes de la royauté, toutes les statues des monarques disparurent dans la capitale. Louis XIII, Louis XIV, Louis XV, Henri IV lui-même, jadis si populaire, descendirent de leur piédestal des places Royale, Vendôme, de la Concorde et du Pont-Neuf. Les 2 et 3 septembre amenèrent d'horribles journées, écrites en lettres de sang dans les annales de Paris. Les détenus entassés dans les prisons furent égorgés. Le massacre commença au couvent des Carmes, où près de deux cents prêtres furent immolés, victimes de la rage révolutionnaire. Ce furent autant de martyrs. « Le massacre des Carmes, a dit M. de Maistre, est comparable à tout ce que l'histoire ecclésiastique offre de plus beau dans ce genre. » Ces affreuses scènes se renouvellèrent aux prisons de Saint-Firmin, de la Force, à l'Abbaye, à Bicêtre. Les assassins s'encourageaient au meurtre par des chants sanguinaires et d'horribles libations. Parmi ces déplorables victimes était la princesse de Lamballe, l'ami dévouée de la reine. La vue de sa tête, portée au bout d'une pique, sous la croisée du Temple, dut présager à Marie-Antoinette la triste destinée qui l'attendait.

Pendant que ces massacres, glaçant l'Europe de stupeur, marquaient d'une tache ineffaçable la révolution française, la Convention nationale, élue sous l'impression de la démagogie et de la terreur, remplaçait l'Assemblée législative. Concentrant en elle seule tous les pouvoirs avec tous les éléments de l'anarchie et de la violence, elle s'apprêtait à exercer jusqu'au bout la dictature populaire dont elle était investie. Réunie pour la première fois le 21 septembre 1792, sous la présidence de Péthion. cette assemblée annonça dès son début quelle mission elle allait accomplir. Sur la proposition du représentant du peuple Collot-d'Herbois, appuyé par Grégoire, elle décréta *l'abolition de la monarchie française et l'établissement de la république.*

Le 21 janvier 1793 la révolution consomma tant de crimes par le plus grand de tous. Louis XVI, condamné à mort par la Convention, à la majorité de cinq voix seulement, sortit de la prison du Temple pour aller à l'échafaud. Paris ce jour-là présenta l'aspect le plus morne et le plus sombre. Sur le passage du sinistre cortége, toutes les maisons restèrent fermées et muettes. Jamais plus grand attentat n'eut plus de complices sans doute; et cependant, pour pallier l'opprobre d'une aussi horrible honte, on doit dire que la majorité des habitants déplorait ce forfait; mais en face des canons et des baïonnettes qu'avaient disposés partout les juges bourreaux de la Convention, la terreur glaça tous les courages.

Sainte - Clotilde.

Le souvenir de cette tête royale et innocente, tombant à cette même place où s'élève aujourd'hui l'obélisque de Sésostris, restera toujours un grand crime national qui appelle une perpétuelle expiation. On a besoin pour espérer le pardon de rappeler le cri sublime du pieux abbé de Firmont : « Fils de saint Louis, montez au ciel, » et ces dernières paroles de la victime elle-même : « Français, je meurs innocent, je pardonne à mes ennemis, et je souhaite que mon sang ne retombe pas sur la France!... »

A la suite de l'horrible régicide, l'anarchie de la terreur régna par toute la France. Paris surtout vit le sang ruisseler sans relâche, les plus nobles victimes marcher par troupes aux guillotines dressées en permanence, au son de la *Marseillaise*, hurlée en chœur par les bourreaux. L'historien de Paris voudrait en vain effacer ici quelques pages hideuses de ses annales : il doit rappeler ces temps de délire dont le souvenir naguère joint à la crainte de leur retour frappait les imaginations d'un effroi souvent mortel [1] : les églises souillées, servant de théâtre aux plus abominables profanations; celle de Sainte-Geneviève, dérisoirement changée en Panthéon, pour recevoir les restes de Marat assassiné dans son bain par Charlotte Corday; le calendrier républicain; le repos du dimanche aboli et transféré au jour de la décade; de hideuses fêtes publiques; la déesse de la Raison, sous la figure d'une femme impudique, promenée dans les rues, ou trônant sur l'autel de la vieille basilique de Notre-Dame; les gens de bien attendant à toute heure leur arrêt de mort; la reine Marie-Antoinette sortant de son cachot de la Conciergerie pour être immolée à son tour en face du château des Tuileries où elle avait régné avec tant de splendeur (16 octobre 1793); Madame Elisabeth, suivant de près au supplice, et mourant avec la simplicité d'une sainte et la résignation d'une martyre (1794), tandis que le jeune roi Louis XVII, âgé de huit ans à peine, ne survivait à sa famille que pour subir une captivité plus cruelle que la mort!....

Cependant la Révolution, nouveau Saturne, dévorait ses propres enfants. Le 31 mai 1793, vingt-neuf députés girondins sont arrêtés à l'instigation de Robespierre, et cinq mois après, vingt d'entre eux montent sur l'échafaud. Le sanguinaire Danton, Carrier, Fouquier-Tainville et tant d'autres y montèrent à leur tour. Robespierre lui aussi aura son jour suprême. Le 9 thermidor (29 juillet 1794), ce monstre qui avait présidé naguère comme pontife dans une fête solennelle célébrée en l'honneur de l'Etre suprême, fut décrété d'accusation par la Convention et arrêté à l'hôtel de ville. Le lendemain il périssait sur l'échafaud, avec vingt-deux de ses partisans (Couthon, Saint-Just, Henriot, Robespierre jeune, etc.) A partir de ce jour le régime sanglant de la terreur prit fin.

Paris fut cependant encore le théâtre de sanglantes scènes. Le 1" prai-

---

[1] En 1848, quelques vieillards, se souvenant de 1793, moururent de frayeur à Paris, en entendant proclamer une nouvelle république.

rial an III (20 mai 1795) le parti jacobin s'insurgea contre la Convention. La populace des faubourgs envahit la salle de l'Assemblée, présidée par Boissy d'Anglas, et massacra le député Ferrand. Dix heures durant, la majorité de la Convention, encouragée par l'exemple de son président, resta en séance, toujours en butte aux insultes et aux outrages des révoltés; elle fut enfin délivrée par les troupes des sections. Le désordre continua les deux jours suivants. La Convention ordonna l'arrestation et le supplice de trente de ses membres. Treize d'entre eux se donnèrent la mort. A l'émeute du 1er prairial, soulevée par les jacobins, succéda, quelques mois après, une émeute plus terrible encore. Le 13 vendémiaire an IV (5 octobre 1795), les sections composées des habitants de Paris s'étant insurgées contre le despotisme de la Convention, le sang coule en abondance dans les rues; des pièces de canon établies le long des quais et de la rue Saint-Honoré prennent les rebelles par le front et par le flanc. L'armée des sections, foudroyée sur tous les points par la mitraille, prend la fuite en jetant les armes. A peine quelques-uns, retranchés dans l'église Saint-Roch et sur les degrés du portail, résistent-ils aux républicains : ils sont tous écrasés, l'insurrection est étouffée sous des monceaux de cadavres. Le général Bonaparte commandait les troupes conventionnelles : la République tromphait en ce jour par les mains de l'homme qui devait plus tard la détruire.

Peu de jours après cette victoire, la Convention déclara ses séances terminées et abdiqua ses pouvoirs : elle avait siégé trois ans et trente-cinq jours. « La Convention nationale, dit M. Gabourd, avait sauvé la France des efforts réunis de trois coalitions de rois : elle avait triomphé au-dedans et au-dehors de tous les ennemis de la République, et en se servant du crime comme moyen, de l'échafaud comme ressource, de la mort comme système, elle a réussi à laisser après elle un nom écrit en lettres de feu et de sang, un nom à la fois gigantesque et détesté. » (*Hist. de France.*)

Les quatre années du Directoire (novembre 1795 — novembre 1799) furent une courte période glorieuse pour nos armées, un temps de calme intérieur après la tourmente révolutionnaire, mais signalé par une corruption générale dans les mœurs. L'honneur français s'était réfugié sur nos frontières, avec nos soldats et nos généraux, combattant pour l'indépendance du pays. Paris alors, comme pour s'étourdir et se dédommager du régime sanglant de la terreur, donna le spectacle d'une cité se livrant avec frénésie à la dissipation, aux fêtes, au milieu d'un mélange bizarre de luxe et de misère, et d'une succession des modes les plus extravagantes : l'avarice, la perversité, la licence publique étaient alors regardées comme autant de moyens de gouvernement.Après quelques révolutions intérieures, marquées par le coup d'Etat du 18 fructidor (4 septembre 1797), et la journée du 30 prairial (18 juin 1799), le gouvernement dictatorial, renversé par le général Bonaparte, dans la célèbre journée du 18 brumaire an viii (9 novembre 1799), céda la place à son tour au gouvernement consulaire, qui, s'annonçant comme un pouvoir fort et réparateur, mit un terme aux réactions des partis, réorganisa tous les services, rouvrit les églises, conclut avec le Pape un nouveau concordat et fit achever la rédaction du Code civil.

Le 18 avril, fête de Pâques (1801), Paris, après tant de journées tristes et sanglantes, put saluer enfin l'un de ces jours qui marquent parmi les plus beaux dans ses annales. Le premier consul Bonaparte, les autres consuls, les hauts dignitaires et tous les corps constitués de l'Etat se rendirent avec la plus grande pompe, à travers une foule immense et joyeuse, à la basilique de Notre-Dame, pour inaugurer le rétablissement de l'exercice public de la religion catholique en France. Le cardinal-légat Caprara célébra la messe, en présence de plus de vingt évêques nouvellement élus, qui prêtèrent serment. Mgr de Boisgelin, archevêque de Tours, chargé de porter la parole devant l'auguste assemblée, s'attacha à montrer la main de la Providence dirigeant en secret la marche des événements. On chanta un *Te Deum* solennel d'actions de grâces, au milieu de l'allégresse générale du peuple. Après un long et morne silence de treize années, l'hymne catholique, retentissant sous les voûtes de Notre-Dame, annonçait enfin à la France entière l'heureuse résurrection qui s'opérait. Ce fut certes un beau jour pour la capitale, jour de gloire aussi pour le premier consul! La restauration du culte catholique forme le plus beau fleuron de la couronne de Bonaparte : c'est l'époque la plus auguste de son pouvoir; c'est par là surtout qu'il s'est montré véritablement grand et, comme l'appelait alors avec raison Chateaubriand dans sa dédicace du *Génie du christianisme*, « l'homme que la Providence avait marqué de loin pour l'accomplissement de ses desseins prodigieux. »

A quelques années de là (2 décembre 1804), cette même enceinte de Notre-Dame s'ouvrait pour donner entrée au Pontife de Rome, Pie VII, qui ayant traversé les Alpes, venait verser l'huile sainte sur la tête du soldat couronné. Le sénat, sur la proposition d'un de ses membres, ayant déclaré que Napoléon Bonaparte était appelé au trône par le vœu du peuple, l'avait proclamé Empereur des Français (18 mai 1804), et le nouvel Empereur, comme Pepin et Charlemagne, fondateur d'une dynastie, avait voulu, à leur exemple, se faire sacrer par le souverain Pontife. La vieille basilique déploya toute la splendeur de ses pompes dans cette cérémonie du sacre, qui fut célébrée au milieu des plus vives acclamations. Durant trois jours, les fêtes se multiplièrent par toute la ville. Le quatrième jour, une solennité militaire au Champ de Mars vint compléter la cérémonie : l'Empereur y distribua les aigles aux différents corps de l'armée. Le brillant pinceau de David a perpétué le souvenir de cette fête, resté populaire. Le souverain Pontife, Pie VII, travailla, de son côté, pendant son séjour à Paris, à donner à l'Eglise de France son ancien lustre. Il visita successivement les églises de la capitale, les hôpitaux, divers autres établissements, et repartit pour Rome (4 avril 1805). Quatre années plus tard il revenait, mais chargé de fers cette fois, par l'ordre de ce même souverain qu'il avait sacré. C'était alors le captif de Fontainebleau, de ce magnifique palais, où la Providence a placé de grandes leçons au profit des rois. Tandis qu'après quatre ans de captivité, Pie VII, devenu libre, s'acheminait vers Rome et l'Italie, au milieu des bénédictions des peuples, son persécuteur, abandonné de tous, s'en venait tristement dans cette royale demeure, pour y abdiquer la couronne, faire de touchants adieux à sa vieille garde, et regagner en toute hâte, la petite île de Toscane, qu'on lui avait léguée, à la place d'un vaste empire!...

Sous le gouvernement impérial, Paris avait repris une physionomie noble et grande. Malgré le despotisme qui pesait sur la France, malgré les guerres continuelles qui décimaient sa population, la capitale jouissait d'une tranquillité matérielle que troublèrent à peine un instant les conspira-

tions royalistes et républicaines de Georges Cadoudal (1804), ou du général
Malet (octobre 1812). Son enceinte offrait un aspect brillant et pompeux.
De beaux monuments, tels que la Bourse, l'arc de triomphe de l'Etoile,
la Madeleine, la colonne Vendôme, les ponts d'Austerliz et d'Iéna, etc.,
s'élevaient de toutes parts : des travaux considérables d'assainissement
s'achevaient à la fois dans divers quartiers. Les arts, les sciences,
les lettres, bien qu'éclipsés par la guerre, fleurissaient néanmoins dans
son sein. Bien au-dessus d'une foule d'écrivains qui s'identifient, pour
ainsi dire, avec l'époque impériale, planait alors avec gloire l'auteur du
Génie du christianisme, de l'*Itinéraire* et des *Martyrs.* Le *Génie
du christianisme* surtout jouissait d'une vogue soutenue, parce qu'il
répondait à ce besoin immortel de foi et de religion que la population
de Paris et de la France retrouvait au fond du cœur après la tempête
révolutionnaire. Enfin, après plusieurs années de guerre, la plupart
heureuses, le calme qui régnait dans la capitale fit place au bruit des
combats rapprochés de ses murs. Les campagnes de 1812 et de 1813
amenèrent sur notre territoire les armées coalisées de l'Europe, jalouses
de détruire une ambitieuse puissance devenue l'ennemie du repos du
monde. Le 30 mars 1814, des troupes russes, prussiennes, allemandes,
au nombre de plus de cent mille hommes, paraissent en vue de Paris, du
côté du nord, et la ville se réveille au bruit de la *générale* battue dans
tous les quartiers. L'Empereur, absent de ses murs, avait prescrit de la
défendre jusqu'à l'extrémité : ordre stérile et méconnu d'avance. La
bataille dite *de Paris,* soutenue par quelques débris de nos troupes,
commandées par Marmont et Mortier, contre le flot immense des armées
étrangères, ne fut pas cependant sans gloire : elle nous montre la garde
nationale combattant sur plusieurs points avec un généreux courage,
et l'Ecole polytechnique se signalant par son zèle à fournir des soldats
et des lieutenants. Les deux généraux, voyant les assaillants maîtres
de toutes les positions, veulent sauver la capitale des horreurs d'une
prise d'assaut. Pendant la nuit, une capitulation est signée, et le
31 mars, vers le milieu du jour, les confédérés, entrant dans Paris,
traversent nos boulevards pour venir camper aux Champs-Elysées, sur
l'esplanade des Invalides et au Champ de Mars.

Paris, hier encore la reine du monde, aujourd'hui occupé militairement par des armées étrangères, au milieu desquelles se trouvaient des Cosaques, des Tartares, venus du fond de l'Asie, se sentait prodément humilié. En ce moment quelques uns sentirent d'où pouvait venir le salut, et conçurent l'espérance de voir enfin la dynastie des

Puits artésien de Grenelle.

Bourbons remonter sur le trône de ses ancêtres. Ce jour-là même, la capitale fut témoin de manifestations royalistes : plusieurs éminents personnages, plaçant à leurs chapeaux la cocarde blanche, se répandirent dans la ville en poussant le cri de *Vive le roi!* Le peuple parut accueillir volontiers cette démonstration : on était las des calamités révolutionnaires; on craignait aussi un démembrement de la France par les étrangers victorieux : l'antique drapeau des Bourbons apparaissait alors comme un symbole de l'ordre et une garantie de l'indépendance nationale.

Cependant tout se préparait pour le retour des descendants des rois capétiens. Les souverains alliés ne voulant plus traiter avec Napoléon et reconnaître sa puissance, un gouvernement provisoire fut établi avec le prince de Talleyrand à sa tête. Le Sénat proclama la déchéance de Napoléon et de sa famille : il délia de leurs serments l'armée et le peuple. Louis XVIII fut proclamé roi de France. Le 3 mai, ce monarque, surnommé dès lors *le Désiré*, fit à Paris son entrée solennelle. Cette journée du 3 mai comptera toujours parmi les plus belles dans les annales de la capitale. Tous les cœurs s'ouvraient à la joie comme à l'espérance. Paris a vu bien des fêtes dans ses murs ; mais jamais peut-être dans aucune il n'a montré autant d'enthousiasme. L'étranger ne dominait point dans celle-ci. Cette fête de la restauration des Bourbons paraissait être celle de la France et du monde entier : c'était pour tous le calme après l'orage, et la bannière des anciens rois brillait comme l'arc en ciel qui annonce la fin des violentes tempêtes.

La période si agitée des quarante années que nous venons de parcourir, fut marquée à Paris par divers monuments et fondations utiles. Le règne de Louis XVI vit reprendre et terminer la construction de la basilique de Sainte-Geneviève, commencée sous son prédécesseur; le pont de la Concorde, l'hôtel de Salm, aujourd'hui palais de la Légion d'honneur, les hospices Necker, la Rochefoucauld, Cochin, Beaujon, datent du règne de ce vertueux prince, qui vit aussi fonder, avec l'Ecole des mines et celle des ponts-et-chaussées, l'Ecole des sourds-muets et l'Institution des jeunes aveugles. Paris doit à la République un assez grand nombre d'institutions; les plus importantes sont : l'Ecole polytechnique, le Conservatoire des arts et métiers; le Musée des monuments français, les bibliothèques de l'Arsenal et de Sainte-Geneviève, le Bureau des longitudes, les ponts de la Cité et des Arts, les hôpitaux du Val-de-Grâce et de Saint-Antoine. Sous l'Empire, Paris s'embellit de nouveaux quais et ponts, de vingt-six nouvelles fontaines, des musées du Luxembourg et d'Artillerie, et de tous ces somptueux édifices auxquels se rattache le grand nom de Napoléon.

CHAPITRE XVIII

**Paris sous la Restauration et la monarchie de Juillet.
République de 1848 (1814 - 1852)**

Les troupes étrangères avaient quitté Paris et la France. La capitale commençait à voir briller d'heureux et paisibles jours sous son légitime souverain, quand le retour de l'île d'Elbe (mars 1815) vint replonger le royaume dans un abîme de maux. On sait comment Napoléon, débarqué à Cannes avec six cents hommes de sa vieille garde, s'achemina, à travers la Provence, le Dauphiné et Lyon, vers Paris, annonçant dans ses proclamations que « l'aigle de l'Empire allait voler de clocher en clocher jusqu'aux tours de Notre-Dame. » Son audace, secondée par la trahison de quelques chefs chargés de défendre l'invasion du territoire français, lui ouvrit un accès jusqu'à la capitale : il y entra le 20 mars, vers neuf heures du soir, au milieu du morne silence de la population. Louis XVIII, avec Monsieur, comte d'Artois, avait quitté les Tuileries la nuit précédente, se dirigeant vers la Flandre, accompagné d'un grand nombre de volontaires royaux, la plupart jeunes gens des écoles, fidèles à la race dont l'histoire et les illustrations avaient été associées durant tant de siècles à la fortune de la France.

Les événements du mois de juin suivant, la déroute de Waterloo (18 juin 1815) ramenèrent l'étranger sous les murs de la capitale. Napoléon, après un nouveau règne de cent jours, abdiqua à l'Elysée Bourbon en faveur de son fils, et se rendit à Rochefort, se confiant à l'hospitalité de l'Angleterre. L'illustre prisonnier termina sa vie orageuse sur le rocher de Sainte-Hélène.

Cette fois les dispositions des souverains alliés étaient plus alarmantes. Mais la royauté légitime put encore sauver la France en s'interposant entre elle et ses vainqueurs. Louis XVIII rentra de nouveau dans sa capitale (le 8 juillet), escorté des gardes du corps et des volontaires royaux. Ce retour fut un véritable événement national. Les cœurs français semblaient s'arracher aux mains des souverains et se dérober à l'humiliation de la conquête.

Paris avait eu sa grande part dans les sacrifices que les étangers imposèrent aux vaincus : les palais royaux, les bibliothèques, le musée du Louvre, furent dépouillés d'une partie de leurs trésors. Mais notre capitale, sous les règnes de Louis XVIII et Charles X, redevint bientôt plus riche et plus florissante que jamais. Ces deux monarques s'appliquèrent sans relâche à effacer la trace des maux de la France. Les quinze années de paix dont jouit le pays sous la restauration présentent le tableau d'une prospérité publique toujours croissante. Au dire même des plus violents détracteurs de cette époque réparatrice, le commerce et l'industrie prirent dès lors un développement considérable et atteignirent le degré de prospérité le plus élevé que nous présente l'histoire. (DULAURE : *Hist. de Paris*.) Favoriser le retour des idées morales et religieuses, l'établissement des institutions qui pouvaient le mieux les propager, telle était en même temps la pensée des derniers descendants de saint Louis. Une ordonnance royale rétablit la Congrégation des prêtres de Saint-Sulpice (3 avril 1816). Une autre ordonnance, quelques mois après, approuvait les statuts de la Société des Missions de France. Des églises nouvelles, telles que Notre-Dame-de-Lorette, Saint-Vincent-de-Paul, la chapelle expiatoire de Louis XVI, Notre-Dame-de-Bonne-Nouvelle, s'élevaient sur divers points de Paris, à côté d'autres institutions et édifices remarquables, comme la Caisse d'épargne, l'Ecole royale des beaux-arts, l'Ecole des chartes, le Musée égyptien de Charles X, l'Ecole centrale des arts et manufactures, les ponts des Invalides, de l'Archevêché et d'Arcole. Les statues de Louis XIII, Louis XIV, Henri IV, reparurent sur les places Royale, des Victoires et sur le Pont-Neuf.

D'un autre côté cependant, une opposition envieuse et systématique, troublant par ses clameurs cette ère de confiance et de paix, cherchait à nous rejeter dans la carrière des révolutions.

Dans la soirée du 13 février 1820, Louvel avait frappé au cœur le dernier descendant de nos rois; mais quand, le 29 septembre suivant, la veuve du prince assassiné présenta à la France son fils, le jeune Henri Dieudonné, la France et Paris saluèrent comme un signe d'espérance la naissance du nouveau rejeton de l'arbre royal coupé dans sa racine. D'autre part, des reflets de gloire venaient éclairer cette période, et la vieille basilique de Notre-Dame ouvrait de nouveau son enceinte pour le *Te Deum* de la victoire, à l'occasion du rétablissement, par nos armes, du roi d'Espagne (1823). Quelques mois avant le glorieux triomphe du drapeau de la France sur la plage africaine, Paris avait vu luire dans son sein

Pavillon de Rohan.

une journée marquée par un autre triomphe qui a laissé dans le cœur de ses fidèles enfants une profonde impression. Le 25 avril 1830, dimanche du Bon-Pasteur, les restes vénérés de saint Vincent de Paul étaient transférés en grande pompe de l'église métropolitaine dans la nouvelle chapelle des Lazaristes, rue de Sèvres.

Le vendredi 9 juillet de cette même année, vers quatre heures de l'après midi, le canon des Invalides annonçait à la capitale la prise d'Alger, conquis en trois semaines par nos soldats, sous les ordres du général Bourmont. Le surlendemain, Notre-Dame ouvrait ses portes au roi, à la famille royale, à tous les grands corps de l'Etat, venant rendre grâces à Dieu de cette glorieuse conquête, dernier bienfait que la Restauration a laissé, non-seulement à la France, mais encore à toutes les nations commerçantes de l'Europe. Ce fut un beau jour pour Paris. Un enthousiasme général semblait saluer cette victoire. Charles X et son ministère crurent devoir profiter de cette circonstance heureuse : impuissant désormais à contenir les envahissements de la Révolution, ils résolurent de frapper un coup d'état. Le lundi 26 juillet, *le Moniteur* publia les fameuses ordonnances rendues en vertu du droit constituant que s'attribuait le roi, d'après l'article 14 de la charte, et qui modifiaient essentiellement certaines dispositions de la constitution. On sait quelles en furent les conséquences. Dans les journées des 27, 28 et 29 juillet, une formidable insurrection éclate dans Paris, le sang coule dans ses rues : malgré les efforts de la garde nationale et de la troupe de ligne, le peuple s'empare successivement des postes principaux, de l'Hôtel de ville, du Louvre et des Tuileries. Un trône de quatorze siècles est renversé en trois jours, un gouvernement provisoire est installé. Le général Lafayette prend le commandement des gardes nationales : le drapeau tricolore est arboré à Paris, et quelques jours après, sur tous les points de la France. Le Roi et le Dauphin abdiquent en faveur du jeune Henri Dieudonné, duc de Bordeaux. Mais la chambre des députés refuse de reconnaître ce prince et revise solennellement la charte constitutionnelle. Dans la séance du 9 août suivant, le duc d'Orléans, prince du sang, jure fidélité à la nouvelle constitution et, sous le nom de Louis-Philippe Ier, est proclamé roi des Français.

L'ébranlement causé par la révolution dite *de Juillet* prolongea sa durée. Le gouvernement de Louis-Philippe, qui lui devait sa naissance, tenta dès lors, avec habileté et persévérance, de se placer en dehors d'elle; mais la fatalité de son origine brisait ses forces. Le peuple avait peine à rentrer dans l'ordre; l'autorité, affaiblie et contestée du nouveau gouvernement, faisait difficilement respecter les lois. La première année de la monarchie de juillet fut tristement marquée dans la capitale par la dévastation de l'église Saint-Germain-l'Auxerrois et par le pillage et la destruction de l'archevêché, consommés en présence de la force publique immobile (13 et 14 février 1831). La garde nationale s'était dévouée cependant au maintien de la tranquillité parisienne, ayant écrit sur ses drapeaux : *Liberté, ordre public*. Mais on ne met pas impunément en jeu l'élément révolutionnaire; sa marche se poursuit toujours au delà de ses limites. L'année suivante (1832), Paris fut décimé par le choléra, qui fit dans son sein plus de vingt mille victimes; l'infortunée cité ne donna point alors, comme dans les siècles croyants, en présence de pareils fléaux, le consolant spectacle de ces grandes manifestations de piété, qui rappelaient les idées du ciel. Si la consolation vint à son peuple, ce fut de la part d'un charitable pasteur, chassé de sa maison en ruines, persécuté, traqué comme un hôte malfaisant : dès l'apparition du fléau, Mgr de Quélen accourt vers son troupeau chéri, visite les malades, les mourants, dans les hôpitaux, dans leurs demeures, et devient ensuite le tendre père de leurs enfants orphelins.

Les ravages du choléra duraient encore, enlevant d'illustres victimes, Cuvier aux sciences, Casimir Périer à la politique, le général Lamarque à la tribune, lorsque les funérailles de cet éloquent député furent troublées par une insurrection républicaine préparée de longue main. Les 5 et 6 juin virent la lutte acharnée du cloître Saint-Merry ensanglanter la cité.

Avril 1834 amena dans son sein une nouvelle tentative républicaine. L'année suivante (28 juillet), au moment où le roi Louis-Philippe, environné des princes ses fils et de ses généraux, passait en revue, sur les boulevards, la garde nationale et l'armée, une machine infernale éclate et porte la mort dans le cortége royal. Au nombre des victimes, se trouve le vieux maréchal Mortier, duc de Trévise, ministre de là guerre et président du Conseil. Cet horrible attentat contre un prince dont la vie fut ainsi menacée jusqu'à sept fois, indépendamment des conspirations de toute espèce dirigées contre son trône, excitèrent les plus vives alarmes. Des lois votées au mois de septembre suivant soumirent la presse périodique à un régime plus sévère.

Ainsi la monarchie de juillet poursuivait péniblement sa marche à travers les émeutes, les conspirations, les fléaux. 1839 voyait encore un essai de levée de boucliers : le 12 mai, une insurrection républicaine, dirigée par Barbès et Blanqui, éclatait dans les rues de Paris ; mais le gouvernement triomphait de cette nouvelle attaque. Vers la fin de l'année suivante (15 décembre 1840), le prince de Joinville ramenait dans la capitale et sous le dôme des Invalides, les cendres de l'empereur Napoléon, qu'il était allé chercher à Sainte-Hélène. Malgré un froid des plus rigoureux, une population immense saluait avec respect sur son passage, la dépouille du vainqueur d'Austerlitz, d'Iéna et de Wagram. Vers la même époque, M. Guizot devenait chef d'un nouveau ministère qui affermissait la paix et obtenait des chambres une loi nécessaire pour fortifier Paris. Deux ans plus tard (13 juillet 1842), le duc d'Orléans, fils aîné du roi, mourait à Neuilly des suites d'un funeste accident. Jeune prince doué de qualités heureuses, et qui emportait dans la tombe de nombreux regrets ! Ses funérailles, commencées à Notre-Dame, se terminèrent dans les caveaux de Dreux. Certains hommes habitués à juger d'un point de vue supérieur les événements humains ont cru découvrir dans celui-ci un signe providentiel. « Le Ciel, disaient-ils, en privant du trône ce jeune prince, a voulu en écarter l'hérésie avec une reine étrangère à la foi de Clotilde, de Blanche de Castille et d'Anne d'Autriche !.. »

Cependant les soins du nouveau roi pour rétablir l'ordre, fortement ébranlé par la révolution, paraissaient avoir ramené la confiance et la sécurité. La tranquillité régnait dans la rue ; la faction républicaine, condamnée à l'impuissance, semblait être réduite à s'éteindre dans quelques sociétés secrètes que la police surveillait.

Le gouvernement de Louis-Philippe, préoccupé surtout des intérêts matériels, cherchant en eux son principal point d'appui, contribua pour une large part aux embellissements de la capitale : tous les monuments commencés aux époques antérieures, la Madeleine, les églises de Notre-Dame-de-Lorette et de Saint-Vincent de Paul, le palais du quai d'Orsay, le palais des Beaux-Arts, l'arc de l'Etoile, furent terminés. La plupart des autres monuments, et parmi eux le Luxembourg, le Palais de justice, l'Observatoire, l'Hôtel-Dieu, le Jardin des plantes, la Chambre des députés, et surtout l'Hôtel de ville, furent agrandis ou restaurés. Trois nouveaux ponts, les ponts de Louis-Philippe, de Bercy et du Carrousel, vinrent s'ajouter aux neuf autres qui depuis 1830, reliaient entre elles les

rives de la Seine. En même temps, de larges rues, comme celles de
Rambuteau, François Miron, d'Arcole, de Constantine, Tronchet, venaient
assainir et embellir des quartiers populeux. Les places Saint-Sulpice,
Louvois étaient décorées de riches fontaines, et la place de la Bastille
voyait s'élever, sur sa colonne de Juillet, le génie de la Révolution planant sur le monde, armé d'une torche qui devait bientôt se rallumer.
Une autre place, dite successivement de Louis XV, de Louis XVI et de
la Concorde, « vaste désert jeté entre les plus riches perspectives de la
capitale, se peuplait de candélabres, de balustres, de statues, de jets-d'eau
que dominait l'obélisque de Louqsor. Elégant débris du passé, glorieux
souvenir de la mystérieuse Egypte, ne dirait-on pas que cet obélisque est
là, sur la terre du régicide et au centre de toutes les merveilles du jour,
comme le muet témoin de la grandeur des vieux siècles et le vivant
symbole des mystères d'expiation que porte en lui le sang du juste? »
(DE LA GOURNERIE : *Hist. de Paris.*)

Les merveilles de ce temps sont les chemins de fer avec leurs gares
monumentales, indice d'une ère toute nouvelle d'activité et de commerce :
chaque année voyait Paris se relier avec quelques provinces ou quelque
capitale, et sa prospérité s'en accroître encore. La ceinture de murailles,
de forts et de bastions qui, en 1840, est venue entourer Paris, est une
entreprise dont on a pu nier l'utilité, mais qui était un gigantesque
chef-d'œuvre de l'architecture militaire. Ainsi le génie de la guerre et
le génie de la paix semblaient se prêter un mutuel appui. Le premier,
planant fièrement autour de l'immense capitale, protégeait désormais les
monuments et les merveilles de tout genre que le second avait élevés
ou rassemblés dans son sein.

Heureuse la grande cité, si sa prospérité morale avait répondu à sa
prospérité matérielle! Mais le culte des choses extérieures dominait et
envahissait la société. Jamais plus d'activité, plus d'imagination ne furent
mises en œuvre pour embellir la vie des sens. Jamais peut-être aussi plus
de liberté n'avait été laissée au génie du mal pour accomplir sa tâche im-
monde. Tandis que les uns jouissaient avec enivrement et que les autres
enviaient avec amertume, les lettres et les arts, sans donner naissance à
aucun génie nouveau, se traînaient dans les voies d'un matérialisme

corrupteur. Les années qui suivirent 1830 produisirent cette littérature sans pudeur et sans frein, qui, s'associant à la passion de jouissances du moment, circula par la presse quotidienne dans les veines sociales comme un poison et un excitant perpétuel à la destruction des grands principes d'ordre et de moralité. Elles produisirent le *roman-feuilleton*, un des principaux dissolvants de la vie morale dans les sociétés modernes. En même temps, à côté de l'industrie honnête, on voyait se développer l'industrialisme trompeur et dégradant. Comme à l'époque de la régence, l'agiotage devint une fièvre qui pénétrait dans tous les rangs de la société.

A la tribune du moine et dans la chaire catholique, on retrouvait encore le génie et la dignité de la France. C'était le temps où les PP. Lacordaire et Ravignan, ouvrant de nouvelles voies à l'éloquence sacrée, attiraient au pied de la chaire de Notre-Dame l'élite de la jeunesse parisienne ; tandis que les luttes parlementaires voyaient d'illustres orateurs, Berryer, Guizot, Thiers, Lamartine, Montalembert, etc., déployer l'éclat des plus beaux talents. Mais la position, plus forte que les hommes, les dominait, les entraînait, malgré leurs généreux efforts. Issu de la révolution, le gouvernement de juillet devait périr par elle : les barricades allaient renverser ce que les barricades avaient élevé. Que serviront à la grande cité, sa prospérité extérieure, sa force apparente, son immense ceinture de murailles et de bastions ? L'édifice de 1830 croulera sur lui-même dans l'espace d'un jour. Il n'a point été placé sous la garde de Dieu. Ainsi se vérifie encore l'oracle divin prononcé il y a bientôt trente siècles : « Si le Seigneur ne garde lui-même une cité, vainement veille celui qui la garde. » (Ps. cxxvi.)

La corruption politique étant parvenue au dernier degré, des scandales déplorables dans les classes les plus élevées avaient achevé de dégrader le pouvoir. Le mot de *corruption* était devenu un cri de guerre général ; le cri de réforme était le drapeau sous lequel l'opposition allait grandissant chaque jour. Enfin l'interdiction ministérielle d'un banquet en l'honneur de la réforme électorale devint l'occasion et le signal d'une insurrection sanglante qui en un seul jour renversa le trône et inaugura une nouvelle république. Le 24 février 1848, Paris, en s'éveillant, voyait quinze cents barricades, comme dressées par des mains magiques, couvrir son sol tout entier. Vers le milieu de la journée, la révolution était accomplie. Les Tuileries, d'où s'enfuyait un roi avec toute sa famille, tombaient au pouvoir du peuple. Le soir même la république était proclamée dans la capitale, et de là expédiée à toute la France, qui l'accueillait avec une morne stupeur.

Aucun témoin n'oubliera jamais l'aspect étrange que présenta Paris sous le gouvernement provisoire, pendant les quatre premiers mois écoulés depuis la révolution de février. Mais, il faut le constater à l'honneur des Parisiens, au milieu d'une immense capitale où n'existait aucune force, aucune armée régulière, et en réalité, aucun pouvoir, où chacun avait dans les mains des armes et des munitions, on ne vit pas plus d'attentats contre les personnes et contre les propriétés que dans les temps paisibles. Au reste, la

Entrée de la Bibliothèque du Louvre.

révolution de février n'eut pas le caractère impie, irréligieux qu'avait présenté trop souvent celle de 1830. Les choses saintes furent plus respectées. On se souvient de ce jeune élève de l'Ecole polytechnique, détachant avec respect l'un

christ de la chapelle des Tuileries, le faisant vénérer à la foule, et le portant ensuite avec elle en triomphe à Saint-Roch. La masse populaire était au fond plus tapageuse que méchante : sans les perfides exaltations, les promesses coupables de meneurs étrangers à ses rangs, l'infortunée cité n'aurait jamais vu peut-être l'horrible émeute dite *de la Saint-Jean*, dont la dissolution des ateliers nationaux fut l'occasion et le prétexte.

Jamais les annales de Paris n'avaient présenté l'exemple d'une pareille lutte. Quatre jours durant, du vendredi 23 juin au lundi 26, on entendit retentir dans son sein la fusillade, la canonnade, le tocsin des insurgés et le roulement des tambours appelant les citoyens à la défense de l'ordre social. Pendant quatre jours, Paris fut un vaste champ de bataille où, parmi des milliers de morts, on compta sept généraux, plus que n'en avaient coûté les plus terribles batailles de l'empire. Une illustre et déplorable victime tomba, elle aussi, frappée mortellement, sur ce sanglant théâtre de la guerre civile. Il y était venu cependant, ne portant qu'une croix et une branche de laurier, en disant : « Le bon pasteur donne sa vie pour ses brebis. » Le pieux archevêque, Mgr Affre, donna la sienne, à l'exemple du divin Maître; il périt victime de son noble dévouement, demandant au Ciel que son sang fût le dernier versé, et transformant ainsi un jour néfaste en un jour de gloire et de triomphe pour l'Eglise de Paris qui vénère désormais un protecteur de plus dans le martyr des barricades.

L'état de siége, proclamé dès le 24 juin, régna les jours suivants dans toute sa rigueur. Paris, durant quelque temps, offrit l'image d'un camp sur pied de guerre. Ses promenades étaient transformées en bivouacs.

Partout le bruit des armes; partout l'alarme et l'anxiété. Cependant l'ordre matériel finit par s'établir, et on vit s'effacer les traces de la bataille de juin; mais la stagnation du travail et la misère étaient effrayantes. Comment nourrir ce peuple parisien, en proie à tous les maux que les révolutions entraînent après elles? D'urgence, on décréta, pour l'Algérie, des engagements de colons pris dans les familles ouvrières. On se rappelle ces étranges spectacles que présentaient alors à certains jours les rives de la Seine. D'énormes bâteaux couverts, sorte d'arches de Noé, emportaient à la fois des centaines de familles d'émigrants, après la harangue militaire d'un général et la bénédiction d'un prêtre. A ces colons improvisés on promettait merveille, terres à cultiver, bestiaux, semences, nourriture assurée pendant trois ans, et après ce temps, la propriété du sol. Mais des ouvriers de nos villes, des Parisiens surtout, pouvaient-ils devenir tout à coup de bons cultivateurs? Il arriva ce qu'il était facile de prévoir. Les habitudes vicieuses, les idées démagogiques, socialistes, chez un trop grand nombre, rendirent presque nuls tous les sacrifices faits pour ces nouveaux colons; la plupart demandèrent à revenir en France ou moururent loin de leur pays ; un très-petit nombre a prospéré. Cependant, malgré la mitraille de juin, les conseils de guerre et les déportations, le parti démocratique s'agitait encore, ne se tenant point pour vaincu sans retour. Une tentative d'insurrection, le

13 juin 1849, faillit rallumer dans Paris la guerre civile, au moment où le choléra sévissait de nouveau dans la malheureuse capitale. Etouffée à temps par un bras vigoureux, elle n'a point reparu depuis. Le prince, héritier d'un nom illustre, qui venait de ramener sur la chaire de saint Pierre le souverain pontife exilé, sut, par un nouveau 18 brumaire, ramener la sécurité et l'ordre (2 décembre 1851).

Paris vit dès lors ses travaux d'embellissement, un instant retardés par nos luttes civiles, se poursuivre avec une activité extraordinaire. Le règne de Napoléon III marquera dans l'histoire monumentale de la capitale comme l'une des ères les plus fécondes en grandes et utiles entreprises. Il a réalisé enfin l'exécution du vaste projet conçu sous Henri IV et repris par Napoléon Ier, l'achèvement du Louvre et sa réunion aux Tuileries. Il a vu la construction de nouvelles Halles, la restauration ou reconstruction de plusieurs ponts, l'établissement d'un chemin de fer de ceinture pour relier entre elles toutes les grandes lignes qui convergent à Paris. La vieille tour Saint-Jacques-de-la-Boucherie, avec ses belles sculptures,.sa couronne d'animaux fantastiques et sa statue de saint Jacques, s'élève radieuse au milieu d'un charmant square; les églises de Saint-Eugène, de Sainte-Clotilde, sont ouvertes aux fidèles. Des travaux gigantesques, en versant l'air et la lumière sur plusieurs quartiers restés jusqu'alors insalubres, ont changé complétement la physionomie de Paris, ville aujourd'hui sans rivale.

En 1855 le Palais de l'industrie, aux Champs-Elysées, vit s'étaler les merveilles du monde entier. Quel spectacle que cette Exposition universelle, où Paris et la France se montraient si grands, si puissants dans la paix, pendant que nos braves soldats, en Orient, se montraient si forts, si invincibles dans la guerre! Nous les avons vus revenir, ces vainqueurs de Sébastopol, tout noircis de poudre et de fumée, et traverser nos boulevards en triomphe, au bruit des acclamations d'un peuple entier. Le souvenir de cette journée (29 décembre 1856), est encore vivant dans le cœur de tous les habitants de la grande cité.

Le 7 février 1856, s'éteignait doucement, dans un faubourg de Paris, l'une de ces existences humbles mais grandement précieuses dont le passage ici-bas est un insigne bienfait du Ciel. La bonne sœur Rosalie, Fille de la Charité, terminait sa carrière après avoir été, durant cinquante ans, dans sa modeste maison de la rue de l'Epée-de-bois, la Providence visible non-seulement d'un populeux faubourg, mais en quelque sorte de la capitale entière. « Le jour des funérailles, dit M. de Melun son digne historien, fut un de ces jours qui ne s'oublient pas et qui dans la vie d'un peuple rachètent bien des mauvais jours. Les partis s'étaient effacés, les haines s'apaisaient, les passions faisaient silence; il n'y avait plus que des frères et des enfants qui accompagnaient jusqu'à sa dernière demeure leur sœur et leur mère. Son image est partout aujourd'hui, tous les habitants de son quartier ont voulu l'acheter : les moins riches demandent la plus grande, la plus belle; et si on leur objecte que cette image coûte bien cher pour celui qui gagne à peine de quoi payer le pain de chaque jour, ils répondent comme ce pauvre vieillard : « Oui, c'est bien cher » pour moi; mais je puis bien rester, s'il le faut, un jour sans manger » pour avoir le portrait de celle qui m'a nourri pendant si longtemps! »

Le 3 janvier de cette même année 1858, Paris avait été troublé par un crime affreux qui mêle désormais un souvenir de deuil au retour annuel de la fête de sa sainte patronne. Mgr Sibour, le pieux archevêque de Paris, fut frappé à mort pendant une procession dans l'église de Saint-Etienne-du-Mont. Quelques semaines après, Verger expiait son crime sur l'échafaud. Les âmes saintes de la capitale avaient prié pour la conversion du malheureux pécheur, comme on l'appelait. L'une d'elles, assure-t-on, offrit sa vie pour obtenir cette grâce désirée. Elle fut exaucée. Pendant que cette innocente victime quittait la terre, le meurtrier repentant marchait au supplice en s'écriant les yeux mouillés de pleurs : « Agneau de Dieu, qui effacez les péchés du monde, ayez pitié de moi! »

Une des gloires du nouvel empire, qui ne lui sera point contestée, sera d'avoir, sous le rapport des magnificences de Paris, égalé sinon surpassé l'éclat des plus beaux règnes de notre monarchie. Celui qui, après un quart de siècle, revient visiter la belle capitale de la France, ne la reconnaît presque plus, tellement il la trouve métamorphosée. Des quartiers entiers disparaissent sous la pioche et le marteau, et se renouvellent comme par enchantement. Dans une dizaine d'années peut-être, alors que tous les projets en voie d'exécution seront terminés, l'étonnement et l'admiration seront plus vifs encore, et le Français pourra dire en toute vérité et avec un légitime orgueil, que Paris est la digne capitale de ce grand royaume qu'un vieil historien appelait « le plus beau qu'on puisse voir après le royaume du ciel. » (*Recherches de Pasquier*).

Un regret se mêle toutefois à cet orgueil légitime. L'ami des vieux souvenirs s'afflige trop souvent, en voyant disparaître quelques-uns de ces monuments, de ces quartiers, de ces maisons, de ces rues, qui rappelaient des faits, des traditions, des légendes, des noms mémorables, dignes d'être conservés comme étant chers encore à bien des cœurs. On admire sans doute ces voies nouvelles et ces larges boulevards; mais on voudrait au moins quelque signe commémoratif, dans quelques angles apparents, pour rappeler aux esprits, prompts à les oublier, les pieux et beaux souvenirs de la cité parisienne. Les amis des traditions du passé se résignent difficilement à les voir tomber en oubli sous les coups d'une pioche impitoyable.

Après l'expression de ce regret et de ce vœu, admirons plus volontiers l'immense plan de constructions et d'embellissements déjà réalisé et qui se poursuit chaque jour sous nos yeux émerveillés. Aux portes de la ville les bois de Boulogne et de Vincennes, et plus près d'elle les parcs de Monceaux et des buttes de Chaumont, offrent aujourd'hui des promenades enchantées; tandis que, sans sortir des murs de la cité, d'autres peuvent venir respirer à l'aise un air frais et pur au milieu de ces gracieux squares qui décorent presque chaque quartier. Ce sont là comme autant de jardins bienfaisants offerts à un grand nombre de familles resserrées durant le jour dans une demeure étroite, et qui sont heureuses de retrouver un peu d'air et d'espace pour les jeux et les ébats de leurs enfants.

A la suite de l'œuvre gigantesque de la réunion des palais des Tuileries et du Louvre, Paris a vu s'ouvrir dans son enceinte ces larges et magnifiques voies ou artères, comme on dit aujourd'hui, qui le traversent presque en entier, et rappellent nos victoires, nos grandes cités ou des noms illustres, en même temps qu'elles facilitent les communications et font circuler partout un air plus sain avec plus de fraîcheur et de lumière.

Sur la rive droite, les rues de Rivoli et de Lafayette, les boulevards de Strasbourg, de Sébastopol, de Magenta, de Malesherbes, du Prince-Eugène; sur la rive gauche, les boulevards Saint-Michel et Saint-Germain, les rues Bonaparte, des Écoles, de Rennes, de Médicis, etc., concourent aujourd'hui à la splendeur de la cité parisienne. La rue Jeanne-d'Arc, entre le Palais-Royal et le nouvel Opéra, dotera bientôt un populeux quartier d'une large voie dont le nom rappellera l'une des plus pures illustrations de la France. Un gracieux square, orné de la statue de l'héroïne d'Orléans, doit ouvrir l'entrée de cette rue. Heureuse idée dont il est si juste de savoir gré à l'édilité parisienne! La statue de la jeune libératrice de la France figurera dignement dans le voisinage du palais du souverain.

Paris, durant ces dernières années, a vu s'élever aussi de nouvelles églises. Pendant que la vieille métropole de Notre-Dame, la sainte Chapelle et d'autres édifices religieux recevaient une habile restauration, la vieille église de Saint-Germain-l'Auxerrois était dotée d'un majestueux beffroi, Saint-Laurent agrandi et couronné d'un magnifique portail, et les églises gothiques de Sainte-Clotilde, de Saint-Jean-Baptiste de Belleville venaient rappeler le beau style religieux du moyen âge. D'autres églises remarquables, Sainte-Marie des Batignolles, Saint-Pierre du Petit-Montrouge, Saint-Augustin, la Trinité, Saint-Joseph des Allemands, se sont ouvertes au culte. Bientôt s'élèveront les belles églises de Saint-François-Xavier et de Notre-Dame-des-Champs. N'oublions pas la ravissante chapelle du Saint-Nom-de-Marie (des PP. Maristes), rue de Vaugirard, vrai bijou de l'art gothique, l'une des merveilles de la capitale, peut-être même de la France, comme la charmante église de Sainte-Marie-della-Spina, à Pise, est dans le même genre l'une des merveilles de l'Italie.

Un grand nombre d'autres monuments sont venus encore, durant les vingt dernières années, embellir notre capitale agrandie et divisée, non plus en douze, mais en vingt arrondissements. Le vaste Palais de l'industrie, aux Champs-Elysées, a survécu à l'Exposition universelle, pour laquelle il fut bâti à grands frais. Les ponts élégants de l'Alma et de Solferino, en rappelant nos victoires, ont réuni par de nouveaux liens les deux rives de la Seine, pendant qu'un magnifique chemin de fer de ceinture reliait à son tour, avec la rapidité de la foudre, les diverses extrémités de la cité parisienne. Des gares, des hôtels de mairie, des casernes monumentales, de nombreux palais, des fontaines, des squares et des constructions de tous genres ont remplacé les terrains déblayés du vieux Paris. Dans le voisinage de la métropole, sur l'emplacement de l'ancien quai aux fleurs, un nouvel Hôtel-Dieu s'élève à la place du vieil édifice de Saint-Landry et de Saint-Louis, qui tombait en ruine. Enfin, pendant que dans une île de la Seine s'élève la *maison de la souffrance*,

Saint-Cloud.

Paris, la ville des grands contrastes, voit se terminer, dans le plus opulent des quartiers, cette *maison de plaisir*, qui surpassera par sa splendeur tous les autres édifices de ce genre, consacrés aux arts lyriques et dramatiques; je veux parler du nouvel Opéra.

A l'heure où j'écris ces lignes, un autre monument gigantesque qui a brillé durant six mois d'une merveilleuse splendeur, est debout encore; mais bientôt sans doute ses débris joncheront le sol où il fut construit, et, comme de tant d'autres plus durables, il n'en restera plus qu'un souvenir.

L'Exposition universelle de 1867 a été digne de la France et de notre époque. Paris a justifié cette fois son titre de *reine du monde*. Jamais dans son enceinte hospitalière on ne vit affluer tant d'étrangers de tous les points du globe. Peuples et souverains sont accourus à l'envi sur les bords de la Seine; et chacun, en retournant dans son pays, a pu redire en toute vérité à ses compatriotes étonnés, qu'il venait de faire son *tour du monde* dans un parc de quarante-six hectares.

Le Champ de Mars, où fut dressée, en 1798, la première salle d'Exposition universelle, contenant les produits d'à peine cent dix exposants, était bien l'enceinte qui convenait à ce nouveau tournoi de la civilisation moderne. Sa vaste étendue, son voisinage de la Seine, la facilité des abords, tout invitait à choisir cette lice, où sont venus figurer quarante-deux mille deux cent trente-sept pacifiques chevaliers. Ce choix du Champ de Mars ne semble-t-il pas avoir une autre signification? Sur cette arène, domaine exclusif des évolutions militaires, hier encore les canons roulaient, la cavalerie manœuvrait, et les soldats maniaient leurs fusils. On allait voir aujourd'hui le commerce, l'industrie, les arts, le travail s'emparer de ce champ belliqueux, et l'ouvrier, l'inventeur, l'artiste, le savant y faire passer un souffle de création. Ce contraste de la guerre et de la paix n'a échappé à l'esprit de personne : si éphémère que soit ce détrônement de la gloire martiale par la gloire laborieuse, beaucoup se sont plu à y voir l'image d'un avenir rêvé.

La transformation n'était pas une œuvre facile. Elle exigeait des travaux immenses qui ont été entrepris et poursuivis avec une incroyable activité. Malgré cette activité incessante de milliers d'ouvriers occupés depuis longtemps, nuit et jour, à cette œuvre cyclopéenne, elle semblait néanmoins avancer lentement, et beaucoup de Parisiens doutaient que le palais pût être prêt. Mais la Commission impériale a tenu loyalement ses promesses. Le lundi 1ᵉʳ avril 1867, par un radieux soleil de printemps, l'Exposition fut ouverte très-solennellement. Ce jour-là, malgré le prix d'entrée (vingt francs), les visiteurs furent déjà très-nombreux. Les jours suivants le prix d'un franc, plus accessible à tous, permit à chacun de venir contempler l'étonnante merveille que Paris étalait sur les rives de son beau fleuve.

Le vaste palais de l'Exposition est presque en entier construit en fer
et en fonte. La forme générale est celle d'une surface elliptique divisée
en anneaux concentriques constituant les diverses galeries, et partagée
par des galeries rayonnantes conduisant de l'extérieur à un jardin central. La principale galerie était la grande nef des machines, percée de
larges et nombreuses baies, et supportée par des piliers faisant saillies sur
la toiture. Ces piliers étaient couronnés de motifs de décorations qui va-
riaient heureusement l'aspect de l'ensemble. Le centre de la nef était
occupé par une colonnade en fonte supportant les arbres de transmission
qui communiquaient le mouvement aux machines. Sur toute la longueur
de cette colonnade, était disposé un passage d'où l'on pouvait embrasser
d'un regard la série des appareils des machines en action. Extérieurement
à la grande nef, étaient ouverts un promenoir couvert et une galerie affectée à l'exposition des objets alimentaires. Là se trouvaient les cafés, les
restaurants de toutes les nations.

Un vaste parc de trois cent mille mètres carrés, embelli de constructions
de tous les genres, tentes, kiosques, serres, tours, pavillons, châlets,
temples, église catholique, fontaines, aquariums, lacs, etc., formait la
plus gracieuse ceinture au palais de l'Exposition. Il était divisé en quatre
parties : le quart français, le quart anglais et oriental, le quart allemand et
le quart belge. La principale des douze entrées était la porte d'honneur
située en face du pont d'Iéna. Un grand *velum* reliait la porte au palais,
s'étendant sur une longueur de deux cent cinquante-six mètres, et abritant
le visiteur qui passait sous ce dais gigantesque entre deux haies d'ar-
bustes et de fleurs rares.

Telle était dans son ensemble cette transformation merveilleuse du
Champs de Mars en une laborieuse et pacifique arène, où l'on a vu toutes
les nations du globe et leurs divers produits rassemblés sous un même coup
d'œil. Il n'entre point dans notre plan d'aborder le détail de ces produits.
Disons seulement que l'industrie parisienne en tous les genres s'y faisait
remarquer aux premiers rangs, et rappelons avec une noble fierté ces
justes paroles de l'auteur d'un Compte-rendu général. « Sous le rapport
du bon goût, du cachet original et artistique, la partie française prime
toute l'Exposition. Aucune partie ne présente dans les différentes branches

de l'industrie et des arts, un ensemble aussi concordant, un caractère aussi achevé et aussi général. Chaque objet exposé par la France a son caractère spécial et distinct. Le génie particulier du peuple français se retrouve partout; de là cette admirable unité dans la diversité, cette conformité de caractère dans tous les produits français. La France forme une nationalité industrielle fort distincte et supérieure. » Celui qui parle ainsi de notre pays est un Allemand. Un bon Français ne parlerait pas un langage plus exact et plus vrai.

Paris, durant les six mois de l'Exposition universelle, a constamment offert à sa population et aux nombreux visiteurs de tous pays accourus dans son sein le spectacle d'une animation extraordinaire. Jamais on n'avait vu dans ses rues et sur ses places une telle affluence de curieux et d'étrangers. Cité vraiment cosmopolite, Paris était devenu alors un rendez-vous d'Anglais, d'Allemands, d'Italiens, de Suisses, d'Espagnols, de Prussiens, de Russes, de Turcs et d'Orientaux. On pouvait presque dire que la langue française était celle qu'on entendait le moins parler dans la capitale de la France. Et cependant les Parisiens n'avaient point quitté la ville pour les champs; bon nombre d'entre eux même avaient voulu reculer ou abréger leur saison habituelle de villégiature.

Un tableau curieux était celui de ces milliers de véhicules de tous les genres, omnibus à cinquante places, légères calèches, lourdes carioles, chars-à-bancs, etc., mis en réquisition pour suppléer à l'insuffisance des voitures publiques, si nombreuses cependant durant ces jours d'affluence insolite. Mais le véhicule le plus populaire comme le plus agréable, était une petite flotte de bateaux à vapeur, justement nommé *la mouche*, qui, d'un vol rapide et léger comme cet insecte, rasant les eaux de la Seine, transportaient à chaque instant des centaines de passagers du port de Bercy au pied du pont d'Iéna. Combien de fois, avec tant d'autres, arrêtés devant la rampe de quelqu'un de nos ponts, nous avons pris plaisir nous-même à suivre le vol de ces gracieux bateaux, fendant l'onde du fleuve, faisant retentir une cloche sonore à chaque escale, et venant enfin déposer au pied de l'Exposition des foules de curieux avides d'en contempler les merveilles!

Rien n'avait été négligé, du reste, pour attirer les foules à ce palais

magique. A l'attrait d'une juste curiosité, on avait joint celui du con-
confortable et des plaisirs de tous les genres. Toutes les sortes de spectacles se trouvaient là réunis, depuis nos concerts et nos théâtres jusqu'aux
exercices incroyables de la tribu des Aissaouas, dits *mangeurs de feu*,
et qu'on pourrait appeler aussi *sorciers africains*. On pouvait s'y livrer
également à des promenades de divers genres, se faire rouler en fauteuil
à travers mille merveilles, et enfin, moyennant un pièce de vingt francs,
se donner la jouissance d'une promenade dans les airs, commodément
assis dans un gros ballon captif. Combien de Parisiens et d'étrangers
sont fiers aujourd'hui de pouvoir raconter qu'ils ont navigué dans les
airs, en découvrant sous leurs pieds comme un point presque impercep-
tible l'immense palais de l'Exposition universelle !

Le lundi, 1ᵉʳ juillet 1867, fut un beau jour : c'était la distribution solennelle des récompenses qui eut lieu dans le Palais de l'industrie, aux
Champs-Elysées. Cette fête du travail fut vraiment splendide. Le Palais
avait été décoré avec la plus grande magnificence. Un trône s'élevait au
milieu du transept, sur une estrade surmontée d'un dais de velours.
Un orchestre de douze cents musiciens et choristes, qui occupait l'extrémité orientale de l'amphithéâtre, exécuta un hymne de Rossini.
Chaque groupe d'exposants se distinguait par une bannière et se présentait successivement devant le trône. L'empereur, l'impératrice, le sultan
Abdul-Aziz-Khan, arrivé la veille, les princes et les princesses et tout
le cortége impérial firent le tour de la nef pour terminer cette brillante
solennité.

De grandes fêtes se préparaient alors dans la capitale en l'honneur du
souverain qu'elle venait de recevoir. Un sultan quittant les rives du
Bosphore pour venir sur les bords de la Seine ! Quel spectacle étrange et
inattendu ! Mais les fêtes furent contremandées par la nouvelle d'un tragique événement qui provoqua la plus pénible impression à Paris comme
en France et dans toute l'Europe : l'assassinat juridique de l'infortuné
empereur Maximilien.

Avec ce merveilleux épisode des annales parisiennes, nous devons clore
l'histoire de la grande cité, dont nous venons d'étudier l'origine, les progrés,

la vie et la marche à travers les siècles jusqu'à nous [1]. Puisse maintenant sa destinée future être grande encore et glorieuse! Puisse la cité reine du monde par sa civilisation, par les arts, et par son influence en Europe, fidèle à ses beaux souvenirs, chercher sa véritable gloire dans l'élément chrétien et charitable, aujourd'hui plus que jamais peut-être puissant et fort dans son enceinte! C'est par là surtout qu'elle sera la digne capitale de la nation très-chrétienne, toujours fière, comme elle vient de le montrer encore, du beau surnom qui fait sa couronne et sa force : *la Fille aînée de l'Eglise !*

[1] La plupart des hommes illustres de la France ne sont point étrangers à Paris; ils ont vécu, brillé dans son sein à différents âges. Mais un grand nombre d'autres lui touchent de plus près encore : ce sont les personnages auxquels la cité elle-même a donné le jour. Ici s'offre un grand nombre de célébrités dans tous les genres. Nous citerons seulement par ordre alphabétique, laissant aux biographes le soin de rappeler les titres à la gloire de chacun de ces personnages.

Hommes de lettres, savants, philosophes, antiquaires : d'Alembert, Ameilhon, Amontons, Andreossy, Anquetil-Duperron, Arnauld, Sylvain Bailly, Belin de Ballu, le P. Bouhours, Jacques Cassini et son fils Cassini de Thury, Clairac, Clairaut, Paul-Louis Courier, Nicolas Fréret, Fourcroy, la Harpe, Helvétius, le P. Helyot, la Hire, le marquis de l'Hôpital, Lavoisier, le P. Lelong, le Maistre de Sacy, Millin, le P. Nicéron, le P. Poirier, Abel Rémusat, l'abbé Renaudot, Sylvestre de Sacy, Saint-Martin, etc.

Historiens, géographes, voyageurs et navigateurs : d'Anville, Pierre Anquetil, Barbier du Bocage, Bougainville, Chardin, la Condamine, Crevier, Rollin, Tavernier, Thévenot, de Thou, Tillemont, etc., etc.

Hommes d'Etat, magistrats, jurisconsultes, etc. : Jérôme Bignon, Cochin, Dumoulin, François de Harlay, le président Hénault, Malesherbes, Matthieu Molé, Richelieu, Pierre Séguier, Turgot, le chancelier Voysin, etc.

Artistes, poëtes, auteurs dramatiques : Daquin, Berton, Beaumarchais, Boileau, Boucher, Charlet, les trois Coypel, David, Jean Goujon, les Lebrun, Legouvé, Lekain, Lemierre, Lemoine, Lesueur, Mansard, Molière, Claude Perrault, Louis Racine, Regnard, J.-B. Rousseau, Quinault, Santeuil, Sedaine, Talma, Simon Vouet, Villon, Voltaire, etc.

Entre autres généraux illustres nés à Paris, nous trouvons Augereau, Catinat, Condé, d'Estrée, le prince Eugène de Savoie.

Paris a aussi donné le jour à quelques femmes célèbres, entre lesquelles nous devons citer Mme Campan, Mme des Houlières, la trop fameuse Héloïse, Mme de Staël, etc.

CHAPITRE XIX

Églises, monuments, souvenirs

I

LES ÉGLISES

Paris agrandi, depuis le 1ᵉʳ janvier 1860, de quatre mille hectares, compte aujourd'hui un million sept cent mille âmes et près de cinquante paroisses. De nouvelles églises sont en voie de construction, et des chapelles sont ouvertes aussi aux fidèles dans de nombreuses communautés. Après tant de tempêtes et de ruines, il y a, de nos jours encore, dans l'immense cité, plus de cent cinquante sanctuaires où chaque matin s'offre la Victime auguste qui a racheté le monde ! Cette pensée fortifie, console, réjouit l'âme trop souvent attristée par la vue de crimes qui appellent les châtiments du Ciel.

Notre-Dame. Comme dans la plupart de nos anciennes villes gauloises, la cathédrale de Paris s'élève sur les débris d'autels païens, ainsi que le prouvent les pierres cubiques ou votives découvertes dans des fouilles pratiquées sous le chœur actuel. L'antiquité de Notre-Dame ne saurait remonter aux premiers temps de la prédication du christianisme dans Lutèce ; mais dès le vɪᵉ siècle néanmoins, Grégoire de Tours parle d'une église principale, *ecclesia senior,* qu'il place dans la cité. Il est certain qu'à la fin du VIIe siècle, il existait au lieu même où avait été précédemment élevé l'autel de Jupiter, une basilique dédiée à saint Etienne, et tout auprès une autre basilique dédiée à Marie, *basilica domnæ Mariæ*. La réunion de ces deux sanctuaires, qui eut lieu un peu plus tard, forma dès lors la très-sainte église de la cité des Parisiens, *sacrosancta ecclesia civitatis Parisiorum*. Un diplôme de Charles le Chauve, de l'an 861, désigne la cathédrale sous les noms de Saint-Etienne et Sainte-Marie Mère de Dieu. Un concile auquel assistèrent vingt-cinq évêques se tint l'an 829 dans cette église de Saint-Etienne. On voyait, dans son voisinage, le baptistère de saint Jean, où avait prié sainte Geneviève, l'oratoire et le couvent de Saint-Christophe, berceau de l'Hôtel-Dieu.

Quelques siècles après, sur le siége de saint Denis vint s'asseoir un grand évêque, Maurice de Sully, qui conçut la pensée d'ériger un monument digne de la capitale de la France. Le pape Alexandre III en posa la première pierre (l'an 1163); le grand autel fut bénit le jour de la Pentecôte de l'an 1182. On démolit successivement les deux premières basiliques pour faire place au nouvel et gigantesque édifice qui s'éleva lentement à travers sept ou huit générations. Au XIVe siècle on y travaillait encore; les chapelles sont même d'une époque plus récente.

Notre-Dame présente la forme d'une croix latine : elle a cent-trente mètres de longueur, quarante-huit dans sa plus grande largeur, et trente-cinq du sol au point de voûte : cent vingt piliers supportent les voûtes, et partagent la vaste enceinte en chœur, nef et double rang de bas côtés. Trois grandes roses et cent treize vitraux éclairent la basilique, entourée de trente-deux chapelles. Les deux portiques, surmontés de leurs grosses tours de soixante-huit mètres de haut, la façade se développant sur une étendue de quarante mètres, la disposition générale de la basilique et l'harmonie de ses proportions lui donnent un aspect imposant, majestueux, et en font un des plus beaux monuments de l'architecture du moyen âge.

« Les architectes tiennent, dit Sauval, que Notre-Dame de Paris ne voit rien au-dessus d'elle que Saint-Pierre de Rome; et néanmoins sont d'accord entre eux que le portail de Notre-Dame n'a point son pareil, et qu'enfin de ces deux tours si hautes, si grosses, si majestueuses, part une

certaine fierté qui porte au respect et donne en même temps de la terreur. »
— « Lorsque vous franchissez le seuil de Notre-Dame, ajoute un savant
moderne, le premier sentiment qui vous pénètre est celui de l'immensité.
L'immensité est partout, devant vous, au-dessus de vous; nulle part de ligne
droite qui arrête la pensée et le regard. Si vous vous placez dans la grande
nef, votre vue et votre imagination se perdent dans la religieuse obscurité du sanctuaire; puis, au delà du sanctuaire, vous apercevez de lointaines arcades, au delà de ces arcades, des chapelles : c'est une succession
d'enceintes mystérieuses d'où la prière monte vers les cieux. Dans les nefs
latérales l'effet est plus saisissant encore. On ne sait où se terminent ces
longues et étroites galeries qui entourent l'autel comme d'une couronne. La
seule chose que vous distinguez au loin, c'est un jet de colonnes et de

Cascade du bois de Boulogne.

lumière derrière lequel se perdent encore les enfoncements des chapelles ; mais le mur, mais la fin qui vous frappe dès l'entrée dans les monuments de style antique, elle n'apparaît nulle part.... Ces impressions, communes
à la plupart des monuments de l'art ogival, sont plus sensibles encore à
Notre-Dame, grâce à l'étendue de ses proportions et à la majestueuse
pureté de ses formes. L'art ne s'y épuise pas en de vains détails qui plus
tard détourneront et captiveront la pensée. Il est riche, mais sobre; il est
élégant, mais surtout puissant et fort. » (DE LA GOURNERIE.)

Les souvenirs se pressent en foule à Notre-Dame : c'est la châsse de la
bienheureuse patronne de Paris, descendant de la montagne Sainte-Geneviève, aux jours des grandes calamités, pour venir s'abriter sous ces
voûtes et rassurer par sa présence tout un peuple éperdu!. Ce sont les *Te
Deum* après chaque nouveau triomphe de la patrie, à chaque entrée, chaque

retour d'un prince dans sa capitale. C'est là, sous ces voûtes, que nos armées allaient faire bénir leurs drapeaux avant le combat, et revenaient
ensuite vainqueurs suspendre ceux de l'ennemi. Notre-Dame était le point
de départ ou le but de toutes les processions par lesquelles, en des temps
de foi, les pouvoirs publics appelaient sur la France les bénédictions du
ciel. En remontant quelques siècles l'on entend retentir dans la chaire de
Notre-Dame les voix si diverses, si puissantes de saint François de Sales,
de saint Vincent de Paul, de Fléchier, de Bossuet; de Bossuet, l'évêque
à la tête blanchie et au regard sublime, s'écriant, en face du cercueil
du grand Condé : « Venez, peuples, venez maintenant; mais venez surtout,
princes et seigneurs, et vous qui jugez la terre, et vous qui ouvrez aux
hommes les portes du ciel, venez voir le peu qui nous reste d'une si auguste naissance, de tant de grandeur, de tant de gloire !.. » La vieille
métropole a aussi ses souvenirs de deuil et de profanation; elle a vu la
déesse de la Raison prenant dans ce temple souillé la place du Dieu
vivant? Après tant de souvenirs glorieux ou nefastes, la vieille basilique
resplendit aujourd'hui d'une gloire nouvelle. Les conférences de Notre-
Dame, inaugurées par les Lacordaire, les Ravignan, poursuivies avec
tant d'éclat par le P. Félix, le P. Hyacinthe, peuvent faire espérer une
ère de meilleurs jours.

Sainte-Geneviève.   Paris n'avait encore qu'un petit nombre d'oratoires,
lorsque Clovis et sa pieuse épouse Clotilde firent édifier, au sommet du
mont *Leucotitius*, une basilique en l'honneur des saints Apôtres Pierre et
Paul (vers l'an 508). « Elle était de construction royale, dit un poëte du
IX⁰ siècle, décorée de mosaïques en dedans et en dehors, et ornée de peintures. » Devenue le tombeau de sainte Geneviève, la splendide basilique
reçut plus tard le nom de l'illustre sainte. Clovis, sainte Clotilde, saint Prudence et saint Céran, évêques de Paris, et sainte Alde, compagne de
Geneviève, furent inhumés sous ces voûtes, qui virent aussi plusieurs
conciles. Le plus célèbre est celui de l'an 577, dans lequel Chilpéric et
Frédégonde firent condamner Prétextat, évêque de Rouen, pour avoir célébré le mariage du jeune Mérovée, fils du roi de France, avec la reine
Brunehaut, veuve de Sigebert.

La basilique des Apôtres, à laquelle avait été annexé dès l'origine un monastère, fut incendiée, par les Normands (l'an 856), et démeura, pendant plus de trois siècles, dans un état plus ou moins complet d'abandon, toujours desservie néanmoins par une nombreuse congrégation de chanoines. Réparée vers l'an 1190 par l'abbé Etienne, la basilique vit longtemps les pèlerins vénérer dans son enceinte les reliques de la bienheureuse patronne de Paris. La châsse, d'abord d'argent, œuvre de saint Eloi, fut remplacée vers 1240 par une châsse de vermeil parsemé de pierres précieuses. Là se trouvait le siége d'une Congrégation régulière qui avait en France au dernier siècle plus de cent maisons. Les Génovéfains furent justement renommés par leurs travaux littéraires scientifiques et théologiques. Ils suivaient la règle de saint Augustin, depuis la réforme introduite au XVII° siècle par le cardinal de la Rochefoucault. Nommer les PP. Jean Froteau, Pierre Lallemant, René le Bossu, Claude du Molinet, Anselme de Paris et Louis de Sanlecque, c'est rappeler des noms qui ne sont pas sans gloire. La bibliothèque de l'abbaye contenait en 1790, lors de sa suppression, quatre vingts mille volumes, trois mille manuscrits, avec une précieuse collection d'antiquités et de médailles. Après être restée jusqu'à ces derniers temps dans la belle galerie des Génovéfains, dépendance aujourd'hui du lycée Napoléon (ancien collége Henri IV), cette bibliothèque a été transférée, il y a quelques années, dans un vaste édifice construit place du Panthéon, sur l'ancien emplacement du collége Montaigu. On y compte actuellement environ deux cent cinquante mille volumes.

Vers le milieu du dernier siècle, l'église de Sainte-Geneviève menaçait ruine, lorsque, d'après un vœu de Louis XV fait dans une grave maladie, on s'occupa de construire un monument plus digne de la patronne de la grande cité. On vit alors s'élever, sur les dessins de Soufflot, à l'ouest de l'ancien édifice, la basilique moderne, aujourd'hui l'un des principaux ornements de Paris. « Soufflot, dit un savant écrivain que nous aimons à citer, venait d'achever ses études à Rome, et son imagination toute jeune encore, toute pleine des merveilles de l'art antique, rêva un temple où s'unit le portique du Panthéon à la coupole de Saint-Pierre : il chercha même par les dimensions et la disposition à donner à ces types célèbres plus d'élégance et de légèreté. S'il ne réussit pas complètement, s'il n'évita pas surtout le reproche d'un peu de maigreur, soit dans les entre-colonnements du portique, soit dans le dessin des colonnes du dôme, il n'en demeure pas moins incontestable que peu de monuments classsiques offrent un plus remarquable ensemble de grâce et de majesté. La coupole de Sainte-Geneviève n'a pas l'ampleur des coupoles de l'Orient; mais peut-être aussi rappelle-t-elle mieux, par cela même, cet élan de la prière dont la coupole doit être l'expression. Ce qu'il y a de certain, c'est que rien n'égale, dans les différentes vues de nos récents édifices, l'aspect de ce dôme élancé, reposant sur une élégante colonnade, et dominant toute la ville comme pour porter plus haut la gloire et le souvenir de la bienheureuse patronne de Paris. » (De la Gournerie.)

Sous ce dôme, au centre de la croix, devaient être placées les reliques de sainte Geneviève. Mais, durant le cours des travaux, la révolution avait hâté sa marche; l'église, commencée l'an 1757, n'était point terminée en 1789. La tempête, en se ruant sur le temple, dispersa les reliques, et le flot révolutionnaire roula à leur place, sous ces voûtes splendides, les restes de Mirabeau, de Rousseau, de Voltaire, de Marat. L'église catholique était transformée en panthéon païen. En même temps la châsse d'or de sainte Geneviève était pillée, et les ossements de la vierge qui sauva Paris étaient traînées par la boue des rues, puis brûlés sur un bûcher par la main du bourreau. Sur le front découronné du temple, on lisait comme aujourd'hui l'inscription :

AUX GRANDS HOMMES LA PATRIE RECONNAISSANTE.

L'inscription, avec l'étrange bas-relief qui la surmonte, disparaîtra sans doute. Rouverte sous la restauration, puis refermée en 1830, l'église de Sainte-Geneviève, après deux révolutions, a vu rouvrir encore ses portes, aux applaudissements de Paris et de la France entière (6 décembre 1851). Que signifie donc désormais cette inscription menteuse sur la frise d'un temple où l'on ne doit lire que celle-ci :

DEO OPTIMO MAXIMO; SUB INVOCATIONE SANCTÆ GENOVEFÆ !

Saint-Germain-des-Prés. Saint-Germain-des-Prés est aujourd'hui la plus ancienne église de Paris. Nous avons dit ailleurs son origine; contemporaine de nos premiers rois, restaurée de nos jours, décorée de belles peintures murales, elle est désormais l'une des plus splendides de la capitale. Dédiée sous le vocable de Saint-Vincent et Sainte-Croix, le 23 décembre 558, jour même de la mort du roi Childebert, son fondateur, jamais plus riche basilique n'avait frappé les regards des habitants de la capitale. Disposée en forme de croix, elle était divisée en plusieurs nefs par des arceaux qui reposaient sur des colonnes de marbre. Le plafond et les murailles étaient ornés de peintures rehaussées d'or ; des lames de bronze doré formaient la voûte. « Ce n'était pas sans raison, dit un légendaire, qu'on la nommait *le palais doré de Germain*. La basilique de Saint-Vincent servit de tombeau à la plupart des rois mérovingiens. A côté de ces sépultures royales, s'élevait une châsse splendide que la piété des peuples s'était plu à embellir de tout le luxe des arts et de la richesse. C'était la châsse du grand évêque dont ce temple était aussi l'ouvrage. Les restes mortels du saint avaient d'abord été déposés dans la chapelle Saint-Symphorien, voisine du monastère, en attendant le monument que Chilpéric se proposait de construire pour les recevoir, sur l'autre rive de la Seine ; mais les moines de Saint-Vincent, jaloux du dépôt qui leur avait été confié, ne souffrirent point qu'il traversât le fleuve. Le rapprochant au contraire plus près d'eux, ils le transportèrent solennellement, l'an 754, de la chapelle Saint-Symphorien à la grande basilique qui prit dès lors le nom de Saint-Germain-des-Prés.

Trois fois pillée, détruite ou brûlée par les Normands au ixe siècle, la vieille basilique demeura plus d'un siècle en ruines. Enfin l'abbé Morard (l'an 990) commença la reconstruction de Saint-Germain-des-Prés, à l'aide des largesses du roi Robert. Le pape Alexandre III, lors de son séjour à Paris en 1163, fit l'inauguration du nouvel édifice en même temps qu'il posait les fondements de Notre-Dame. Au xiiie siècle, Pierre de Montreuil construisit un réfectoire et une chapelle de la Vierge, chefs-d'œuvre de ce grand artiste. Ils ont disparu, comme le grand cloître, le chapitre, la sacristie, la bibliothèque, tous ces lieux consacrés par le souvenir des PP. Montfaucon, Mabillon, d'Achéry, Durand, Martène ; et tous ces monuments ont été transformés en voies publiques, dont quelques unes rappellent encore par leur nom leur pieuse origine. Avec le palais abbatial, élevé au xvie siècle par le cardinal de Bourbon, l'église de Saint-Germain-des-Prés est tout ce ce qui reste aujourd'hui de l'antique et puissante abbaye, dont l'enclos ceint de fossés et de tours dominait comme une forteresse le Pré-aux-Clercs. Dans cette abbaye était une bibliothèque, la plus splendide de Paris après celle du roi. On y comptait cent mille volumes et quinze mille manuscrits. Le fond de Saint-Germain, au catalogue de la bibliothèque de la rue Richelieu, héritière des manuscrits et livres du monastère bénédictin, est aujourd'hui le plus précieux trésor de ce vaste et riche établissement.

La nef de l'église, avec ses pleins ceintres, ses piliers massifs et ses arcades surbaissées, en nous ramenant au xie siècle, nous montre la partie de l'édifice que construisirent le roi Robert et l'abbé Morard. Le chœur, avec ses naissantes ogives, nous rappelle les jours de Louis le Jeune et d'Alexandre III. On voit encore, dans une chapelle, à gauche, le tombeau de Jean Casimir, roi de Pologne, abbé de Saint-Germain-des-Prés, et quelques tables de marbre noir indiquant les lieux de sépulture des PP. Mabillon et Montfaucon, de René Descartes et de Boileau Despréaux. La vieille tour forme la façade occidentale. Cette tour, dans laquelle a été pratiquée au xiiie siècle l'entrée principale de l'église, est, dans sa partie inférieure, un débris sacré de la basilique primitive de Childebert, dont le poëte Fortunat a chanté les merveilles. Sous le porche de cette entrée existaient, avant 1789, huit statues de rois et de reines qu'on croyait contemporaines de la fondation. Elles étaient vêtues du costume mérovingien et avaient la tête ceinte d'une couronne. Deux de ces statues portaient inscrits sur des rouleaux les noms de Clodomir et de Clotaire : l'une d'entre elles seule, en costume d'évêque, a été regardée par les savants comme celle de saint Remi. On a vu dans les autres Clovis, Childebert, Clotilde et Ultrogothe. Ce portique, cette tour sont vénérables, et on ne peut franchir ce seuil antique et sombre sans un religieux respect.

Saint-Étienne-du-Mont. Cette église n'est pas seulement un sanctuaire cher aux pèlerins ; elle est encore par son architecture, une des églises les plus remarquables de Paris. L'impression qu'on y éprouve est celle de la grâce et de l'harmonie. « Ces piliers si élancés, ces sculptures si délicates, ces galeries si finement ouvragées, ces clefs-pendantes retombant de quatre mètres en forme de corbeilles, ces escaliers serpentant en guirlandes autour des colonnes, ce jubé enfin jeté à l'entrée du sanctuaire comme un portique de fleurs, font et feront toujours de cette église l'une des perles de l'art. Quant à l'inspiration qui a guidé le crayon de l'artiste, c'est encore la pensée chrétienne, mais dominée par l'art au lieu de le dominer, comme elle le faisait naguère. Il est facile de voir que le souffle de la Renaissance a passé par là. » (DE LA GOURNERIE.)

Lac de Vincennes.

Saint-Etienne-du-Mont, dit primitivement Notre-Dame, plus tard Saint-Jean-du-Mont, n'était autrefois qu'une annexe de Sainte-Geneviève. C'était la paroisse de l'abbaye. Une nouvelle église fut construite dans l'enclos des Génovefains, au temps de Philippe Auguste, et dédiée vers l'an 1225, sous le nom de Saint-Etienne, à cause des reliques du premier martyr, dont on l'enrichit. Devenue elle-même insuffisante, elle fut remplacée par l'édifice actuel, commencé aux premières années du règne de François Ier, et terminé seulement sous Louis XIII. Marguerite de Valois

posa l'an 1610, la première pierre du portail. Vitraux peints par Pinai-
grier, chaire sculptée par l'Estocard, et la plus remarquable encore de
Paris; statues et bas-reliefs de Germain Pilon, sculptures de Biard,
belles compositions de Philippe de Champagne, Abel de Pujol, Lebrun,
Largilière; enfin, jubé, l'un des plus beaux de France : telles sont les
principales richesses de Saint-Etienne-du-Mont. Cette église possédait
autrefois les restes mortels de Pascal, de Racine, de Lesueur, du bota-
niste Tournefort et de Pierre Perrault. Son trésor, le plus précieux aux
yeux des fidèles, est aujourd'hui l'humble châsse de la glorieuse patronne
de Paris, qui, depuis la destruction de l'ancienne église de Sainte-Geneviève, a été transportée sous ses voûtes.

Saint-Sulpice. Au nom seul de Saint-Sulpice, la pensée se reporte
sur deux prêtres vénérables : le pieux Olier, et le curé Languet de Gergy,
dont l'un commença et l'autre termina cette église. Sur son emplacement
s'élevait autrefois une petite chapelle de Saint-Pierre, dépendante de
l'abbaye de Saint-Germain-des-Prés. Une autre église, assez peu remarquable, lui avait succédé : elle était vieille, délabrée, lorsque l'abbé
Olier prit possession de la cure de Saint-Sulpice (1642). Grâce au zèle
du charitable pasteur, cette paroisse, l'une des plus désordonnées de Paris,
fut transformée en quelques années. L'espace étant devenu insuffisant,
Olier fit jeter les fondements d'une église nouvelle (1646). Anne d'Autriche en posa la première pierre. L'œuvre interrompue à partir de 1678
ne fut reprise que par l'abbé Languet vers 1715. Le digne prêtre n'avait
que cent écus pour continuer les travaux. Il se procure quelques pierres,
qu'il étale autour du monument afin de provoquer la générosité publique.
Cet appel est entendu, les dons arrivent, Saint-Sulpice est construit.
Ce bel édifice n'a point l'expression de foi et de piété que possèdent
nos vieilles églises ogivales. C'est de l'architecture classique dans le
style académique de Rome et de la Grèce; mais entre toutes les églises
conçues dans ce style, il se distingue par son caractère noble et religieux.
A l'extérieur, on admire justement le majestueux portail, œuvre de Ser-
vandoni, et le double portique. Les tours seules manquent d'ampleur,
et leur disparité blesse les regards. A l'intérieur, Saint-Sulpice est vaste,
imposant, sévère, et son ordonnance générale est d'une noblesse pleine

de grandeur. On y retrouve la disposition traditionnelle des églises du moyen-âge : transept, nefs ambulatoires autour du chœur, chapelle absidiale dédiée à la Vierge. Cette chapelle, remarquable par la profusion de ses peintures, de ses dorures, et par le jour mystérieux et céleste qui éclaire la statue de la Vierge en marbre blanc, jouit d'une juste célébrité. La plupart des chapelles latérales sont décorées de fresques, dues à d'habiles artistes. Parmi les ornements de tous genre de cette splendide église, on remarque la chaire, le buffet du grand orgue, le maître-autel, vaste bloc de marbre blanc, orné de bronzes dorés ; les deux bénitiers, formés de grandes coquilles offertes à François Ier par la république de Venise ; le tombeau du curé Languet dans la chapelle Saint-Jean. Saint-Sulpice se distingue surtout par la splendeur des cérémonies saintes qui se développent dans ses vastes nefs avec une incomparable majesté. Pendant la révolution, Saint-Sulpice devint le temple de la Victoire ; il fut à ce titre tranformé en salle de banquet lors de la fête que Paris offrit à Bonaparte au retour de ses premières campagnes... Quand luirent ensuite des jours meilleurs, ce même temple fut choisi comme le centre de pieux efforts pour ramener les intelligences dans les voies chrétiennes. Alors, dans cette chaire où les Olier, les Languet, les Brydaine avaient parlé tour à tour, on vit s'asseoir l'abbé de Frayssinous. Ce nom reporte vers celui du P. de Ravignan ! On se souvient du touchant tribut de vénération et de regrets qu'en face de ses restes mortels, et dans cette chaire même de Saint-Sulpice, un éloquent pontife (Mgr Dupanloup) a payé à la mémoire de l'illustre et saint religieux son ami. On ne peut oublier les funérailles tout à la fois si humbles et si magnifiques de ce pauvre de Jésus-Christ, l'un des hommes qui ont le plus contribué au mouvement religieux imprimé de nos jours à la grande cité.

Sainte-Clotilde. A l'extrémité du faubourg Saint-Germain, une belle église gothique s'est élevée de nos jours. Il était temps que la capitale du royaume très-chrétien vît élever un temple à la mémoire de la sainte reine par qui la France a conquis son plus beau titre ! Commencée en 1846 sur les plans de l'architecte Gau, et terminée en 1857 par M. Ballu, l'église de Sainte-Clotilde a été construite dans le court espace de onze années. Il fallait jadis des siècles d'efforts et de labeurs pour mener à leur fin nos splendides cathédrales, l'honneur du moyen âge et la gloire de l'art chrétien ; mais aussi quelle magnificence ! quelles gigantesques proportions ! Sainte-Clotilde dans ses proportions trop étroites n'en est pas moins un très bel édifice. Le portail et les deux clochers de forme octogone couronnés par des croix en fer doré sont d'un effet gracieux et imposant.

Saint-Germain-l'Auxerrois. C'est l'une des plus anciennes églises de Paris. Elle fut élevée par les ordres de Chilpéric Ier, pour y placer le tombeau de saint Germain, évêque de Paris. Mais cette église, connue au IXe siècle sous le nom de *Saint-Germain-le-Rond*, à cause de sa forme circulaire, ne reçut jamais le glorieux dépôt qui lui était destiné. Dès l'époque de sa fondation, il s'y forma une école qui devint bientôt célèbre. Les noms de quai de l'Ecole et de place de l'Ecole, dans le voisinage, attestent de nos jours encore ce glorieux souvenir de science et de charité. Saint-Germain, où l'on allait vénérer le corps de saint Landry, fut détruit par les Normands qui s'y étaient retranchés comme dans une tour et l'avaient entouré de fossés ; la rue des Fossés-Saint-Germain rappelle ce souvenir de guerre. Rebâti au XIe siècle par le roi Robert, le pieux édifice prit le nom de Saint-Germain d'Auxerre, pour se distinguer sans doute du monastère de Saint-Vincent, dit alors Saint-Germain de Paris ou des Prés. Mais ce monument lui-même disparut à son tour, et de ses ruines sortit l'église actuelle, riche et belle, aujourd'hui surtout, depuis que sa réouverture a donné lieu à une des restaurations de vieux monuments les plus complètes qui aient jamais été faites à l'extérieur comme à l'intérieur ; rien n'a été oublié pour rendre à la basilique sa physionomie antique. Le voisinage du Louvre nuit toujours à son éclat, à sa majesté ; malgré les brillantes peintures dont a été orné le portail du porche extérieur, ce portail, qui date de 1435, paraît bas et mesquin en face de la brillante colonnade de Perrault.

Saint-Gervais. Le beau portail de Saint-Gervais est un chef-d'œuvre de l'architecte Jacques de Brosses. Dans l'intérieur, on admire les voûtes et les clefs pendantes qui figurent parmi les plus hardies du moyen âge, avec la nef, le transept, le chœur et les chapelles, merveilleux produits de cet art ogival qui exprime si bien la tendance incessante de l'âme du chrétien vers le ciel.

Saint-Merry. Non loin de là, dans la populeuse rue Saint-Martin, on aperçoit Saint-Merry. Bâti vers la fin du IXe siècle sur le tombeau fécond en miracles du bienheureux moine de ce nom, puis agrandi au XIIe siècle, démoli et reconstruit au XVIe, en pleine renaissance, Saint-Merry a néanmoins tout le luxe, toute la richesse des derniers temps de l'art ogival.

Saint-Nicolas-des-Champs. Dans la même rue Saint-Martin, s'offre aux regards, la vieille église Saint-Nicolas-des-Champs, avec ses hautes fenêtres et sa façade nue. Saint-Nicolas ne fut d'abord qu'une chapelle dépendante du célèbre prieuré de Saint-Martin-des-Champs. Le prieuré n'existe plus; ses bâtiments forment le Conservatoire des arts et métiers. Son réfectoire, l'un des chefs-d'œuvre de Pierre Montreuil, n'est qu'une ruine; mais l'église subsiste et sert de paroisse aux habitants de ce populeux quartier. Construite aux XVe et XVIe siècles, elle offre un mélange de l'ogive et de la renaissance. Guillaume Budé, Pierre Gassendi, Henri et Adrien de Valois, et la célèbre Madeleine de Scudéri, avaient été ensevelis dans cette église.

Saint-Eustache est, après Notre-Dame, la plus vaste église de Paris. C'est l'un des monuments religieux les plus imposants qui soient en France. L'impression qu'on éprouve à sa vue est surtout celle de l'élévation et de la grandeur. Comme Notre-Dame et Saint-Germain-l'Auxerrois, elle est divisée en cinq nefs. Sur son emplacement s'élevait au XIIe siècle une petite chapelle dédiée à sainte Agnès. Agrandie au siècle suivant, elle prit le nom de Saint-Eustache. L'édifice actuel fut commencé en 1532, et consacré seulement l'an 1637. Colbert, un des bienfaiteurs de Saint-Eustache, y avait été enterré sous un brillant mausolée du célèbre Coysevox. Les maréchaux de Strozzi et de Tourville, le général Chevert, et les hommes de lettres Voiture, Benserade, Vaugelas, Genest, Furetière, y avaient aussi des monuments ou des inscriptions commémoratives. C'est à Saint-Eustache que Fléchier prononça, le 10 janvier 1676, l'oraison funèbre de Turenne, l'un des chefs-d'œuvre de l'éloquence française. « Tout le peuple le pleura amèrement, et après avoir pleuré durant plusieurs jours ils s'écrièrent : « Comment est mort cet homme puissant qui sauvait le peuple d'Israël?... »

Saint-Roch, l'une des paroisses les plus importantes de Paris, fut construit au xviie siècle pour remplacer une chapelle du même nom élevée à la fin du xvie siècle, sur les ruines de deux anciens oratoires dits de Sainte-Suzanne de Gaillon et des Cinq-Plaies. La première pierre de ce vaste édifice fut posée par Louis XIV et la reine Anne d'Autriche, le 28 mars 1653, dans un vaste clos dépendant de l'hôtel de Gaillon. Le monument, commencé sur les dessins de Lemercier, et continué par Robert de Cotte, n'a été achevé qu'en 1740. Son portail pyramidal, avec sa double ordonnance de colonnes engagées doriques et corinthiennes, est l'œuvre de ce dernier; on y reconnaît l'école de Mansard. Saint-Roch est riche d'ornements dont l'ensemble, au premier abord, produit de l'effet : mais au point de vue classique même, il s'y révèle peu de goût. Par une étrangeté de cette église, le maître-autel est suivi de trois chapelles absidiales, dont les jours dégradés à dessein produisent un effet curieux d'optique. La première de ces chapelles est dédiée à la Vierge, la seconde est dite de la Communion, et la troisième, en forme de demi-rotonde, est la chapelle du Calvaire ; on y remarque un beau groupe du Christ au tombeau, par Desenne. Au nombre des personnages illustres inhumés à Saint-Roch, on peut citer le grand Corneille, Maupertuis, le peintre Mignard, le célèbre jardinier Le Nôtre, Mme des Houlières, le duc de Créqui et le comte d'Harcourt. On voit dans une chapelle le tombeau du cardinal Dubois, par Coustou. Dubois est à genoux devant un livre ouvert au psaume *Miserere*. Dans une autre chapelle à gauche, on remarque un touchant monument élevé par la reconnaissance des sourds-muets à la mémoire de leur bienfaiteur l'abbé de l'Epée. En descendant les marches de Saint-Roch, on se rappelle la journée du 13 vendémiaire, où, sur le seuil de cette église, Bonaparte, investi par Barras du commandement en chef, écrasa sous le feu de son artillerie les sections de Paris armées contre la Convention.

La Madeleine. Sur l'emplacement de la Madeleine, existait dès le xiiie siècle une chapelle destinée aux habitants de Ville-l'Evêque. Charles VIII la rebâtit, et y établit en 1491 la confrérie de Sainte-Marie-Madeleine, à laquelle il s'affilia ainsi que la reine. La chapelle, devenue insuffisante, fut remplacée (1659) par une nouvelle église, qui dut elle-

même céder la place à un monument plus splendide, dont la première
pierre fut posée le 13 avril 1764. Les plans, tracés d'abord par Constant
d'Ivry, furent modifiés dans la suite par Couture, et plus encore par
Vignon, sous l'empire. Napoléon avait résolu de faire de la Madeleine
le temple de la Gloire, dédié aux soldats de la grande armée; l'empire
tomba avant que l'édifice fût achevé. La restauration fit reprendre les
travaux, et le gouvernement de juillet inaugura le monument.

Fontaine Saint-Michel.

   La Madeleine marque le dernier terme des déviations de l'art chrétien.
C'est un magnifique temple, souvenir du Parthénon d'Athènes. Mais que
signifie cette église sans coupole, sans fenêtres, sans clochers et sans mystères? Les statues, les bas-reliefs, les peintures y sont semés à profusion,
depuis les sculptures du fronton représentant le jugement dernier, jusqu'au ravissement de Madeleine, vaste groupe qui couronne avec éclat le
maître-autel. Rien ne manque dans ce temple qu'un peu de recueillement,
un peu de piété, le sentiment de la prière. Ecoutons un ami de l'art chré-

tien. « Ce vaste parallélogramme, avec sa ceinture de statues et de colonnes, ses deux porches, ses deux frontons, tout cet ensemble de froide et
harmonieuse régularité qui charme sans doute, mais qui n'élève pas, qui
arrête la pensée au lieu de lui donner des ailes, sera, quand on le voudra,
une Bourse, un Odéon, un Vauxhaal; ce sera un temple de Minerve ou de
Neptune; mais ce ne sera jamais une église. Et cette impression qui vous
saisit dès l'abord devient plus vive encore en pénétrant plus avant. Après
avoir passé la magnifique porte de bronze sur laquelle Triquetti a symbo-
lisé les commandements de Dieu dans un style qui rappelle les grands
maîtres de Florence; après avoir jeté un coup-d'œil sur les gracieux bénitiers de Moine, on serait tenté de se demander ce que c'est que cet immense vaisseau tout étincelant de marbre et d'or, où la lumière ne pénètre
que d'en haut, comme au panthéon d'Agrippa, où l'on n'aperçoit ni colla-
téraux, ni transept, ni profondes chapelles, où le sanctuaire lui-même,
par sa disposition et son exhaussement, semble vouloir imiter la scène
d'un théâtre. C'est qu'en effet ce monument n'est qu'une église théâtrale :
tout y est pour les sens, rien pour le cœur. » (DE LA GOURNERIE.)

Saint-Vincent-de-Paul, comme Notre-Dame-de-Lorette et quelques
autres églises de date récente, est encore une imitation des temples antiques.
Mais on admire du moins l'heureuse situation de ce riche édifice : construit
dans une dépendance du clos Saint-Lazare, sur l'emplacement d'un belvé-
dère où saint Vincent de Paul, dit-on, aimait à se retirer, il domine la
capitale, du haut des quarante marches de son vaste perron, image de
celui de la Trinité du Mont, à Rome. Ses deux tours, qui s'élèvent majes-
tueusement vers les cieux, rappellent les églises du moyen âge. On y
admire aussi les belles fresques de Flandrin et de Picot, et les brillantes
vitraux de Maréchal. Avant de descendre la grande rampe en fer à cheval,
saluons d'un regard et d'une prière la statue de saint Vincent de Paul,
qui décore le tympan du fronton. Geneviève et Vincent de Paul, les grands
bienfaiteurs des Parisiens, sont donc vénérés dans deux magnifiques temples
élevés en leur honneur, sur les collines, au midi, au nord, comme les
palladium de la cité, tandis qu'au centre de l'île, son antique berceau,
Marie, la première patronne de Paris et de la France, à son temple auguste,
qui s'embellit chaque jour d'une splendeur nouvelle.

II

UNE PROMENADE A TRAVERS LES MONUMENTS
DE PARIS

Les chemins de fer en transformant les abords de Paris ne permettent plus guère d'apprécier dès les premiers pas sa splendeur monumentale. Il faut, pour contempler à l'aise ses monuments, sortir de la gare enfumée et parcourir la cité. Afin de comprendre de suite ce qu'est, ce que doit être la capitale de la France, arrêtons-nous devant une entrée, majestueuse entre toutes, par laquelle on passait autrefois : c'est *l'arc de l'Etoile.*

A l'extrémité de la belle avenue de Neuilly, au milieu d'une vaste place entourée d'arbres, on voit s'élever un arc de triomphe colossal, décoré de riches sculptures, paré d'une ceinture de victoires en relief, et portant, inscrits sous les arches gigantesques, les noms des braves généraux qui ont bien mérité de la patrie. La première pierre de ce monument, élevé sur les dessins de Chalgrin, en l'honneur des victoires de l'empire, fut posée le 15 août 1806; et après trente années de travaux souvent interrompus, son inauguration eut lieu le 29 juillet 1836. De haut de la plate forme de cet arc de triomphe, Paris se présente dans une de ses plus admirables perspectives.

Les Champs-Elysées, splendide avenue de près de deux kilomètres entre la barrière de l'Etoile et la place de la Concorde, sont couverts aujourd'hui de magnifiques habitations, la plupart occupées par des Anglais, d'élégants cafés, de charmantes fontaines, de villas, de jardins et de divers établissements de plaisirs. Au milieu du rond-point s'élève une gerbe de jets d'eau retombant dans un vaste bassin.

On découvre à gauche le beau palais de l'Elysée Bourbon (ou Napoléon), et à droite le palais de l'Industrie, construit, pour l'Exposition universelle de 1855, sur l'emplacement de l'ancien grand carré des Champs-Elysées. Cet édifice d'un aspect imposant et grandiose, et qui offre aux regards un ensemble harmonieux, a deux cent trente-quatre mètres de longueur, sur une largeur de cent huit mètres. Des parterres avec jets-d'eau ménagés de chaque côté de l'entrée principale ajoutent un air de grâce et de fraîcheur à ce gigantesque monument.

Nous voici sur la place de la Concorde, au pied de l'obélisque de Louqsor. Quel magnifique spectacle s'offre aux regards! Contemplons ces fontaines monumentales, ces statues noblement assises, représentant les principales villes de France, ces candélabres de bronze et d'or. Mais ces décorations paraissent presque mesquines à côté du splendide panorama qui se déroule à nos yeux. Au midi, c'est le beau péristyle du palais du corps légis-latif, et toute la ligne du quai d'Orsay, bordée des palais de la Chan-cellerie, de la Légion d'honneur, du Conseil d'Etat, des Affaires étran-gères; puis au loin, dominant ces édifices, le dôme des Invalides et les gracieuses flèches de Sainte-Clotilde. Au nord, et bordant la place, s'é-lèvent deux palais jumeaux, le Garde-meuble et le ministère de la Marine, séparés par une rue de quarante mètres de largeur, formant l'avenue de la Madeleine. Devant nous enfin, la ligne royale des Tuileries, ombragée par les superbes plantations de Le Nôtre, et qui regarde l'arc de triomphe, dont les imposantes proportions semblent encore, au bout de la longue avenue, dominer la ville et lui jeter le souvenir de sa gloire... C'est là un grand et sublime spectacle qui émerveille l'étranger. Aucune autre ca-pitale n'en présente un pareil.

Charles IX venait d'ordonner la démolition de l'ancien hôtel des Tour-nelles, après la mort funeste de Henri II, lorsque Catherine de Médicis, dégoutée du Louvre, appela Philibert Delorme, l'un des merveilleux génies de la renaissance, et lui demanda un palais des champs, plus vaste et plus commode, où elle put retrouver l'air avec la liberté (1564). Phili-bert Delorme, secondé par Jean Bullant, construisit donc une résidence royale, hors de la ville, sur l'emplacement d'un hôtel qu'avait habité Louise de Savoie, mère de François Ier, et sur des terrains voisins servant à des fabriques de tuiles : tels furent les commencements du Palais des Tuileries. Il ne comprit d'abord que le pavillon du centre, les deux ailes ou galeries adjacentes avec les deux petits pavillons qui les accompagnent. Là s'arrête l'œuvre de Delorme et de Bullant. Ces deux architectes se proposaient de lui donner une étendue plus vaste encore; mais Catherine de Médicis interrompit tout à coup leurs travaux. Elle venait d'apprendre d'un de ses astrologues qu'il lui fallait se garder de Saint-Germain, qu'elle mourrait près de ce lieu sous les débris d'une grande maison. C'en fut assez pour que la reine non-seulement ne mît plus les pieds à Saint-Germain en Laye, mais renonçât aux Tuileries, attendu que le terrain sur lequel elle bâtissait dépendait de la paroisse Saint-Germain-l'Auxerrois. Elle vint alors habiter l'hôtel de Soissons, aujourd'hui démoli. Les Tuileries demeurèrent par suite un lieu de promenade plutôt qu'une demeure royale. Henri IV fit agrandir cet élégant palais, qui, sous les mains de Du Cerceau, perdit la légèreté et la grâce de son caractère primitif. On vit alors en effet ce jeune architecte, dont la science l'emportait sur le goût, ajouter les hautes et pesantes masses du pavillon Marsan, du pavillon de Flore et des deux corps de logis qui les relient au palais de Philibert Delorme. Ces travaux, commencés par Henri IV, ne furent achevés que sous Louis XIII. Louis XIV, trouvant disgracieux l'aspect général des Tuileries, confia à Levau et à d'Orbay (en 1660) le soin d'y rétablir un peu de régularité et d'harmonie, et ces deux artistes s'efforcèrent de raccorder toutes les différences de style qui régnaient dans l'ensemble du monument. Louis XIV, le premier de nos rois qui ait habité les Tuileries, n'y fit encore que de rares séjours. Versailles, une fois créé, devint la demeure du grand roi. Avant ce monarque, les Tuileries étaient séparées du jardin par une rue et un mur qui ne tardèrent pas à disparaître. Colbert fit réunir le jardin au palais, et chargea Le Nôtre d'en dessiner de nouveau les parterres et les ombrages. Louis XV occupa les Tuileries pendant sa minorité : après ce temps elles devinrent désertes; les appartements furent distribués à de vieux serviteurs, et le théâtre du palais fût transformé pendant vingt ans en théâtre public. Louis XVI, amené aux Tuileries dans la journée néfaste du 6 octobre 1789, y séjourna vingt-deux mois avec sa famille, comme captif d'un palais, en attendant d'être prisonnier du Temple. Napoléon Ier, et après lui Louis XVIII, Charles X, Louis-Philippe ont habité les Tuileries, aujourd'hui encore la résidence de l'Empereur.

Ce palais, déjà si vaste, s'est agrandi aujourd'hui d'un palais tout entier, et forme un monument unique, sans rival dans le monde.

Une des grandes pensées de Napoléon Ier, comme de Henri IV et de Louis XIV, avait été l'achèvement du Louvre et sa réunion aux Tuileries. C'est à Napoléon III qu'était réservé l'honneur de mener à sa fin cette gigantesque et merveilleuse entreprise. Quatre années (1852-1856) ont suffi pour accomplir une œuvre qu'on disait interminable. Elle ne sera pas l'une des moindres gloires d'un règne qui a décoré Paris monumental de tant de splendeurs. Si quelqu'un osait encore dénier à la grande cité son titre de première capitale du monde, nous lui dirions : Venez sur cette place de Napoléon III, et voyez : ici les Tuileries, le palais de la royauté du sceptre; là, vis-à-vis, le Louvre, le palais séculaire de la royauté des arts, du talent, du génie. De cette place orné de squares, qui occupe tout l'espace compris entre les deux ailes du Louvre nouveau, tournez vos regards vers le vieux Louvre : vous découvrez une immense galerie formant terrasse tout autour de la place. Sur ces terrasses ou galeries se dressent quatre-vingt-six statues d'hommes célèbres de la France. Ainsi, à l'extérieur comme à l'intérieur de ce monument, splendide musée consacré à tous les arts, partout revivent les illustres souvenirs de la patrie.

L'histoire du Louvre est l'histoire de nos rois, depuis Philippe Auguste jusqu'à Louis XIII, le dernier qui ait passé sa vie dans ce palais. Le Louvre était au ixe ou xe siècle un domaine royal hors des murs de Paris, et dont le nom latin, *Lupara*, semble indiquer le voisinage des loups de la forêt. Philippe Auguste remplaça une tour plus ancienne par une grosse tour qu'il édifia au milieu de la cour du château, et qui devint comme le centre de la France féodale et la gardienne du trésor des rois. Le sage roi Charles V agrandit le Louvre, devenu avec lui le lieu de ses méditations, de ses études, tandis que l'hôtel Saint-Paul était le lieu des pompes de la royauté. La tour de la Librairie, qui renfermait une bibliothèque de neuf cents volumes, est célèbre dans les annales de ce bon prince. Charles VI ajouta de son côté quelques pierres à ce vaste ensemble de constructions. Enfin, vint François Ier, le créateur de Fontainebleau et de Chambord, qui, après le départ de Charles-Quint de Paris, ordonna à Lescot d'élever un nouveau et splendide palais à la place du gothique manoir (1541).

L'œuvre de Lescot, connue aujourd'hui sous le nom de Vieux-Louvre, se composait de deux corps de bâtiments. L'un d'eux, le seul demeuré intact, s'étend du pavillon du Dôme au pavillon des Antiques. Le second, semblable au premier, formait un retour d'équerre depuis le pavillon des Antiques jusqu'au guichet actuel du bord de l'eau. Deux autres corps de bâtiments, de dimensions égales aux premiers, devaient, suivant le plan

Champ des courses du bois de Boulogne.

de Lescot, terminer le parallélogramme. La mort de François Ier, celle de Henri II et celle de Lescot arrêtèrent l'exécution du monument. Charles IX et Catherine de Médicis ajoutèrent la portion du bâtiment où l'aile qui existe aujourd'hui sur le jardin de l'Infante. Henri IV fit achever les bâtiments qui forment l'entrée du musée. Sous Louis XIII et Richelieu, l'architecte Lemercier reprit les travaux sur de nouveaux plans : alors seulement les proportions actuelles furent données au royal monument. Enrichi, sous Louis le Grand, de la belle colonnade de Claude Perrault, le Louvre restait néanmoins inachevé. Louis XV fit continuer les travaux. Napoléon Ier, qui voulut les terminer, a légué cette gloire à l'héritier de son nom. Aujourd'hui le Louvre est un immense musée, où parmi les colonnes, les pilastres, les dorures, sous des voutes sculptées ou peintes, s'étalent les merveilles de tous les pays, de tous les temps et de toutes les écoles. Magnifique sanctuaire des arts, qui fait l'admiration de l'étranger et porte au loin la gloire de la France et de sa capitale!

A quelques pas du Louvre, se trouve le Palais-Royal, jadis Palais-Cardinal, qui, sous un nom ou sous un autre, devait rester jusqu'à nos jours une des merveilles de Paris. Construit par Richelieu sur l'emplacement de l'hôtel de Rambouillet et de l'ancienne habitation du connétable d'Armagnac, il devint la demeure du célèbre ministre, demeure déjà splendide, où l'on admirait surtout les galeries, les salles de spectacle, les bibliothèques et les belles peintures exécutés par Vouet, Paërson et Philippe de Champagne. L'histoire de notre grande littérature est liée intimement à celle du Palais-Royal et de Richelieu. C'est de ce palais et des réunions littéraires tenues dans son sein qu'est sortie l'Académie française. A sa mort, Richelieu fit don de son palais à Louis XIII, qui n'eut point le temps de l'habiter. Par suite du séjour qu'y firent Anne d'Autriche et Louis XIV dans sa jeunesse, la demeure du cardinal prit le nom de Palais-Royal. Les troubles de la Fronde ont laissé des souvenirs inséparables de cette splendide habitation. Louis XIV agrandit le Palais-Royal d'une vaste galerie, du côté de la rue Richelieu. Les ducs d'Orléans, devenus ses possesseurs, s'appliquèrent à leur tour, pendant un siècle, à en accroître l'éclat; mais ce fut surtout après l'incendie du théâtre, en 1763, que le Palais-Royal, devenu l'objet d'immenses travaux, vit modifier complétement son aspect. Louis-Joseph d'Orléans, petit-fils du régent, détruisit, en 1780, l'ancien et magnifique jardin du palais, et compléta l'édifice au moyen de trois galeries formant, avec l'édifice primitif, un vaste parallélogramme. Mais, par suite de sordides pensées, ce lieu devint dès lors la grande foire de la capitale; des boutiques pratiquées tout le long de ces galeries en firent un splendide bazar. Commencée par Louis-Joseph d'Orléans, cette imposante transformation n'a été entièrement complétée que de nos jours par son fils le roi Louis-Philippe.

Si les Tuileries sont le palais de la royauté, le Louvre, celui des arts, le Palais-Royal a toujours été depuis la révolution celui des grandes agitations populaires. Nous l'avons vu deux fois, en 1830 et en 1848, devenant, au moindre bruit d'émeute, le théâtre de scènes qui rappelaient la sinistre époque de Camille Desmoulin et de l'héroïne de Méricourt.

A travers les rues de Rivoli et Castiglione, on arrive à la place Vendôme et à cette colonne triomphale que revêt le bronze de milliers de canons pris sur les ennemis de la France. Elevée sur le piédestal d'où la révolution avait renversé la statue de Louis XIV, elle a été consacrée par Napoléon aux exploits de la grande armée, dans la glorieuse campagne de 1805. Ce monument est noble et grandiose. Mais pourquoi a-t-on remplacé à son sommet la statue colossale de Napoléon revêtu des habits impériaux, par une autre statue de l'empereur couvert cette fois du petit chapeau et de la redingote traditionnelle? placé à cette hauteur, ce simulacre ne demandait-il pas une forme moins mesquine, plus en rapport avec la majesté du monument?

A travers la belle et large rue de la Paix, on atteint les boulevards à la hauteur du nouvel Opéra. C'est ici surtout que Paris étale son luxe éclatant et prend l'aspect d'une cité riche et florissante. La ligne des boulevards, de la Madeleine à la Bastille n'est qu'une seule et magnifique voie publique qui change plusieurs fois de nom et de physionomie. Au boulevard des Italiens, rendez-vous du monde élégant, des riches désœuvrés, des hommes de bourse et d'affaires, succèdent les boulevards Montmartre, Bonne-Nouvelle, Saint-Denis, Saint-Martin, consacrés spécialement au commerce de détail. Puis vient le boulevard du Temple, où s'étalent de nombreux théâtres populaires; les boulevards des Filles-du-Calvaire et Beaumarchais ont à leur tour une physionomie plus bourgeoise et sentent le voisinage des Marais. Sur la ligne de ces boulevards ou dans leur voisinage, on rencontre plusieurs monuments remarquables. A droite, à la hauteur de la rue Vivienne, le beau palais de la Bourse, voisin de la Banque de France. La Bourse, espèce de temple grec, exécuté à frais commun par l'Etat, la ville de Paris et le commerce, sur les desseins de Brongnard (1827), est l'un des plus splendides monuments de la capitale. On dirait que tous les arts se sont réunis pour porter leurs riches tributs à la divinité nouvelle dont ce temple est le séjour. Aucune autre jamais ne reçut plus d'encens et d'hommages. L'or, cette divinité du jour, a ici son culte et ses adorateurs. Ici chaque jour est témoin de nouveaux succès, mais aussi de nouveaux désastres. Des fortunes s'écroulent, et sur leurs débris d'autres fortunes s'élèvent : c'est la roue qui tourne constamment et qui fait sans cesse des victimes, sans rendre personne plus sage. — Entre les boulevards Bonne-Nouvelle et Saint-Martin, s'élèvent, voisins l'un de l'autre, deux arcs de triomphe érigés à la gloire de Louis XIV. Le premier, dit la Porte Saint-Denis, est consacré aux victoires de ce prince dans la guerre de Flandre, et au fameux passage du Rhin; le second, la Porte Saint-Martin, célèbre la défaite des Espagnols et la réunion de la Franche-Comté à la France. Tous les deux portent cette inscription: *Ludovico magno.* Sur le boulevard Saint-Martin, on remarque une belle fontaine que domine une caserne monumentale; c'est le Château-d'eau, alimenté par le bassin de la Villette. Enfin, à l'extrémité des boulevards, sur la place de la Bastille, s'élève la colonne en bronze dite *Colonne de Juillet.* C'est au pied de cette colonne que l'empereur recevant nos braves soldats à leur retour de Crimée, leur tenait ce noble langage : « Soldats, je viens au devant de vous comme autrefois le sénat romain allait aux portes de Rome au devant de ses légions victorieuses. Je viens vous dire que vous avez bien mérité de la patrie.... Soldats de la garde comme soldats de la ligne, soyez les bien-venus! La patrie vous accueille avec d'autant plus d'orgueil qu'elle mesure vos efforts à la résistance opiniâtre de l'ennemi. »

De la place de la Bastille à travers la rue Saint-Antoine, on arrive à la nouvelle rue de Rivoli. Ici l'on entre dans un Paris tout nouveau. De ce point jusqu'aux Tuileries, tout a été changé, bouleversé. Vous ne voyez plus cette foule de ruelles étroites, tortueuses, infectes, qui encombraient naguère ce quartier: à leur place s'ouvrent aujourd'hui de larges voies où circulent librement l'air et la lumière. La principale de ces rues nouvelles, la rue de Rivoli, commençant non loin de la Bastille, longe la façade septentrionale de la belle caserne Napoléon, puis l'Hôtel de ville et la belle place qui s'étend maintenant devant ce Louvre du peuple, comme l'appelait Napoléon, et poursuivant sa course majestueuse jusqu'à la place de la Concorde, traverse une double ceinture de jardins, de palais, de monuments ou de splendides maisons.

Quelle est cette vieille tour qui s'élève au centre d'un vaste et gracieux square, près la place du Châtelet? C'est la tour Saint-Jacques de la Boucherie, l'un des derniers chefs-d'œuvre du moyen âge et des monuments les plus populaires du vieux Paris. Il est resté intact au milieu de toutes ces constructions nouvelles, comme un vieux chêne, précieux souvenir du passé, que la cognée respecte en abattant la forêt autour de lui. Rivale des tours de Notre-Dame, la tour Saint-Jacques est un curieux spécimen de l'architecture de la première moitié du xvie siècle. A l'un des angles du sommet de la tour, on voit la statue colossale de saint Jacques le Majeur, représenté en costume de pèlerin, avec le chapeau, les coquilles et le bourdon traditionnels. Aux angles sont les quatre symboles des Evangélistes, l'ange, le lion, l'aigle et le bœuf. Des niches pratiquées dans l'épaisseur de la tour renferment les statues, au nombre de dix-neuf, de saints ou saintes qui avaient leur chapelle dans cette église de Saint-Jacques, célèbre jadis par le tombeau de Nicolas Flamel et par son droit d'asile. Enfin, au centre de la tour, sous la clef de voûte, est la statue en marbre blanc de Blaise Pascal, en souvenir des curieuses expériences sur la pesanteur de l'air, que fit dans cette même tour le savant philosophe, après les avoir déjà tentées sur la montagne du Puy-de-Dôme, près Clermont, son pays natal. — Que de souvenirs réveille l'Hôtel de ville, laissé derrière nous! C'est l'histoire de la cité presque tout entière, depuis l'antique corporation des nautes ou navigateurs parisiens jusqu'à nos dernières révolutions. Cette corporation ou république bourgeoise, tantôt sous le nom de Confrérie de la Marchandise de l'eau, tantôt sous le nom de Hanse, concentre peu à peu en elle les divers pouvoirs de la curie : elle a, dès le viiie siècle, sa milice ; dès le ixe ses scabins ou échevins ; et plus tard enfin, voyant s'accroître ses attributions et ses priviléges, elle aura son prévôt des marchands, ses gardes de la prévôté, son *parlouër* aux bourgeois, avec sa juridiction communale, ses prud'hommes (*probi homines*), et son blason, nef d'argent à six cordages, avec la légende : *Sigillum mercatorum aquæ parisiensis.* Jusqu'au milieu du xive siècle, la hanse ou municipalité parisienne avait eu son parloir aux bourgeois, soit à la vallée de misère, sur le bord de la Seine, près la place du Châtelet, soit près la place Saint-Michel, sur le côteau de Sainte-Geneviève. Enfin, l'an 1357, le célèbre Etienne Marcel, prévôt des marchands, acquit pour la ville la maison aux piliers, dite aussi *maison aux dauphins,* la plus ancienne et la plus remarquable de la Grève. Ce fut là le premier Hôtel de ville où s'agitèrent pendant près de deux siècles toutes les questions de l'histoire parisienne, comme aussi trop souvent les affaires politiques de cette longue période. Sous François Ier, la maison aux piliers menaçant ruine, on résolut de la remplacer par un édifice plus digne de la ville de Paris. Le 15 juillet 1533, les prévôts des marchands, Pierre Viole, assisté de tous les échevins, posa en grande solennité, au bruit des cloches et des canons, la première pierre du monument actuel. L'édifice s'éleva, construit sur les dessins de Dominique de Cortone, dit le Boccador, architecte italien. Interrompu dès 1541, il ne fut repris qu'en 1605, au temps de François Miron, prévôt des marchands. Agrandi au commencement de ce siècle, l'Hôtel de ville reçut, à partir de 1836, les développements remarquables qui aujourd'hui mettent ce monument hors de comparaison avec tout autre du même genre. Ses somptueuses salles, décorées avec magnificence, sont témoins de splendides fêtes officielles. La cour centrale, entourée d'un portique, est décorée d'une statue en bronze de Louis XIV, chef-d'œuvre de Coysevox. La grande façade du côté de la place est très-ornée. Au-dessus de la porte principale, un bas-relief en bronze représente Henri IV à cheval : dans de nombreuses niches on voit les statues de vingt-sept des hommes les plus célèbres de l'histoire parisienne, depuis saint Landry et Gozlin jusqu'à saint Vincent de Paul, Rollin, Turgot, l'abbé de l'Epée, etc.

Laissant l'Hôtel de ville avec ses richesses monumentales, ses vieux et récents souvenirs, et franchissant un bras de la Seine on arrive dans l'île de la Cité. Là, tout près de Notre-Dame, s'offrent deux célèbres monuments : l'un, l'Hôtel-Dieu, est la demeure du pauvre, du malade; l'autre, le Palais de justice, est l'ancien séjour de nos rois. L'Hôtel-Dieu, fondé par saint Landry, et depuis agrandi, enrichi, comblé de faveurs par Philippe Auguste, saint Louis, Charles V, Henri IV, Louis XVI, et autres rois ou divers personnages, est devenu ce palais du pauvre, qui, construit de nos jours, va devenir vraiment digne de la capitale du royaume très-chrétien. Son histoire est celle de la charité, qui l'éleva, comme beaucoup d'autres hospices, à la porte même de la cathédrale, et l'enrichit successivement de dons et priviléges. Parmi ces droits et priviléges, on remarque celui de prendre un lit garni dans l'héritage de chaque chanoine défunt. Le nombre des lits croissant ainsi de jour en jour, on finit par admettre à l'Hôtel-Dieu non plus seulement les indigents et les

Jardin zoologique d'acclimatation.

voyageurs, mais encore et surtout les malades et les infirmes. L'Hôtel-Dieu, appelé longtemps Hôpital Saint-Christophe, vit, par des statuts de l'an 1217, son administration confiée à quatre prêtres, quatre clercs, trente frères lais et vingt-cinq sœurs, sous l'autorité du chapitre de Notre-Dame. Sa prospérité date surtout du règne de saint Louis : ce monarque agrandit les bâtiments de l'Hôtel-Dieu et lui conféra de précieux priviléges en le déclarant exempt de tous impôts et droits d'entrée et de péage. Malgré deux horribles incendies en 1737 et 1772, sa prospérité s'accrut

encore au dernier siècle, grâce aux larges réformes qu'ordonna Louis XVI.
Par des lettres patentes de 1781, l'Hôtel-Dieu dut être disposé de manière
à pouvoir contenir au moins trois mille lits pour autant de malades. Si
la création de nouveaux hospices (on en compte près de trente à Paris)
a fait depuis beaucoup diminuer ce nombre, la charité n'a pas moins toujours dans cet établissement un de ses plus vastes et plus touchants domaines. Les Filles de Saint-Augustin, que la Révolution avait chassées
de l'Hôtel-Dieu, revenues dans ce pieux asile, y prodiguent encore aux
infirmes leurs soins maternels.

Si le Palais de justice n'est pas le plus ancien des monuments de Paris,
c'est du moins sur son emplacement, suivant toute apparence, que s'est
élevé le premier édifice public dans cette ville. Il est question, dès l'origine de l'histoire parisienne, d'une tour ou forteresse située dans l'île
de la Seine. On ne peut douter, d'après un passage de S. Grégoire de
Tours, que ce château romain ne fût la demeure de sainte Clotilde.
Après Clotilde, nous ne voyons qu'un seul roi franc, Charibert, qui ait
fixé sa résidence au centre de Lutèce. Sous la seconde race, le château
de la Cité est habité par les comtes de Paris et les ducs de France. Les
documents historiques manquent ensuite sur cet édifice jusqu'au temps
où le roi Hugues Capet abandonna les Thermes pour venir y fixer sa
demeure. Son fils Robert éleva, à la place de l'ancienne tour romaine,
peu digne de la royauté sans doute, un magnifique palais, *palatium
insigne :* il comprenait dans son enceinte une chapelle dédiée à saint
Nicolas. A l'exemple de Robert, nos monarques jusqu'au xive siècle firent
tous leur demeure du palais royal de la Cité. Nous avons dit ailleurs à
quelle occasion saint Louis l'enrichit de la sainte Chapelle, restée toujours depuis son plus merveilleux ornement, et comme le bon roi faisait
rendre la justice dans ce palais, au jardin de Paris, aussi bien qu'au
bois de Vincennes.

Saint Louis avait agrandi le palais et en avait fait le centre de l'administration : Philippe le Bel le restaura, l'agrandit encore, et en fit le
centre d'une organisation toute nouvelle pour la justice. Charles V, délaissant son palais envahi, ensanglanté par l'émeute, durant les troubles des
premières années de son règne, fixa de préférence son séjour hors des

murs de la ville, à l'hôtel Saint-Paul et au Louvre ; Charles VI y revint
à son tour à divers intervalles. Charles VII, Louis XI et Charles VIII,
pendant leurs rares séjours à Paris, habitaient le palais des Tournelles,
récemment agrandi par les Anglais. Louis XI, au contraire, revint
habiter le palais de la Cité, et il édifia en outre, près de la sainte Chapelle, sur les dessins du dominicain frère Giocondo, un riche palais pour
la cour des comptes, qui a été détruit par un incendie en 1737. Après
ce monarque, on laissa au vénérable manoir de la Cité l'honneur des
pompes solennelles, à sa table de marbre les festins royaux, à sa grande
salle les réceptions des ambassadeurs et des princes, à sa chambre
du parlement les lits de justice. Le roi lui-même et la cour cessèrent
d'y résider, et le parlement devint le véritable souverain de l'antique
palais de nos monarques. Aujourd'hui le Palais de justice, restauré,
embelli, est le siége de la cour de cassation, de la cour d'appel, du
tribunal de première instance, etc. C'est un édifice doublement vénérable : la royauté et la magistrature française ont laissé empreints sous
ces murs des souvenirs qui sont l'une des gloires de la France.

En dehors de l'île de la Cité, sur la rive gauche, s'ouvre le nouveau
boulevard de Sébastopol, qui traverse Paris dans toute sa largeur, de
l'embarcadère de Strasbourg à la barrière d'Enfer. Quels somptueux
édifices surgissent comme par enchantement sur ces larges trottoirs
ombragés par deux rangs d'arbres ! Quand cette magnifique voie sera
terminée, elle formera, avec la rue de Rivoli, qu'elle coupe à angle
droit, une croix immense atteignant Paris à ses quatre extrémités et
présentant comme une suite non interrompue de palais. En remontant
le boulevard Sébastopol vers le sud, on découvre à gauche l'antique
palais des Thermes de Julien, aujourd'hui élégamment restauré et précédé d'un jardin. Que de souvenirs se pressent ici en foule ! Ces Thermes,
qui, selon toute apparence, remontent à Constance Chlore, rappellent les
Thermes de Dioclétien, son collègue à Rome. C'était presque même splendeur, même magnificence. Une place publique située près du carrefour
Saint-Michel, de vastes jardins s'étendant jusqu'à Saint-Germain-des-Prés
et jusq'à la Seine, et un camp vers la partie orientale du Luxembourg,
servaient de complément à ce somptueux palais, antique résidence de

Julien, et qu'habitèrent aussi Valentinien et Valens. Clovis y établit à son tour le siége de l'empire des Francs. Childebert y fixa également sa résidence, et les jardins de Julien devinrent les jardins de la reine Ultrogothe, chantés par les poëtes. Nous avons rappelé l'un des plus grands crimes de l'histoire, dont ce palais fut le sanglant théâtre au temps des fils de Clovis. Les souvenirs de Chilpéric, de Sigebert, de Brunehaut, de Frédégonde revivent également sur cet antique sol ; mais à partir de cette époque le silence se fait dans ces vastes salles. Les rois francs avaient fini par préférer à cette demeure leurs villas, leurs grandes fermes de Braine et de Clichy : le palais romain, démantelé par l'âge et par les Normands, resta comme une vaste ruine, qui durant plusieurs siècles passa en diverses mains jusque vers 1340, où Pierre de Chaslus, abbé de Cluny, l'acquit définitivement au nom de son Ordre. Vers la fin du xvᵉ siècle, l'hôtel de Cluny, l'un des gracieux monuments de la renaissance, s'éleva sur une partie des ruines romaines par les soins de deux abbés de Cluny, Jean de Bourbon et Jacques d'Amboise. On remarque surtout à l'intérieur l'exquise élégance de la chapelle. A l'époque de la révolution, les Thermes, devenus propriété nationale, furent adjugés à vil prix, et l'immense salle, *frigidarium*, servit de magasin à un tonnelier. En des temps meilleurs, l'antique palais a été acquis par la ville de Paris. Depuis il a été acheté par l'Etat de M. Dusommerard, célèbre antiquaire, qui en avait fait un musée du moyen âge. Aujourd'hui l'hôtel de Cluny renferme une curieuse collection d'une grande richesse artistique et archéologique. La partie antique du monument est le Musée des Thermes, consacré aux antiquités gallo-romaines, dont ce monument est lui-même le plus glorieux débris.

En traversant la rue Racine et la place de l'Odéon, on atteint le Luxembourg, illustre palais, somptueux souvenir des Médicis comme les Tuileries et, comme elles aussi, l'œuvre d'un artiste français. Après la mort de Henri IV, Marie de Médicis, devenue régente du royaume, acheta l'ancien hôtel de Harlay, appartenant alors au duc de Pinci Luxembourg, et divers jardins du voisinage : puis, livrant ce vaste espace à Jacques de Brosses, architecte de la cour, elle lui commanda d'y bâtir un palais à bossages qui lui rappelât le palais Pitti de Florence. De Brosses se mit

à l'œuvre, dessinant et plantant en même temps les jardins (vers 1615).
Cinq ans après, l'édifice était terminé. Marie de Médicis ne séjourna qu'entre
ses deux exils, dans son royal appartement, placé à la suite de la célèbre
galerie de Rubens. La reine, exilée de nouveau, quitta le Luxembourg
en 1631 et ne le revit plus. Elle avait légué cette splendide demeure à
son second fils, Gaston d'Orléans, prince dont la passion dominante était
la peur, au dire du cardinal de Retz. A la mort de Gaston, le palais

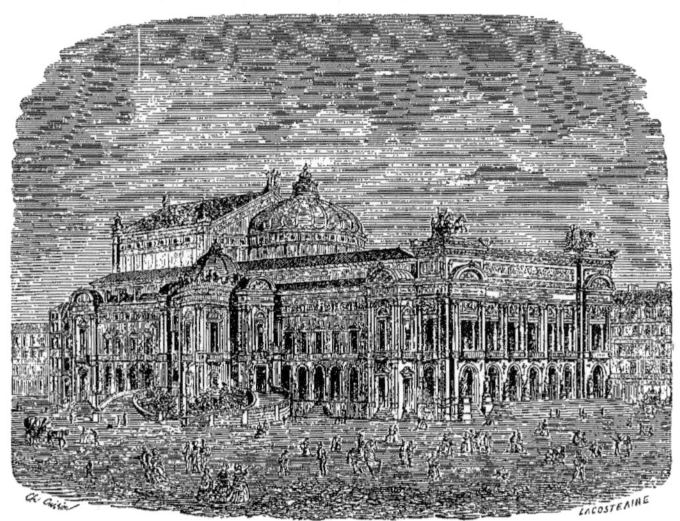

Nouvel Opéra.

appartint à sa fille, la duchesse de Montpensier, l'héroïne de la Fronde.
Rentré plus tard dans le domaine royal, le Luxembourg fut donné par
Louis XVI à Monsieur, comte de Provence, depuis Louis XVIII. Transformé en prison en 1793, il reçut dans ses murs les vainqueurs du parti
girondin, au temps où la Révolution, semblable à Saturne comme disait
Vergniaud, dévorait ses propres enfants. Le Luxembourg devint le siége
du gouvernement sous le Directoire. Bonaparte, premier consul, s'établit au petit Luxembourg, et le sénat prit possession du grand. Sous la

restauration et la monarchie de Juillet, ce palais fut affecté à la chambre des pairs. Agrandi depuis 1830, il est aujourd'hui le siége du nouveau sénat : magnifique à l'intérieur, avec ses vastes galeries, ses riches peintures, il ne l'est pas moins au dehors, avec son beau jardin, vaste encore, malgré les récentes coupures qu'ont nécessitées les plans des voies nouvelles de Paris... dans la partie qui touche à la rue d'Enfer, ont été découvertes, depuis cinquante ans, de nombreuses antiquités romaines, qui laissent peu de doute sur l'existence en cet endroit d'un camp romain, celui où Julien harangua ses troupes après avoir été proclamé empereur. A ces souvenirs guerriers venaient se joindre, dans une autre partie dite *la Pépinière*, les souvenirs paisibles des pieux enfants de Saint-Bruno, qui avaient dans leur enclos un asile devenu célèbre par l'un des plus merveilleux chefs-d'œuvre de la peinture chrétienne. Là l'immortel Lesueur avait peint cette galerie de saint Bruno, aujourd'hui le principal ornement du Louvre; là le grand artiste, à l'âge de trente-huit ans, avait rendu sa belle âme à Dieu, entre les bras du vénérable prieur. Pieux et graves souvenirs qui avaient laissé jusqu'à nos jours dans ces lieux une empreinte sévère et mélancolique et que des travaux récents ont fait disparaître ! On aime à voir sur les terrasses de ce jardin créé jadis par une reine de France, les statues de la plupart des femmes célèbres de notre histoire : sainte Geneviève, sainte Clotilde, Blanche de Castille, Marguerite de Provence, Jeanne d'Arc, Jeanne Hachette, Clémence Isaure, Anne de Bretagne, Marie de Médicis, etc. Ce nouveau et patriotique système d'ornementation, mérite des éloges. A d'autres qu'aux impures divinités de la Grèce et de Rome, il appartient de décorer nos jardins, nos monuments publics. Pourquoi ne pas chercher nos héros dans les champs de l'hagiologie et de l'histoire nationale, où tant de nobles figures s'offrent à nos regards?

Descendons à travers les rues de Tourmon et de Seine, vers les rives du fleuve. Là, sur les débris de l'ancien hôtel de Nesle, en face du pont des Arts et du Louvre, est le palais de l'Institut, autrefois Collége Mazarin ou des Quatre-Nations. Il fut fondé par testament du célèbre ministre (1661) en faveur de soixante jeunes gentilshommes ou principaux bourgeois des quatre provinces nouvellement conquises ou réunies à la couronne[1]. C'est aujourd'hui le palais de l'Institut de France, le siége des cinq académies. Dans le pavillon gauche de la première cour, est placée la bibliothèque Mazarine, l'une des plus belles et des plus complètes de Paris.

En suivant la ligne des splendides quais Malaquai, Voltaire, d'Orsay, jusqu'au palais du Corps législative, on découvre à gauche un autre palais dans la nouvelle rue Bonaparte : c'est le palais des Beaux-Arts, bâti sur l'emplacement de l'ancien couvent des Petits-Augustins, qu'avait fondé Marguerite de Valois, première femme de Henri IV. La révolution transforma cet édifice religieux en un musée des monuments français, dont elle avait dépouillé toutes les églises. La Restauration leur rendit quelques-uns de ces monuments; mais elle ne releva point l'ancien couvent, qui devint, sous Louis-Philippe, le palais des Beaux-Arts actuel. Edifié par Debret et Duban, ce monument est précédé de deux cours séparées par l'arc de Gaillon, précieux fragment du château construit à Gaillon pour le cardinal George d'Amboise. On a transporté dans la première l'élégant portail du château d'Anet, que Henri II fit bâtir, en 1548, par Philibert Delorme et Jean Goujon. Les salles de ce palais, qui est aussi une école des beaux-arts, servent aux expositions des envois des élèves de l'Ecole française de Rome. Dans l'une des salles on admire la copie du *Jugement dernier* de Michel-Ange, par Sigalon, et les tombeaux des Médicis. L'hémicycle du grand amphithéâtre est orné d'une remarquable fresque de Paul Delaroche, représentant l'*Assemblée des artistes.*

Le palais Bourbon ou du Corps législatif, qui termine magnifiquement cette belle ligne de quais de la rive gauche, est né presque d'hier ; mais son histoire semble déjà vieille, car elle résume toute la vie politique de la France. C'est là qu'ont retenti les grands discours des hommes illustres de nos divers partis. C'est là que se sont succédé, durant quarante ans, des générations d'orateurs, émules de Démosthène et de Cicéron, parmi lesquels il suffit de citer Foy, Lainé, Benjamin Constant, de Villèle, Ravez, Chateaubriand, Royer-Collard, Casimir Perrier, Martignac, Sauzet, Thiers, Lamartine, Molé, Montalembert, Falloux,

[1] Pignerol, l'Alsace, la Flandre, le Roussillon.

Berryer et Guizot. Les destinées de la France ont été agitées souvent dans cette enceinte, où se pressent tant d'ombres illustres. La façade du sud, qui date de la première moitié du xviiie siècle, fut l'œuvre de l'Italien Girardini; porte majestueuse, riches colonnades, vaste cour, élégants portiques, c'est bien là une demeure princière, l'ancienne habitation des Condé. La façade du nord, au contraire, en regard de la Madeleine, avec ses douze colonnes corinthiennes, supportant le classique fronton athénien, annonce un temple : c'est le temple de la Loi, en effet, ajouté après coup à la demeure princière, depuis qu'elle a été affectée aux séances des nos divers corps législatifs. Cette façade fut construite en 1807, par l'ordre de Napoléon et sur les dessins de Poyet. A droite et à gauche, on remarque les statues colossales de la Force et de la Prudence, et plus loin, celles de Sully, Colbert, l'Hôpital et d'Aguesseau.

A la suite de ce temple de la loi, théâtre agité de nos luttes parlementaires, on aperçoit, sur les rives de la Seine, une magnifique esplanade, puis un vaste Champ de Mars. L'esplanade s'étend devant l'Hôtel des Invalides, et le Champ de Mars devant l'Ecole militaire, deux splendides monuments qui parlent de la gloire guerrière de la France. L'Hôtel royal des Invalides fut l'une des plus grandes pensées de Louis XIV. Quoi de plus digne, de plus vraiment grand que cet immense palais consacré aux débris mutilés de nos victoires, dont tous les abords retracent l'idée de la guerre? Cette majestueuse esplanade, cette ligne de fossés bordée de canons enlevés dans les combats et ne tonnant plus désormais que pour annoncer les fêtes de la patrie, cette façade de deux cents mètres décorée des grandes statues de Louis XIV et de Napoléon, cette vaste cour d'honneur avec son double rang d'arcades, cette brillante église toute de marbre et d'or dont la voûte disparaît sous les plis flottants des drapeaux ravis à l'ennemi, ce dôme doré enfin qui surmonte la ville entière et porte si haut la gloire de nos armes, tout cet ensemble de monuments, de souvenirs, exalte l'imagination et nourrit l'enthousiasme? Ce fameux dôme des Invalides, chef-d'œuvre de Mansard, jouit depuis deux siècles d'une réputation méritée. L'habitant de province et l'étranger, en approchant de Paris, cherchent déjà à découvrir dans l'espace cette grande coupole, et l'un de ses premiers soins est d'aller la visiter.

Sous ce dôme, où l'on ne voyait autrefois que les tombeaux de Vauban et de Turenne, se trouve désormais, au centre d'une crypte imposante, le tombeau de Napoléon. Au dessus de la porte de bronze qui donne accès dans la crypte, on lit ces paroles de l'empereur : « Je désire que mes cendres reposent sur les bords de la Seine, au milieu de ce peuple français que j'ai tant aimé. » Cette tombe, accompagnée de statues de victoires et de bas reliefs héroïques, est un monument grandiose où tout parle de gloire. Mais au-dessus de ce tombeau, sous le dôme, on aperçoit les

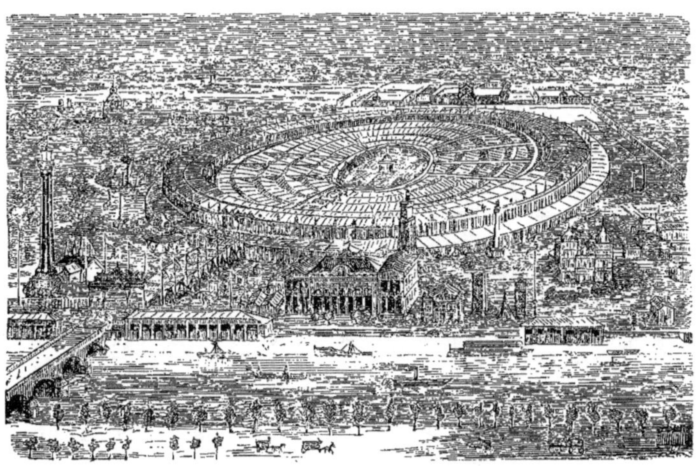

Vue générale de l'Exposition universelle.

vieilles peintures de Lafosse, représentant la gloire des bienheureux, autre gloire plus durable qui survit à tout et que nulle autre n'égalera jamais.

Entré dans l'enceinte de Paris par un arc de triomphe, nous le quittons par un monument où tout redit nos victoires. Combien d'autres encore cependant attirent les regards! Combien d'autres édifices, institutions, établissements en tous genres, bibliothèques, musées, écoles, académies, palais, hôtels, jardins publics, promenades, théâtres et divertissements enfin, pourraient arrêter nos pas dans l'immense cité!... Mais c'est au *Guide de l'étranger, du voyageur à Paris*, à compléter maintenant cette tâche secondaire. Nous avons cherché à remplir la nôtre, en traçant à grands traits l'histoire de la capitale et en donnant une esquisse du Paris monumental. Il nous reste à rappeler les noms des principaux personnages, savants, artistes, magistrats, guerriers, etc., que la grande cité a vus naître dans son sein.

III

SANCTUAIRES, PÈLERINAGES, DÉVOTIONS POPULAIRES, CHARITÉ PARISIENNE

Outre ses églises monumentales, Paris possède dans son sein de vénérables sanctuaires, que la foule des fidèles environne d'hommages et de pieux respects. L'étranger, l'habitant de la province les ignorent le plus souvent; dans ses visites empressées aux splendides monuments de la capitale, à part la sainte Chapelle peut-être, songe-t-il à venir s'agenouiller sous le toit plus humble de ces asiles sacrés? Mais le simple fidèle en connaît les chemins; il aime à venir y prier; à certains jours surtout, à certaines fêtes, il y porte ses pas avec un empressement et un zèle qui étonnent l'étranger... Que de fois ne l'avons-nous pas entendu s'écrier à la vue de ce concours imprévu! « Mais c'est admirable!... Il y a donc encore de la foi chez ce peuple de Paris?... »

Venez sur la montagne de Sainte-Geneviève : voici que les premiers jours de l'année ont ramené la fête de la patronne chérie du peuple parisien. Le temps est rude et sombre; le soleil n'éclaire point sans doute la belle solennité; la neige ou la glace couvre les rues, les routes. Qu'importe? les flots de la population de la ville et des campagnes n'en sont pas moins accourus pour vénérer l'humble pierre du tombeau de la sainte bergère, dans l'église de Saint-Étienne-du-Mont. Quelle pompe dans l'enceinte sacrée! Un luxe inouï de tentures, de bannières chargées d'inscriptions, d'ornements de toute sorte, la décore merveilleusement. Là, durant neuf jours, chacune des principales paroisses de Paris, pasteur et troupeau, s'en vient à son tour en pèlerinage. Chacun des vénérables curés, au milieu d'un peuple fidèle, offre le saint sacrifice à la chapelle du tombeau de l'illustre patronne, qui, durant ces jours bénis, est constamment couvert d'une montagne de feu et assiégé par la foule sans cesse renaissante des pèlerins. Oh! que de pieux hommages, que de prières confiantes reçoit pendant cette neuvaine la bonne sainte Geneviève! Mais, comme si tous ces hommages, toutes ces prières n'étaient point suffisants, voilà que naguère un nombreux essaim de nobles et charitables dames est venu se grouper plus spécialement autour de la bannière de la sainte, et chaque jour désormais fait monter au ciel par sa puissante entremise de ferventes prières pour Paris et pour la France! L'institut des Dames de Sainte-Geneviève est une admirable création sortie du cœur du pieux pontife dont le sang a coulé sur les dalles de ce même temple. A ce concert de prières de tant d'âmes généreuses, Paris moderne devra son salut peut-être, comme le Paris de Clovis dut le sien aux prières de sa sainte patronne.

Un spectacle touchant s'offre à cette époque aux abords de Saint-Etienne-du-Mont. En dehors du temple, sur la place voisine, c'est une foire perpétuelle de neuf jours. Des groupes nombreux de petits marchands sont venus dresser là leurs tentes, sur lesquelles s'étalent de pieux objets relatifs au culte de la sainte, et quelques autres de genres divers. Le petit commerce parisien prolonge ici son industrie et ses profits exceptionnels de l'époque du jour de l'an. A ce grand concours de pèlerins, plus de cent familles doivent peut-être le pain qui les fait vivre durant plusieurs semaines. Chose admirable et digne de remarque! Le souvenir de Geneviève, la sainte amie des Parisiens, qu'elle sauva de la famine, est encore, après quatorze siècles, l'occasion d'une industrie par laquelle un grand nombre d'entre eux est sauvé de la misère durant ce rude mois d'hiver, au début duquel le Ciel a voulu placer sa bienheureuse fête!... Revenons dans le temple et vers la chapelle du tombeau : femmes, enfants, vieillards, jeunes gens, tous sont là pressés, agenouillés près de la pierre tumulaire, priant, faisant brûler un cierge, réciter un évangile. Les petits enfants, les mères, les jeunes filles s'en retournent joyeux avec un bouquet, une statuette, un petit tableau de la sainte, qui va devenir pour toute une famille, un symbole, un souvenir de consolation et d'espérance. Durant neuf jours enfin, il y a fête continuelle sur la montagne.

A quelques pas de cette église si populaire, la belle basilique de Sainte-Geneviève étale à son tour ses pompes durant ces mêmes jours. Les fidèles vont dans son enceinte vénérer une relique de la chère patronne. Mais la foule est toujours plus grande à Saint-Etienne; le petit peuple, le peuple des campagnes surtout, en connaît mieux le chemin. Il a quelque peu désappris celui du magnifique temple de Soufflot, trop longtemps profané par d'autre fêtes et par son nom païen de Panthéon. C'est à Saint-Etienne qu'est le tombeau de la sainte bergère. C'est là que se portera toujours de préférence l'affluence des pèlerins.

Descendant la montagne Sainte-Geneviève, dirigeons nos pas vers cette jolie église, qui s'élève humble et cachée dans un sombre et pauvre quartier, non loin des Thermes restaurés de Julien et du magnifique boulevard de Sébastopol; c'est la paroisse de Saint-Séverin. Là, on trouve encore, au fond de cette église, un sanctuaire modeste dont le nom est doux au cœur : c'est la chapelle de Notre-Dame-d'Espérance, visitée aussi par de nombreux fidèles. Il y a tant d'êtres ici-bas qui espèrent, qui attendent! Un attrait puissant les pousse vers cette chapelle, où chaque samedi voit célébrer un office spécial en l'honneur de Marie invoquée sous cette appellation consolante. L'église de Saint-Séverin revendique justement l'honneur d'avoir, la première entre toutes celles de Paris et de la France, érigé dans son sein une confrérie en l'honneur de l'Immaculée Conception de la Vierge Marie (en 1311). N'a-t-elle pas dès lors quelque droit aux faveurs de l'auguste Reine du ciel? J'aime cette pauvre église de Saint-Séverin et son vénérable sanctuaire. Il est doux d'y prier. *Salut, ô Reine, Mère de miséricorde, vie, douceur, et notre espérance, salut !...* Telle y doit être la prière du pèlerin : cette prière, si belle partout ailleurs, l'est ici plus encore; dans chacune de ces paroles on sent une suavité qui gagne le fond du cœur. Combien d'âmes affligées, désolées, en ont fait l'heureuse expérience!

Passant sur la rive droite de la Seine, gagnons le sanctuaire plus

connu, plus fréquenté de Notre-Dame-des-Victoires. Notre-Dame-des-
Victoires, placée entre le centre des affaires et des plaisirs, entre la
Bourse et le Palais-Royal, est une brillante étoile qui surgit sur un
ciel nébuleux et gros d'orages, messagère d'espérance et de sérénité.
Comment cette église, naguère la plus délaissée de la capitale, est-elle
devenue aujourd'hui la plus fréquentée, la plus chère à la piété chrétienne? C'est le secret divin de l'admirable Archiconfrérie du très-saint
et immaculé Cœur de Marie pour la conversion des pécheurs, établie
dans son sein par un homme de Dieu.

Buttes Chaumont.

Au jour, à l'heure où des milliers de Parisiens s'adonnent, l'été, aux
plaisirs de la promenade, ou courent, l'hiver, à d'autres bruyants plaisirs, Notre-Dame des Victoires se remplit d'une multitude de fidèles venus
de tous les points de la capitale. Après le chant des vêpres de la sainte
Vierge et un sermon, le digne successeur du vénérable curé octogénaire
fondateur de l'archiconfrérie, lit les recommandations qui lui ont été adres-
sées par écrit de toutes les parties du globe. Ces demandes de prières, de
suffrages sont si multipliées, que la semaine a suffi à peine pour les dépouiller, les mettre en ordre, les classer par catégories. Le pasteur les

transmet d'une voix émue, qui s'anime et se remplit de larmes de joie lorsqu'elle raconte les grâces, les conversions merveilleuses obtenues par l'Archiconfrérie. Il lit le plus souvent quelques lettres si pathétiques, si touchantes, que tout l'auditoire attendri mêle ses larmes aux siennes. Oh! c'est le beau moment de cette sainte réunion! On se réjouit, on bénit le Ciel avec l'heureux pasteur; on espère, on attend de nouvelles grâces, on a hâte de les demander. Aussi, à peine le vénérable vieillard a-t-il quitté la chaire, qu'au même instant des milliers de voix entonnent et chantent avec un indicible élan de foi et de confiance, les litanies de la sainte Vierge, répétant par trois fois, avec un accent de plus en plus fort, l'invocation : *Sancta Maria, refugium peccatorum, ora pro nobis....* Quand des milliers de voix, dans le temple saint, invoquent ainsi ensemble, pour leurs frères égarés ou coupables, Marie, le refuge des pécheurs, le secours des chrétiens, le salut des infirmes, la porte du ciel, comment s'étonner des prodiges de miséricorde que Dieu opère par l'entremise de Notre-Dame des Victoires?

Du sanctuaire béni de Notre-Dame-des-Victoires, dirigeons-nous vers la rue du Bac, au séminaire des Missions étrangères. Là, je découvre un double sanctuaire : le premier est la chambre des martyrs, où sont conservées avec la cangue, les chaînes, la verge et autres instruments de supplices, les vénérables reliques des Jacquard, des Marchand, des Borie, des Cornay, et de tant d'autres héros, martyrs de la foi. L'autre sanctuaire est cette chapelle même où ils ont puisé leur force et leur héroïsme, et où puisent encore leur courage d'autres jeunes lévites, appelés aussi à devenir bientôt, comme eux, apôtres, confesseurs et peut-être martyrs. Là, dans cette humble chapelle, revient à certains jours cette scène touchante des adieux, qui arrache des larmes d'attendrissement aux hommes les plus endurcis. — Nous voici maintenant dans la rue de Sèvres, devant la chapelle des Lazaristes et le tombeau vénéré de leur illustre père Vincent de Paul.

Saint Vincent de Paul partage à Paris, avec sainte Geneviève, ce culte populaire de la reconnaissance et de l'amour, qu'engendre chez les nations chrétiennes le souvenir d'insignes et durables bienfaits. Une magnifique châsse d'argent au-dessus du maître-autel renferme le corps de l'apôtre de la charité : mais cette chapelle , naguère agrandie , est encore trop étroite pour l'affluence des fidèles qui s'y pressent , à certains jours de fêtes surtout.

La chapelle des Lazaristes était un sanctuaire récemment construit, lorsque , le 25 avril 1830, dimanche du Bon-Basteur, fut transporté en grande pompe le précieux trésor qu'on y vénère aujourd'hui. On n'y voyait alors que des murs froids et nus, sans décoration, ni dans le chœur, ni aux six chapelles exiguës ménagées le long de ses blanches murailles. Aujourd'hui tout a changé d'aspect. La chapelle , plus grande , est splendidement décorée. Des peintures, des fresques la tapissent entièrement à la manière des chapelles et églises d'Italie. La Providence est venue en aide aux pieux enfants de saint Vincent de Paul, en leur envoyant un pieux artiste qui, sous le titre de frère donné, habite la maison, en suit la règle, et , en échange d'une aimable hospitalité, consacre son talent à orner le lieu saint et le couvent lui-même des produits de son art. La chapelle, le réfectoire des bons religieux ont vu ainsi leurs murs se couvrir successivement de pieuses peintures. Au seizième siècle , un artiste dominicain de Florence avait décoré de belles fresques l'église, le cloître, les cellules de son couvent. On l'appelait *il beato*, le bienheureux, à cause de ses vertus sans doute, mais aussi parce qu'il peignait toujours des anges, des bienheureux, des saints. Sans vouloir comparer notre frère donné au frère Angélique de Fiésole, disons cependant qu'il excelle comme lui à représenter les figures d'anges. Comme lui, il est bienheureux aussi, coulant en paix sa vie , partagée entre la prière dans la chapelle et le travail dans son atelier; heureux travail qui est encore pour lui une forme de la prière !

Durant les jours bénis des neuvaines du Bon-Pasteur et de la fête de saint Vincent de Paul , la châsse du saint laissée à découvert, la décoration splendide du sanctuaire, les offices, les chants plus fréquents, plus solennels , tout concourt à provoquer une affluence extraordinaire. Les membres des conférences de Saint-Vincent-de-Paul ont choisi ce temple et cette époque de l'année pour la célébration de leurs grandes fêtes. Les Filles de la Charité accourent, de tous les points de la capitale ou de la banlieue , auprès de leur illustre père, qui, du haut de son brillant tombeau, leur parle encore un sublime langage : *Defunctus adhuc loquitur*. Des princes de l'Eglise viennent d'ordinaire durant ces jours y célébrer le saint sacrifice, distribuer le pain sacré aux enfants de Vincent de Paul, ouïr le panégyrique du saint, et bénir la foule des fidèles. Durant ces jours aussi, la bien-aimée chapelle donne asile à des assemblées charitables. L'œuvre admirable de la Sainte-Enfance, l'œuvre si touchante des pauvres malades, et d'autres encore, tiennent là leurs réunions, sous le patronage de celui qui fut le père des orphelins, des pauvres et de tous les infortunés. Mais le spectacle le plus attendrissant est celui de cette multitude de pèlerins de tout âge et de toute condition, hommes, femmes, vieillards, enfants, qui, durant une semaine entière, ne cessent de déposer dans une corbeille des chapelets, des médailles, des crucifix, des livres, des mouchoirs, des layettes, etc., pour les faire toucher aux reliques du saint, et pour rapporter ensuite en leur demeure avec joie et confiance tous ces objets, auxquels s'attache dès lors une puissante bénédiction.

Vers l'entrée de cette même rue de Sèvres, peuplée de couvents, d'hospices, de chapelles, on rencontre un autre sanctuaire, cher aussi à la piété des fidèles, et surtout aux vrais serviteurs de Marie. C'est la chapelle des Sœurs hospitalières de Saint-Thomas de Villeneuve ou de Notre-Dame-de-Bonne-Délivrance. La charité habite dans cette demeure, où elle panse chaque jour les plaies du pauvre, de l'infirme, par la main d'humbles filles consacrées à Dieu, sous le patronage du grand évêque espagnol, dont l'un de nos prélats a écrit la merveilleuse histoire[1]. Une autre histoire non moins merveilleuse est celle de la statue de la Vierge Marie, dite la Vierge Noire, exposée à la vénération sur le maître-autel de ce modeste sanctuaire. C'est la même statue devant laquelle priait, dans l'église de Saint-Etienne-des-Grès à Paris, le jeune François de Sales, lorsqu'il fut délivré tout à coup de l'horrible tentation de désespoir dont il était tourmenté et qui le conduisait insensiblement au tombeau. Combien d'autres depuis l'illustre saint ont retrouvé aussi devant elle l'espoir et la confiance !

Non loin de Notre-Dame-de-Bonne-Délivrance, à l'angle formé par les

---

[1] Mgr Dabert, évêque de Périgueux.

rues d'Assas et de Vaugirard, se trouvait naguère la chapelle des Martyrs ;
touchant mémorial de l'affreuse journée du 2 septembre 1793, qui vit tant
de sang innocent ruisseler sur ce même sol. Cette humble chapelle était
bâtie dans le même jardin, où, en ce jour néfaste, de nombreux prisonniers, tous prêtres ou prélats, furent cruellement massacrés par des hordes

Eglise de la Trinité.

féroces, et reçurent le coup de la mort avec la patience et le courage des
martyrs. Ce sanctuaire qui a disparu, sous la trace d'une voie nouvelle,
est remplacé aujourd'hui par la chapelle d'une maison de hautes études
ecclésiastiques, fondée par Mgr Affre, le pasteur de charitable mémoire.
Le digne archevêque aimait cette maison où il venait souvent se reposer de
ses laborieuses fatigues. Son cœur repose tout près de là, dans la chapelle

voisine, plus spacieuse. dite des Carmes, que desservaient naguère les PP. Dominicains.

Au sommet de la colline de Montmartre, *Mont des Martyrs*, berceau de notre foi, on trouve, sur les débris de l'antique chapelle des premiers âges chrétiens, une autre église entourée d'un beau calvaire, où tout nous parle du triomphe de la croix sur l'idolâtrie payenne. — Hors de Paris, le bourg de Nanterre offre les souvenirs de sainte Geneviève dans sa vieille église et dans les restes de ce puits dont l'eau bienfaisante appliquée par les mains de la jeune enfant sur les yeux fermés de sa mère Géronce les fit aussitôt se rouvrir à la lumière. — Aux alentours de la grande cité, que d'autres lieux de pélerinages! C'est, non loin de Saint-Denis, Notre-Dame-des-Vertus d'Aubervillers; c'est, à Saint-Maur, Notre-Dame-des-Miracles : du côté opposé, sur les bords charmants de la Seine, c'est Notre-Dame-de-Boulogne-la-Petite, Notre-Dame-d'Argenteuil, où l'on va vénérer la sainte robe de Notre-Seigneur, précieuse relique donnée au prieuré d'Argenteuil par notre Charlemagne...

Le peuple de Paris est bon, humain, laborieux, charitable. Il serait injuste de lui refuser ces qualités. Si trop souvent, à certaines époques, dans des jours néfastes, on l'a vu se porter à des excès, à des crimes sauvages, c'est qu'excité alors par de coupables meneurs, il était sorti de son état normal. L'animal le plus doux, quand la faim le presse, ou qu'on l'excite à la vengeance, fait paraître des instincts féroces. L'homme est ainsi fait trop souvent, et le peuple parisien surtout en a donné plus d'une fois de bien tristes exemples. Mais ce sont là des temps d'exception. Je prends Paris dans ses jours de calme et de sécurité, et j'y découvre à travers le bruit incessant de son peuple immense, un tableau qui console le cœur.

Non, la reine des cités n'abrite point dans son sein une société sans entrailles qui, livrée uniquement à ses affaires, à ses plaisirs, ne prend nul souci du pauvre, du malheureux. La charité se révèle dans la grande ville sous toutes les formes et par les industries les plus ingénieuses. Il n'est aucun genre de misère qui n'y trouve un secours spécial. Cette charité, qui, selon le langage de l'Ecriture, *couvre la multitude des crimes*, fait ici le contre-poids du mal dans la balance de la divine Justice. A elle l'honneur d'être le *palladium* de notre belle capitale.

Les pauvres se secourent entre eux bien plus qu'on ne le pense. La pauvreté ne rend point toujours égoïste, comme le fait trop souvent la richesse : elle ouvre le cœur à la pitié pour des maux qu'elle ressent, qu'elle partage, et sait partager aussi les secours qu'elle reçoit. On pourrait faire chaque année comme la contre-partie des *Odeurs de Paris*, un beau livre ayant pour titre : *Traits de charité des pauvres de Paris*. C'est tantôt une famille chargée de nombreux enfants, et vivant péniblement de son travail, qui adopte un pauvre orphelin délaissé. Le père et la mère en travailleront un peu plus; et quand on les loue d'une telle action, ils sont tout surpris; elle leur paraît si naturelle !... De pareils exemples ne sont point rares à Paris. Tantôt c'est une pauvre femme qui se fait garde-malade d'une voisine infirme, et durant plusieurs mois, plusieurs années peut-être, devient pour elle une vraie sœur de charité. C'est encore une pauvre servante, une domestique, qui demeure fidèle à son maître, à sa maîtresse, après des malheurs, des revers de fortune, et devient à son tour, pour ces pauvres honteux, une providence vivante, un tutélaire appui. Ces genres de traits et beaucoup d'autres analogues sont fréquents à Paris. Qu'on lise, pour s'en convaincre, *le Bulletin de la Société de Saint-Vincent-de-Paul, le Messager de la Charité, la Semaine religieuse, le Journal des bons exemples*, etc. Les prix Monthyon vont découvrir, pour les récompenser dès ici-bas, quelques-uns de ces actes de vertu. Mais combien d'autres sont ignorés et n'attendent que dans le ciel leur juste récompense !

Si, passant maintenant aux autres classes de la société, nous voulions récapituler seulement toutes les œuvres de charité fondées dans ce siècle à Paris et fleurissant dans son sein, de nombreuses pages devraient être ajoutées à ce chapitre. Depuis la Crèche, l'Asile, le Patronage des écoliers et des apprentis, jusqu'aux maisons des Petites Sœurs des pauvres et aux Hospices des convalescents et des vieillards, que d'utiles institutions pour tous les âges, tous les besoins, le génie de la charité n'a-t-il pas créés ! Existe-t-il à Paris, à l'heure qu'il est, un seul genre de misère, physique ou morale, qui n'ait son secours spécial dans quelque œuvre inventée tout exprès pour y porter remède ?

De Paris, leur berceau, quelques-unes de ces œuvres, fondées sous le patronage d'un illustre saint, ont gagné toute la France et même le monde entier. Telle est par exemple la Société de Saint-Vincent-de-Paul, devenue comme un arbre immense qui, dans les diverses parties du globe, compte plusieurs milliers de rameaux. Nommer simplement les Sociétés de Saint-François-Xavier et de Saint-François-Régis, c'est rappeler encore de beaux titres de gloire de la cité parisienne qui les vit éclore et qui sait le secret de les faire fructifier et grandir.

Ce secret, c'est une charité active, ingénieuse, dévouée. Dans la vaste et bruyante cité, ce genre de charité a ses représentants bien plus nombreux qu'on ne le croit communément : prêtres, religieux, hommes du monde, femmes chrétiennes, jeunes gens, forment une phalange sacrée dont les efforts réunis enfantent des prodiges. Qui ne connaît quelques-uns de ces dévouements parisiens et ne les a souvent admirés? C'est là un spectacle journalier, habituel, qui touche le cœur profondément. Nous ne pensons pas que nulle part ailleurs, si ce n'est à Rome, on trouve en plus grand nombre des âmes plus sympathiques aux douleurs du pauvre et plus empressées de les secourir. Nous connaissons bon nombre de ces belles âmes, dont nous pourrions dire les noms, bénis, vénérés du pauvre, de l'enfant, de l'apprenti, de l'ouvrier. Paris est ainsi un rendez-vous de la charité. On court après cette reine des vertus, comme tant d'autres courent après l'or et les honneurs. Les seconds sont souvent trompés; mais les premiers atteignent toujours, et sans efforts, le noble but de leurs désirs.

La charité, après avoir fondé tant d'œuvres de tout genre dans notre capitale, sait encore les soutenir, les faire prospérer et s'accroître par des moyens où son génie ne brille pas moins que dans leur création. Ces innombrables œuvres, loin de se nuire, se prêtent souvent un mutuel appui; et c'est ici surtout qu'on admire l'inépuisable fécondité des aumônes parisiennes. On est accablé de charges, dit-on, et cependant une nouvelle œuvre s'établit-elle, on donne encore, on donne toujours, et l'on n'en est pas plus appauvri. La charité opère de vrais miracles. Si elle n'avait, en effet, un don merveilleux pour multiplier les ressources, comment pourrait-elle faire face à tous les besoins ?

Loteries, ventes, quêtes, souscriptions, fêtes de bienfaisance sont imaginées pour grossir son budjet ; mais le mode le plus usité, le plus productif, c'est l'assemblée de charité.

A un jour et à une heure indiqués d'avance par des lettres, des affiches ou des journaux, on se réunit dans une église. Après la messe ou le

Église Saint-Augustin.

chant des vêpres, un orateur monte en chaire, et il expose les besoins, il plaide la cause de l'œuvre qui fait l'objet de cette réunion. Un salut solennel clôt la cérémonie ; puis chacun en sortant dépose son offrande dans la bourse des dames quêteuses, déjà grossie des dons généreux qu'elles ont sollicités d'avance au dehors, parmi le ban et l'arrière-ban de leurs relations sociales. C'est le plus souvent dans l'hiver, au temps du carême surtout, qu'ont lieu ces pieuses réunions ; depuis le mercredi des

Cendres jusqu'au jour de Pâques, il n'y a point un seul jour peut-être qui ne voie dans quelque église de Paris une assemblée de charité. Dans la plupart des paroisses même, chaque dimanche du carême ramène à l'office du soir une assemblée de ce genre. Ainsi sont soutenues le plus souvent, durant toute une année, les œuvres paroissiales. Demandez maintenant à la Madeleine, à Saint-Sulpice, à Saint-Roch, à Saint-Thomas d'Aquin... à quel chiffre s'élèvent ces quêtes dominicales.... Il est telle de ces églises qui ne recueille pas moins de quarante, cinquante, soixante mille francs durant une seule quarantaine.

La charité parisienne est assez connue pour qu'on sache au loin combien elle est large, généreuse, inépuisable, et embrasse tous les besoins. Aussi de tous les pays accourt-on lui faire appel, et cet appel est toujours entendu... C'est pour l'érection d'une église dans un pauvre village ou dans une contrée livrée à l'hérésie; c'est pour la fondation d'une crèche, d'un ouvroir, d'une école, d'un hospice; ou bien pour réclamer des secours en faveur des victimes d'un incendie, d'une inondation, d'un tremblement de terre. Pour tous les besoins, pour toutes les misères, qu'elles soient proches ou lointaines, on élève la voix dans nos temples, et la charité répond toujours : « Me voici. »

Les riches donnent de leur superflu; les pauvres donnent de leur nécessaire, qu'ils escomptent sur leur gain journalier, quelquefois sur leurs petites réserves. On ferait un beau livre de tous les traits recueillis à ce sujet. Qu'on nous permette d'en rappeler un seul [1]. Un vénérable prêtre de Genève prêchait naguère dans une des paroisses de Paris, en faveur de cette belle église de Notre-Dame-de-Genève, qui s'élève aujourd'hui radieuse dans le haut quartier de la Rome protestante. L'orateur est l'un de ces hommes, dont la voix éloquente, sympathique, possède un don merveilleux pour attendrir et émouvoir ; aussi son discours avait-il vivement impressionné les auditeurs. Quand il a cessé de parler, une pauvre vieille femme va le trouver : « Monsieur, lui dit-elle, j'avais cent francs en réserve, amassés à grand'peine ; je les gardais pour me faire enterrer et me faire dire quelques messes. Tenez, les voilà pour votre

---

[1] J'ai entendu M. l'abbé Mermillod raconter lui-même, à Saint-Thomas d'Aquin, ce fait touchant arrivé quelques jours auparavant dans une autre église.

église. On fera de mon corps ce qu'on voudra. Et puis les pierres de votre église prieront pour moi. »

O Paris, noble et grande cité que l'univers contemple, espère donc des temps meilleurs. Que ta prospérité s'accroisse encore!... Mais, instruit désormais par tes malheurs, éclairé par l'expérience des âges, puisses-tu mieux comprendre où résident les sources véritables de ta prospérité, de ta grandeur, et attirer ainsi sur toi les faveurs, la protection du Ciel! C'est le vœu que forme en terminant l'un de tes hôtes et le dernier venu de tes historiens.

Paris, décembre 1867.

TABLE

TABLE

DES VIGNETTES CONTENUES DANS CE VOLUME

— LILLE. TYP. J. LEFORT. M D CCC LXVII

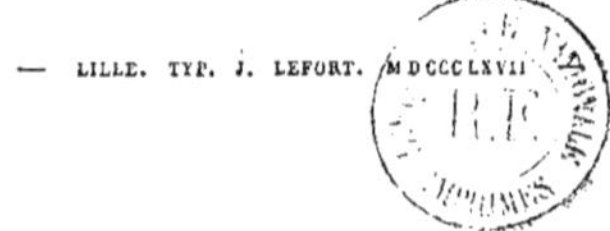